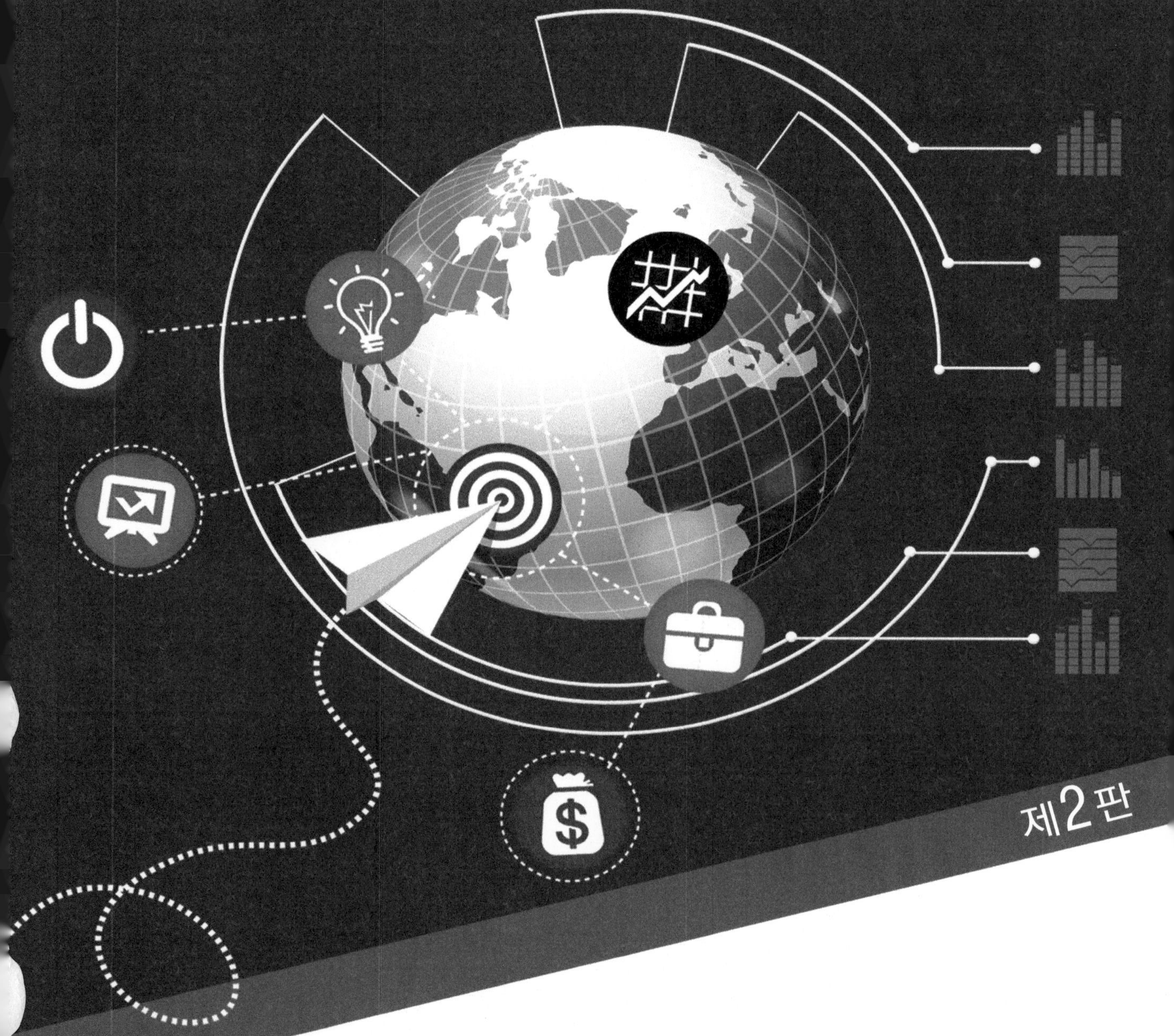

제2판

기초적 회계이론

이윤규 저

머/리/말

회계학은 어느 학문보다도 과학적이며 사회적 공헌도가 높다. 그럼에도 불구하고 회계학의 학문적인 깊이나 사회적 공헌도는 회계학을 전공하는 사람들에게조차도 제대로 평가받지 못하여 왔던 것이 현실이다. 그러나 다행히 최근에 들어서는 회계지식의 활용 증가로 우리나라에서도 회계학이 전성기를 맞이하게 되었다.

이러한 회계학의 큰 특징 중 하나는 그 범위의 무한한 확장에 있다고 보인다. 경제학, 법학, 심리학, 정보학, 언어학, 경영학, 수학, 통계학, 컴퓨터과학 등 실로 광범위한 영역의 학문들과 교류하면서 회계지식의 양을 기하급수적으로 불려나가고 있다. 이제 회계학이 국가 전체의 발전을 좌우하는 중요한 위치를 차지하고 있다고 해도 과언이 아니며, 나아가 회계선진국이야말로 명실상부한 선진국이 되고 있다.

또한, 회계학의 중심에는 분명히 공정성이나 투명성이라는 철학적 명제가 자리 잡고 있음에도 그것을 구현해 내는 회계지식의 활용기법이 너무나 잘 발달되어 있고, 다른 학문들과 교류하는 데 몰두하다보니 어느새 인가 회계학이 본질적으로 추구하고 있는 명제에 대한 연구가 소홀하고 이에 따라 회계학 교육이 지나치게 기계적인 학습을 강조하는 방향으로 흘러가고 있는 것이 아닌가 싶다.

회계학이 다른 사회과학에 속하는 학문 분야보다도 계산적인 기법이 발달되어 있는 것은 사실이지만 그것은 회계의 중심이념을 실현하기 위한 방법론인 것이다. 방법론에 해당하는 회계실무를 보다 잘 수행하고 개선해 나가기 위해서는 반드시 기초적인 회계이론에 대한 공부가 필요하다.

본서는 학부에서 회계학을 처음 공부하는 학생들을 위하여 가장 기본적인 내용들로 구성하였으며, 한 학기 강의를 통하여 충분히 소화할 수 있도록 최대한 간결하게 기술되었고, 각 장의 요점을 정리하여 놓았다.

그리고 헨드릭슨, 남상오, 이정호, 김영청, 이희준 교수님들의 회계이론서를 주로 인용하고 참고하였다. 여러 가지 사정으로 우리나라에서 회계이론 교과서는 상업적이 아니다. 그럼에도 흔쾌히 개정작업을 허락해 주신 최재범 사장님과 김대명 과장님, 김주희 실장님을 비롯한 출판 관계자들에게 진심으로 감사드린다.

2016. 6. 광교연구실에서.

차 / 례

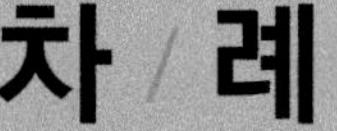

CHAPTER 1 회계이론과 연구방법

CHAPTER 2 전통회계이론

차 / 례

CHAPTER 6 비용의 본질 · 인식 · 측정 · 배분

차 / 례

차 / 례

BASIC

CHAPTER 13 효율적 시장가설

CHAPTER 14 인플레이션회계

차 / 례

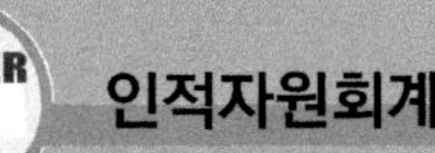

인적자원회계

CHAPTER 1 회계이론과 연구방법

CHAPTER 1

회계이론과 연구방법

BASIC ACCOUNTING THEORY

회계이론의 의의

원래 이론이란 용어는 라틴어의 "theoria"에서 유래한 것으로, "보는 것"(looking at)을 뜻하였다. 그래서 이론은 "현상을 정확히 관찰하는 것" 또는 "현상을 질서 있고, 체계적으로 설명하는 것"을 의미하였다.

이러한 어원의 이론은 웹스터사전에 의하여 다음과 같이 정의되고 있다.

"어떤 연구 분야에 있어서 일반적 사고의 체계를 형성하는 일단의 가설적, 개념적, 실용적 원리의 일관된 체계이다."

따라서 이론에 있어서 가설(hypothesis), 개념(concepts), 원리(principles)가 중요하고, 실용주의(pragmatism)가 강조되어야 한다.

맥도널드(McDonald)는 이론이란 설명(explanation)과 예측(prediction)을 다루는 것이라 하였다. 즉 이론에 있어서 설명과 예측이 가장 중요한 요소임을 밝히고 있는 것이다. 이와 같이 이론에서 설명과 예측이 중요한 요소라는 것은 오늘날 대부분의 학문영역에서 받아들여지고 있는 일반적 견해이다. 그래서 이론으로 성립되기 위해서 이론은 설명력(ability to explanation)과 예측력(predictive ability)을 갖추어야 한다.

이상과 같은 일반적 의미의 이론의 개념을 회계이론에 적용하여 헨드릭슨(Hendriksen)은 회계이론을 다음과 같이 정의하고 있다.

"일단의 광범위한 원리의 논리적 추론으로서, 회계실무를 평가할 수 있는 일반적 준거기준을 제공하고, 새로운 회계실무 · 절차를 발전시키는 데 있어서 지침이 되는 것이다."

(Logical reasoning in the form of a set of broad principles that provide a general frame of reference by which accounting practice can be evaluated and guide the development of new practices and procedures)

헨드릭슨이 말하는 "논리적 추론"이란 용어는 결국 설명력과 예측력을 내포하고 있다고 보인다. 암묵적으로 표시되어 있다. 이 정의에서 특히 강조하는 것은 회계이론에 대한 회계실무의 관련성이다.

이와 같이 헨드릭슨이 회계이론을 회계실무와 관련시켜 정의한 것은 회계학에 있어서 회계실무의 비중이 크고, 다른 학문과는 달리 학문의 발전에 있어서 회계이론 보다는 회계실무가 앞서 발전하여 왔기 때문이다. 그러나 회계이론과 회계실무는 별개의 개념이라고 볼 수 있고 다만 그 관련성이 다른 어느 학문에서보다도 크다고 할 수 있다.

여기서 우리는 회계실무를 수행하는 사람들이 회계이론을 무시하거나, 반대로 회계이론가들이 회계실무를 무시하는 경향이 많음을 자주 볼 수 있다. 이러한 극단적 경향은 잘못된 것으로, 이론과 실무는 서로 연결되어야 한다. 이론이 지나치게 관념적이고 추상적일 경우 공허한 이론에 불과하게 되고 실무로부터 외면을 당하게 된다. 반대로 실무가 지나치게 현실적 상황이나 이해관계에 집착하여 이론을 무시할 경우 논리성을 잃게 되고 다수인의 지지를 받지 못하는 것이 될 것이다.

회계이론은 개념적이거나 가설적인 설명뿐만 아니라 실용적 원리(pragmatic principle)로서의 의미도 갖고 있다. 회계이론은 회계실무를 수행하는 데 있어서 준거할 기준을 마련하여, 회계실무에 있어서 논리적 판단기준을 제공하고, 보다나은 회계실무를 위한 지침이 될 수도 있다. 이러한 관점에서 회계이론에 의한 회계기준의 정립이 중요하고, 회계기준은 회계실무를 계도하며 지침이 되는 역할을 하여야 한다.

이상의 설명을 고려하여 회계이론을 다음과 같이 설명할 수 있다.

- 회계이론이란 회계현상을 관찰하여 얻을 수 있는 제 원리의 논리적 체계이다.
- 회계이론이란 회계분야에 있어서 일반적 사고의 체계를 형성하는 가설적 · 개념적 · 실용적 원리의 일관된 체계이다.

- 회계이론이 이론으로 성립되기 위해서는 회계현상에 대한 설명력과 예측력을 갖추어야 한다. 회계이론은 회계현상을 논리적 추론에 입각하여 설명할 수 있어야 하고, 과거 및 현재의 회계사상(events)으로부터 미래의 회계현상을 예측할 수 있어야 한다.
- 회계이론은 회계실무와 구별되지만 관련된 개념이다. 회계이론은 회계실무를 논리적으로 설명하고자 하고, 회계실무를 평가할 수 있는 일반적 준거기준이 되며, 회계실무를 발전시키기 위한 지침이 된다.

2 회계이론과 회계실무의 연관성

기업의 많은 이해 관계자들은 외부회계보고서와 관련된 여러 가지 의사결정을 하여야만 한다. 예를 들면 첫째, 경영자는 보고서를 작성하는 데 어떤 회계절차를 사용할 것인지를 결정하여야 한다. 예를 들어 감가상각액을 산출하기 위하여 정액법을 사용할 것인지 아니면 가속상각법을 사용할 것인지를 결정하여야 한다. 그리고 회사 경영자들은 회계기준을 결정하는 기관에 대하여 의견을 표시한다. 경영자는 또한 감사법인의 선택에 관한 의사결정을 하여야 한다.

둘째로, 공인회계사들은 경영자로부터 회계절차의 선택에 관한 자문을 의뢰받는다. 또한 그들은 제안된 회계기준에 대하여 의견을 표시하여야 할 것인지 그리고 표시한다면 어떤 입장을 취해야 할 것인지를 결정하여야만 한다.

셋째로, 금융기관의 관리자들은 상이한 회계절차를 사용하는 회사들의 신용도를 비교 평가하여야 한다. 채권자 또는 투자자로서 그들은 신용 또는 투자를 확대할 것인지 여부를 결정하기 위하여 상이한 회계절차가 갖는 의미를 분석하여야만 한다. 또한 금융기관은 기업과 채무계약을 체결할 때 기업이 준수하여야 할 채무상의 약정사항 또는 지급불능상태에 대한 판정기준을 회계수치를 사용하여 규정한다. 금융기관의 관리자들은 이러한 회계수치를 산출하는 데 어떤 회계절차를 사용하도록 규정할지를 결정하여야 한다.

넷째로, 투자자와 용역기관, 연금기금 등에 고용된 재무분석가는 회계수치를 투자결정 자료로 사용한다. 특히 이들은 회계절차와 감사인이 서로 다른 기업들에 대한 투자를 평가한다. 공인회계사, 경영자와 마찬가지로 재무분석가 역시 제안된 회계기준에 대한 의견을 표시해야 한다.

끝으로 회계기준 설정기관의 관계자들은 회계기준의 설정에 대한 책임을 지고 있다. 이들은 어떤 절차를 부과할 것인지를 결정한다. 이들은 또한 기업의 연간재무보고 횟수와 재무보고서에 대한 감사 여부를 결정한다.

위에서 예를 든 모든 당사자들이 회계실무를 채택할 때 그들은 자신의 기대효용을 극대화하기 위하여 행동할 것이다. 그렇다면 그들은 회계보고서와 관련된 의사결정을 하기 위해서는 대체적인 회계방법들이 그들의 기대효용에 어떤 영향을 미치는지를 알아야 할 것이다. 예를 들어 감가상각방법을 선택할 때에 회사 경영자는 정액법이 가속상각법과 비교하여 그들의 효용에 어떻게 영향을 미치는지를 알고자 한다는 것이다. 회사 경영자의 기대효용이 회사의 시장가치에 의하여 결정된다면, 회사 경영자는 회계방법의 선택이 주식과 사채의 가격에 미치는 영향을 알아야만 한다. 이 경우 경영자는 회계보고서와 주가 및 사채가격과의 관계를 설명하는 이론을 필요로 한다.

물론, 회계보고서와 관련된 의사결정과 개인의 효용에 영향을 주는 변수와의 관계를 결정하는 것은 어려운 일이다. 회계절차와 주식의 시장가치 사이의 관계는 복잡하기 때문에 회계절차가 변경될 때에 주가가 어떻게 변동하는지 단순히 관찰해서는 이를 결정할 수 없다.

공인회계사 또는 회사의 경영자는 회계절차의 변경과 주가의 변동과 같은 변수들 사이의 관련성을 관찰할 수도 있으나 그 관련성에 어느 정도의 인과관계가 존재하는지에 대해서는 말할 수 없다. 즉, 양자는 어떤 다른 사건의 결과로 관련성이 존재하는 것처럼 보일 수도 있으며 이러한 경우에는 절차의 변경이 반드시 주가의 변동을 발생시키지는 않을 것이다. 인과관계에 의하여 이 관계를 해석하기 위해서는 양 변수 사이의 관계를 설명할 수 있는 이론이 있어야만 한다.

당연히 공인회계사, 금융기관의 관리자 등은 그들 자신의 경험으로부터 암묵적인 이론을 개발하여 상이한 회계절차 또는 회계절차 변경의 효과를 평가하려 할 것이다. 그러나 실무자들의 이론은 그들의 특수한 경험에 토대를 둔 것이기 때문에 한정된 성격을 갖게 된다. 이는 마치 쇼에 참석한 사람들이 늙고 대머리인 것을 관찰한 어린이가 쇼로 인하여 사람은 늙은 대머리가 된다고 하는 이론을 만드는 것과 비유될 수 있을 것이다. 많은 관찰과 주의 깊게 구성된 경험적 검증에 의하여 연구가들은 위 어린이의 이론보다는 직관적인 호소력과 예측력이 더 크면서 현실을 보다 잘 설명해 주는 이론을 개발하고자 노력한다. 본질적으로 연구가들은 의사결정자들이 그들의 효용을 극대화하는 데 유용한 이론을 제공하여야만 한다.

3 회계연구방법

연구(research)란 진실을 체계적으로 탐구하는 것으로, 회계연구(accounting research)란 "회계현상의 진실을 체계적으로 탐구하는 것"이라고 정의할 수 있다. 여기서 "체계적"이란 뜻은 과학적 방법을 사용하여 적절하고 대표적인 증거를 수집함으로써 이 증거를 기초로 논리적 추론(logical reasoning)을 하여 일반적인 법칙 또는 원칙에 준거한 결론을 도출하는 것이다.

연구에 있어서는 연구의문(research questions), 연구주제(research topics), 연구목적(research objectives), 연구설계(research design), 연구방법(research methods or methodology), 연구발견(research findings)이 고려되어야 한다. 이들 모두가 중요하지만, 특히 수준 높은 연구가 되기 위해서는 적절한 연구방법의 선택과 수행이 가장 중요하다. 위의 여섯 가지 중에서 연구방법과 연구발견에 대해서만 설명하기로 한다.

연구방법이란 연구자가 연구목적에 따라 연구를 수행하는 데 있어서 대체적인 여러 가지 방법 중에서 어떤 방법을 선택할 것인가에 관한 것이다. 연구방법은 과학적 방법의 적용 여부, 연구기법의 선택, 접근방법의 선택, 경험적 연구와 분석적 연구 중의 선택 등을 총칭한다고 볼 수 있다.

과학적 방법(scientific method)이란 원래 물리학 · 화학 등 자연과학에서 법칙 · 원칙을 유도하기 위하여 수행하는 공식적인 방법 · 절차였다.

사회과학 · 철학의 경우 과학적 방법이란 주로 연역법과 귀납법에 관련된 개념으로, 이론을 연역적 추론이나 귀납적 과정에 의해 정립할 경우의 방법 · 절차를 가리킨다. 이론정립과정에서 과학적 방법은 가설 · 개념 · 원칙을 정립하여야 하고, 논리를 체계화하여야 하며, 논리에 대한 검증을 수행하여야 한다는 것을 의미한다.

사회과학이든 자연과학이든 과학적 방법이란 기본적으로 이론을 정립하는 데 있어서 체계적 방법이 적용되는 것을 의미한다. 체계적 방법이 적용되지 않을 경우 이론의 타당성은 인정되기 어려울 수도 있다.

오늘날 사회과학에서 과학적 방법은 연역법과 귀납법의 적용에 의한 방법 이외에도 자연과학의 과학적 방법을 함께 고려하고 있다. 즉, 자연과학에서 사용되어 온 반복된 관찰 · 실험 등의 방법 이외에도 수학 · 통계학 · 계량적 기법 등을 적용하여 사회과학의 이론을 정립하려는 것이다. 이처럼 사회과학에 자연과학의 과학적 방법이 도입된 것은 원래 사회과학이 추상적 학문이므로 보다 이론이 설득력을 갖기 위해서는 자연과학적 접근방법이 이용되는 것이 바람직하기 때문이다.

사회과학 중에서도 경제학 · 재무관리 · 회계학에서는 과학적 방법으로 수학 · 통계학 · 계량적 기법이 이론정립에 광범위하게 이용되고 있다. 회계연구에 있어서 분석적 연구는 수학적 모형의 정립을 중심으로 하므로 말할 것도 없지만, 경험적 연구는 실제자료의 이용에 의해 연구를 하면서 수학 · 통계학 · 계량적 기법을 많이 이용하고 있다.

연구에 있어서 컴퓨터의 사용은 과학적 방법을 보강하는 것이라고 할 수 있다. 컴퓨터는 자료의 분석과 함께 여러 가지 조사기법을 적용하여 의도된 결과를 얻고자 할 때 편리하게 이용된다.

한편, 연구발견(research findings)이란 연구의 결과로 발견된 것으로서, 연구의문이 제기될 때부터 설정되고 달성되어야 할 연구목표라고 할 수 있다. 연구발견의 특징으로서 이지리(Ijiri)는 다음과 같이 세 가지를 들고 있다.

✔ **새로운 것**(Novelty)

연구발견은 새로운 것이어야 하므로, 과거에 그러한 연구가 존재하였다면 연구발견으로서의 가치를 갖고 있지 못하다. 이러한 관점에서 연구활동과 생산활동은 구별된다. 예를 들면, 동일한 유형의 텔레비전을 생산하는 것은 기업의 관점에서는 바람직한 생산 활동이나 연구의 관점에서는 무가치한 것이다.

✔ **방어할 수 있는 것**(Defensibility)

연구발견은 변호될 수 있는 것이어야 한다. 이론 · 논리가 변호될 수 없으면 연구발견으로서의 가치가 없게 된다. 변호의 방법은 논리의 증명으로부터 경험적 검증에 이르기까지 다양한 방법이 사용된다.

✔ **이용가능한 것(Availability)**

연구발견은 모든 사람에게 이용가능한 것이어야 하므로, 연구자들은 타인으로 하여금 그의 연구결과를 알 수 있도록 하여야 한다. 또 연구자는 연구의 중요성은 단순한 연구의 발견에 있는 것이 아니라는 것을 인식하고, 이 발견이 어떻게 기여할 것인지, 영향을 미칠 것인지를 설명하여야 한다.

이러한 연구발견은 연구의 최종단계에서 얻어지는 것으로서, 이론으로 발전하게 된다. 또 연구발견으로 유추(analogy)가 개발되어 다른 이론을 형성하는 데 도움이 되기도 한다.

다음에서는 간단히 회계연구에서 자주 이용되는 연구방법에 관하여 살펴본다.

1. 의견연구

의견연구(opinion research)는 개인 또는 집단에 대해 의견조사를 하는 것으로서 실태조사(survey), 질문지조사(questionnaire), 면접조사(interview) 등의 방법에 의해 연구하는 것이다. 정치학, 사회학, 심리학 등에서도 많이 이용되고 있다. 새로운 회계기준 제정시 각계의 의견을 수렴하기 위하여 또는 행동과학회계에서 회계정보의 정보이용자에 대한 반응을 알아보기 위하여 이 방법이 사용된다.

2. 문헌자료연구

문헌자료연구(archival research)는 기록된 과거의 사실을 수집 · 분석 · 검증하는 것으로, 과거의 역사적 사실 · 사상 등을 연구하는 것이다. 고고학 · 사학 등에서 이 연구가 많이 수행되는데, 회계학에서는 회계사의 연구에 이용된다.

3. 분석적 연구

분석적 연구(analytical research)는 문제를 분석적으로 검토하여 본질 · 변수 · 원인과 결과의 관계 등을 탐구하는 것으로서, 수학적 논리(mathematical logic)의 전개에 의하여 수학적 모형(mathematical model)을 정립하는 것이 연구의 중심이 된다.

분석적 연구는 경제학 · 재무관리 · 회계학에서 많이 사용되고 있는데, 이들 학문에서 다루고 있는 많은 경제적 현상이 수학적 논리에 의해 수학적 모형을 정립하는 것이 가능하고 또 이 방법에 의한 연구가 보다 완전한 이론정립방법으로 생각되기 때문이다.

오늘날 회계연구에 있어서 가장 중요시되는 연구방법은 경험적 연구와 분석적 연구로, 이들 연구가 시작된 것은 1960년대 이후라고 볼 수 있다. 그 이전에는 주로 회계기준의 정립에 관련된 연구로서, 과학적 방법에 의한 연구로 볼 수 없는 것이 많았다.

4. 경험적 연구

경험적 연구(empirical research)는 실제의 자료를 가지고 연구자의 관찰 · 경험에 의해 연구하는 것이다. 원래 경험적 연구는 사례연구(case study), 현장연구(field study), 실험실연구(laboratory study)에 의해 실제자료를 관찰 · 분석하는 연구로 광범위한 뜻을 갖고 있다. 실증적 연구라고도 한다.

회계연구에서 경험적 연구는 자본시장연구 · 행동과학회계연구 · 인간정보처리연구에 이용되고 있는데, 가설을 실제자료에 의해 경험적으로 검증하거나 의사결정자가 어떻게 반응하고 행동하는가를 연구한다.

연구기법으로는 실태조사(survey), 현장연구(field study), 현장실험(field experiment), 실험실실험(laboratory experiment) 등이 있다.

경험적 연구의 단계는 아래와 같다.

① 문제의 확인　② 관련된 실제자료의 수집　③ 가설의 설정
④ 가설의 경험적 검정　⑤ 결론의 도출

경험적 연구에서는 가설검정을 위한 조사방법으로는 설문조사 · 면접조사 · 관찰조사 · 실험실실험 등의 방법을 이용하고, 수학 · 통계학 · 행동과학 · 계량적 기법 등을 사용한다.

원래 경험적 연구는 경험론 또는 경험주의(empiricism)로부터 그 근원을 찾을 수 있다. 경험론에 의하면 과학적 주장은 검증가능하거나 논리적으로 증명되어야 하며 실증주의(positivism)에 이론적 기초를 두고 있다.

회계의 경험적 연구는 1960년대 초 시카고대학의 학술심포지엄인 "회계의 경험적 연구에 관한 회의"(Conference on Empirical Research in Accounting)에서 비롯된 것이다. 이 연구방법은 그 후의 회계연구에 크게 영향을 미쳐 현재까지도 중요한 연구방법으로 채택되고 있다.

경험적 연구는 연구방법이므로 회계의 거의 모든 분야의 연구에 이용되고 있다. 재무회계는 물론 관리회계 · 회계감사 · 세무회계 등에 이용되고 있는데, 다음과 같은 주제들을 다룬다.

① 현재의 제안된 이론 · 실무 · 기준에 대한 분석과 평가
② 회계정보가 주가에 미치는 영향
③ 회계정보에 의한 미래사상의 예측(예: 파산예측)
④ 회계정보가 의사결정자의 행동에 미치는 영향
⑤ 예산제도에 있어서 종업원의 행동
⑥ 내부통제제도에 있어서 회계감사인의 행동
⑦ 회계의 거시경제적 효과(macroeconomic effects)

경험적 연구가 완전한 연구방법은 아니지만 가설의 경험적 테스트를 통하여 변수를 찾아내고, 변수간의 관계를 밝혀냄으로써 이론의 타당성을 입증하는 데에 도움이 되고 있다.

경험주의자들에 의하면 논리적 가설(theoretical hypothesis)은 경험적 연구에 의해서만 테스트될 수 있다고 주장된다. 이 주장의 타당성 여부와는 관계없이 경험적 연구는 회계이론의 정립에 있어서 이론적 타당성의 근거로 중요한 도구가 되고 있다. 완전한 회계이론을 정립하기 위해서는 논리적 탐구의 과정과 함께 그 논리의 타당성이 경험적 테스트에 의하여 입증되는 것이 바람직한 것이다.

이러한 경험적 연구의 결과가 비록 이론적으로 증명될 수 없고 견해가 서로 다르다고 할지라도 연구방법상의 중요성은 결코 과소평가될 수 없다. 연구발견에 대해서 상반된 의견을 갖는 사람은 유사한 연구방법을 적용하거나 좀 더 개선된 연구방법을 적용하여 그 연구가 비이론적이라는 사실을 밝혀냄으로써 회계이론의 발전에 기여하여야 할 것이다.

지금까지 많은 경험적 연구가 이루어졌는데, 초기의 대표적 연구 중 세 가지만 요약하여 설명하기로 한다.

① 다이크만의 연구

1969년 다이크만(Dyckman)은 "투자분석과 일반물가수준의 수정"이란 제목의 연구 보고서를 발표하였다. 그는 질문서를 각 재무분석가에게 보내 물가변동을 고려한 재무제표의 사용에 대한 이들의 반응을 연구하였다. 즉, 물가변동의 영향이 투자자의 의사결정에 큰 영향을 미치고 있다는 것을 현실세계의 자료를 이용한 가설검정을 통하여 증명하였다. 이로써 그는 물가변동재무제표를 주재무제표로 하고, 현재의 역사적 원가재무제표를 보충적 재무제표로 할 것을 주장하였다.

② 비버의 연구

1967년 비버(Beaver)는 "기업실패의 예측지표로서의 재무비율"이란 제목의 논문을 발표하였다. 이 논문은 재무비율이 기업파산의 예측지표로서의 정보가치를 갖고 있는가를 연구한 것으로, 수개 회사의 공표된 재무제표와 실제의 파산실적을 비교하였다. 그에 의하면 회계지표(accounting indicators)들이 파산발생 수년 전에 파산을 예측하는 데 이용될 수 있다고 하였다. 또 그의 연구로부터 공시된 재무제표가 투자자들에게 유용한 정보가 된다는 사실이 확인되었다.

③ 스테드리의 연구

1960년 스테드리(Stedry)는 "예산통제와 원가행동"이란 책을 저술하였다. 그의 연구는 재무회계분야가 아닌 관리회계분야를 다루었고, 연구방법으로 실험실실험을 사용하였다는 점에서 앞의 두 연구와 달랐다. 그는 연구결과로 종업원의 열망수준과 업무실적 간에는 어떤 상호관계가 있으며, 이들 관계는 매우 중요하고 복잡하게 얽힌 것이라는 것을 발견하였다.

요 / 점 / 정 / 리

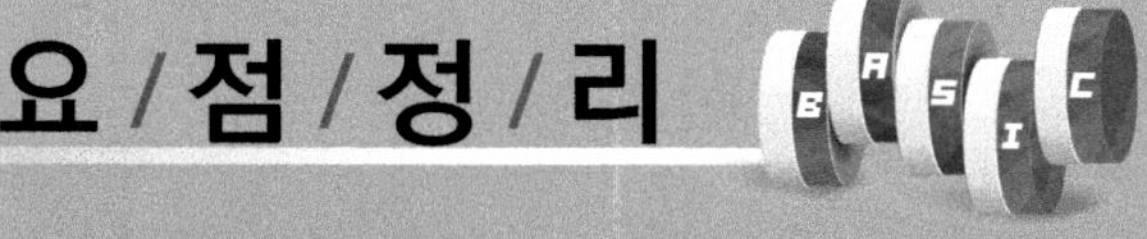

1. 회계이론의 의의

1) 이론: 어느 연구분야에 있어서 일반적 사고의 체계를 형성하는 일단의 가설적, 개념적, 실용적 원리의 체계

2) 회계이론: 회계현상을 관찰하여 얻을 수 있는 원리의 논리적 일관된 체계
   가. 회계이론의 요건: 회계현상에 대한 설명력과 예측력
   나. 회계이론의 특성: 변화의 속성
   다. 회계이론의 필요성: 회계실무에 대한 수행기준, 판단기준, 발전지침
   라. 회계이론의 계층적 구조: 회계이론의 요소들을 계층적으로 체계화

2. 회계실무와의 연관성

이론과 실무와의 관계: 이론-설명과 추리, 논리적. 실무-사실과 행동, 기술적(技術的), 사실적

3. 회계연구방법

가. 회계연구방법론: 회계학을 체계적으로 연구하기 위한 논리적 체계

나. 방법론(접근법)
- 비이론적 접근방법: 실무적, 권위적 접근을 통하여 해답을 추구, 관습적 회계사고, 이론발전 저해
- 연역적 접근방법: 일정한 명제를 도출하여 다른 명제를 도출, 현실성이 문제
- 귀납적 접근방법: 경험적 현상을 관찰, 측정하여 보편적 결론이나 일반적 원칙도출, 경험주의 사고에 입각, 관찰의 주관성이 문제
- 실용적 접근방법: 실용성, 실무적 편의에 의하여 접근, 철학적 실용주의, 유용성과 효용성을 강조, 유용성의 객관성 여부가 문제
- 윤리적 접근방법: 정의, 진실, 공정 등의 윤리적 개념을 중심으로 이론을 전개, 가치 있는 목표 설정이 문제, 주관적
- 커뮤니케이션 접근법: 회계를 커뮤니케이션 과정의 통합시스템으로 파악, 회계정보의 개념 · 측정과 전달 · 정보이용자 · 정보시스템을 중심으로 이론을 전개
- 행동적 접근: 인간행동을 종합과학적 연구에 따라 분석하고 체계화하려는 행동과학의 관점에서 개인 · 집단의 회계자료에 대한 반응과 인간행동을 기술 · 분석 · 예측하는데 중점을 두고 회계이론을 전개, 회계자료의 변화에 관심을

가지며 회계자료 및 의사결정의 유용성을 강조

- 사회적 접근: 사회복지와 같은 사회목적의 실현과 사회현상을 강조
- 거시경제적 접근: 국가경제정책의 수행과 관련된 회계현상을 강조
- 사상적(事象的) 접근: 사상의 특성과 각 정보이용자의 상이한 정보사용 목적에 따라 회계정보를 제공하고자하는 이론체계를 형성

BASIC
ACCOUNTING
기초적회계이론
THEORY

CHAPTER 2 전통회계이론

CHAPTER 2

전통회계이론

BASIC ACCOUNTING THEORY

전통회계이론(traditional accounting theory)이란 과거로부터 현재까지 관습적으로 인정되어 온 회계이론이다. 이것은 과거로부터 확립된 이론이지만 미래에는 이론의 타당성 여부에 따라 받아들여지거나 받아들일 수 없는 이론이다. 또한 전통회계란 과거로부터 현재까지 인습적으로 인정되어 온 회계실무 또는 회계이론을 총칭하는 것이라고 할 수 있다.

현대회계이론(contemporary accounting theory)이란 과거에는 존재하지 않았으나 현시대의 새로운 사조로 나타난 이론, 또는 과거에는 존재하였더라도 현시대에 걸맞게 변화된 이론이다. 현대회계이론은 미래지향적 이론으로 전통회계이론보다 진보적 색채를 띠는 수가 많다. 현대회계란 용어도 자주 쓰이는데, 현시대에 새로이 인정되거나 변화된 회계실무 또는 회계이론을 총칭한다.

자본시장연구, 인적자원회계, 인플레이션회계 등은 1960년대 이후 본격적으로 풍미되고 있는 회계이론들이므로 현대회계이론의 범주에 속한다고 할 것이다.

1 전통회계의 기본 아이템

1. 회계등식

회계등식(accounting equation)은 복식부기의 계산적 구조를 간단한 수학공식에 의하여 표현한 것으로 재무상태표의 기본요소들인 자산 · 부채 · 자본 간의 관계를 나타낸 것이다.

자산 = 부채 + 자본

또는 자산 = 지분

위의 등식을 다음과 같이 나타내기도 한다.

자산 = 채권자지분 + 소유주지분

또는　　자산 = 타인자본 + 자기자본

회계등식은 자산이 부채와 자본의 합계와 같거나, 지분과 같다는 것을 의미한다. 위의 공식에서 알 수 있는 바와 같이 부채는 채권자지분 또는 타인자본과 같고, 자본은 소유주지분 또는 자기자본과 같다. 또 자본은 순자산(net assets)이라고도 하며, 자산에서 부채를 차감한 잔여지분을 나타낸다.

여기에서 지분(equity)이란 자원, 즉 자산에 대한 권리 또는 청구권을 뜻한다. 지분은 앞의 공식에서처럼 채권자지분과 소유주지분(주주지분)으로 나누어지는데, 때로는 지분을 소유주지분만을 가리켜 자본과 동의어로 사용하기도 한다.

회계등식은 재무상태표등식과 자본등식으로 나누어 설명되기도 한다. 재무상태표등식(balance sheet formula)은 회계등식과 마찬가지로 '자산 = 부채 + 자본'으로 표시된다. 이것은 재무상태표의 작성방법을 공식으로 나타낸다는 점에서 재무상태표등식이라고 부른다. 자본등식(capital formula)은 자산에서 부채를 차감하면 자본과 같다는 관점에서 다음과 같이 표시된다.

자산 － 부채 = 자본

이러한 자본등식은 재무상태표등식을 단순히 변형시킨 것이어서 수학적으로는 같을 수밖에 없는 것이지만, 회계적으로는 다른 의미를 갖게 된다. 자본등식에서는 자본인 순재산의 계산이 강조되고 자본주에 대한 회계보고가 중요시되고 있다.

회계등식은 보통 자산 · 부채 · 자본 간의 등식관계만을 표시하므로, 수익 · 비용은 등식관계로 표시하지 않는다. 그러나 수익은 자본의 증가분이고 비용은 자본의 감소분이 되므로, 수익 · 비용의 발생은 자본의 증감으로 나타낼 수 있다. 따라서 수익 · 비용은 회계등식에 내포되어 있다.

회계등식은 복식부기제도(double entry system)의 기본으로 재무제표작성의 기초가 되고 있다. 회계등식의 등식관계가 성립하지 않았더라면 인간의 위대한 발명품인 복식부기가 존재하지 않았을 것이며 기업의 경제적 상황을 보고하는 데 어려운 점이 많았을 것이다.

그밖에도 회계등식은 지분이론(equity theories)의 관점에서 기업실체이론과 자본주이론으로 설명되고 있다. 기업실체이론의 회계등식은 재무상태표등식인 '자산 = 부채 + 자본'이고, 자본주이론의 회계등식은 자본등식인 '자산 - 부채 = 자본'이다.

2. 회계순환

복식부기모형에 의해 회계처리와 회계보고가 수행되기 위해서는 회계의 순환에 의한 단계적인 절차가 있어야 한다.

회계순환(accounting cycle)이란 회계의 순환과정 또는 회계의 과정(accounting process)이라고도 하며, 거래 · 사상의 인식으로부터 재무제표가 작성되어 그 회계기간의 모든 회계절차가 종료되기까지의 과정을 말한다. 이는 회계가 수행 · 반복되는 과정으로서 매 회계기간마다 되풀이되는 회계의 처리와 보고의 과정이다.

회계의 순환을 그림으로 나타낸 것이 [그림 2-1]이다. 거래의 식별 · 측정으로부터 재무제표가 작성되고 결산분개, 이월시산표의 작성을 한 후에 다시 똑같은 과정이 매 회계기간 되풀이되는 것을 표시하고 있다.

회계순환의 주요구성요소는 분개, 전기, 시산표의 작성, 정리분개, 재무제표의 작성이라고 할 수 있다. 이들 주요구성요소는 생략될 수 없는 과정이다.

회계의 순환은 일단 회계자료가 거래의 식별 · 측정, 분개에 의하여 회계순환과정에 투입되면 다음부터는 기계적인 처리과정이 되는 수가 많다. 따라서 처음 과정인 분개가 매우 중요한데, 만일 분개가 잘못 이루어지면 다음 단계부터 계속 오류를 낳게 되어 결국 잘못된 재무제표가 작성되게 된다. 특히 컴퓨터에 의해 회계자료를 전산처리할 경우 그러한 결과를 빚게 된다.

회계의 순환에 의하여 회계처리와 회계보고의 절차가 매 회계기간 동일하다고 하더라도 매회계기간의 회계자료가 다르므로 작성되는 재무제표는 결과적으로 다른 것이 된다.

▶▶▶ [그림 2-1] 회계의 순환

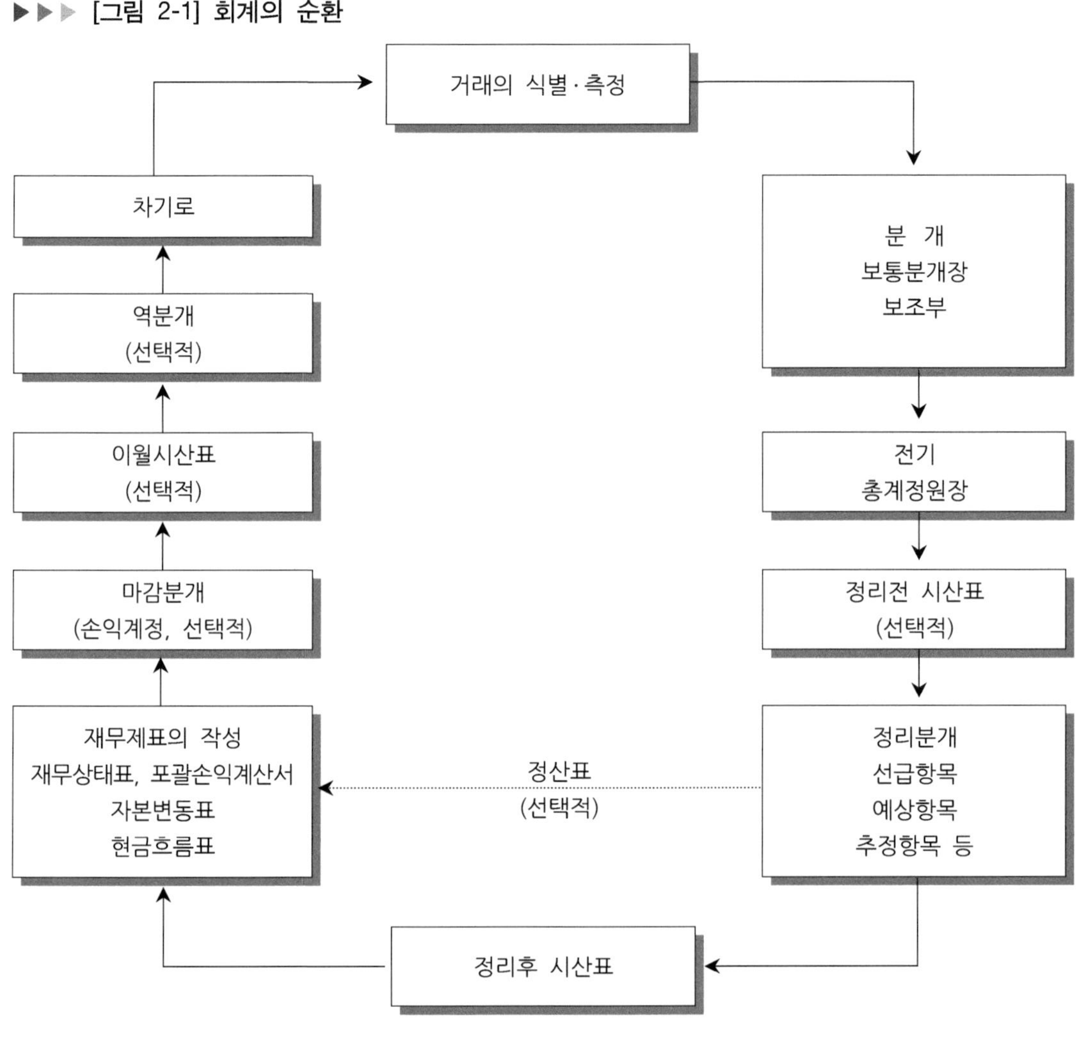

3. 재무제표의 작성과 표시를 위한 개념체계

재무제표의 작성과 표시를 위한 개념체계(이하 '개념체계')는 재무보고서를 작성하고 보고하는 데 있어서 기초가 되는 개념의 체계가 되는 것이다. 과거에는 회계의 개념적 틀(conceptual framework of accounting) 또는 금융감독원에 의하여 재무회계개념체계라고 불렸다.

한국회계기준원에서 발표한 개념체계의 내용을 요약하면 다음과 같다.

(1) 재무보고의 목적

① 투자 및 신용의사결정에 유용한 정보의 제공
② 미래현금흐름예측에 유용한 정보의 제공
③ 재무상태, 경영성과, 현금흐름 및 자본변동에 관한 정보의 제공
④ 경영자의 수탁책임 평가에 유용한 정보의 제공

(2) 회계정보의 질적 특성과 제약요인

① 이해가능성, ② 목적적합성, ③ 신뢰성, ④ 비교가능성,
⑤ 회계정보의 제약요인: 적시성, 효익과 원가 간의 균형, 질적특성 간의 균형

(3) 재무제표의 기본가정

① 발생기준
② 계속기업
※ 발생주의회계

(4) 재무제표의 체계

① 재무상태표, ② 포괄손익계산서, ③ 현금흐름표
④ 자본변동표, ⑤ 주석 및 부속명세서

(5) 재무제표의 기본요소

① 재무상태표의 기본요소: 자산, 부채, 자본
② 자본변동표의 기본요소: 소유주의 투자, 소유주에 대한 분배
③ 포괄손익계산서의 기본요소: 수익, 비용, 차익과 차손
④ 현금흐름표의 기본요소: 영업활동현금흐름, 투자활동현금흐름, 재무활동현금흐름

한편 재무회계개념체계는 회계기준제정기구, 재무제표이용자, 재무제표작성자, 외부감사인에게 모두 도움이 될 수 있다. 예를 들면 회계기준제정기구가 회계기준을 제정 또는 개정함에 있어 적용하는 재무회계의 기본방향과 일관성 있는 지침을 제공한다.

재무회계개념체계는 여러 가지 형태로 그려질 수 있는데, 여러 회계문헌으로부터 종합한 것이 [그림 2-2]이다.

▶▶▶ [그림 2-2] 재무회계개념체계

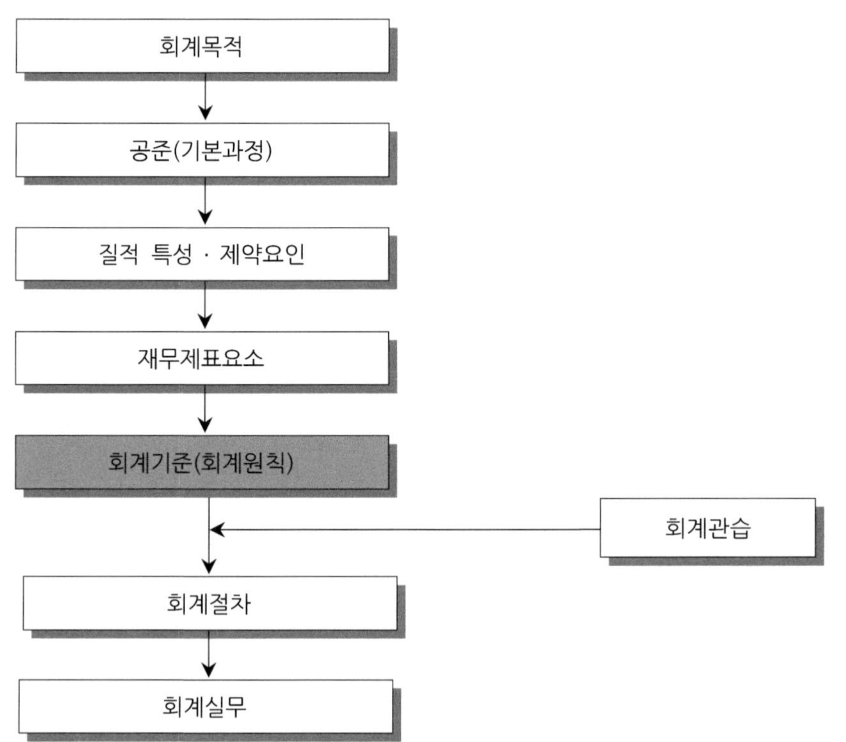

이 그림에서 재무회계개념체계는 회계목적으로부터 회계실무에 이르기까지의 과정으로, 즉 계층적으로 표시되어 있다. 그림에서 재무회계개념체계는 ① 회계목적 → ② 회계공준 → ③ 질적 특성과 제약요인 → ④ 재무제표요소 → ⑤ 회계기준(회계원칙) → ⑥ 회계절차(회계규칙) → ⑦ 회계실무(회계실무 및 회계감사에 적용)의 순서로 되어 있다. 이러한 순서는 회계목적에 따라 회계공준, 질적 특성, 회계기준 등이 순서적으로 정립되어야 하고, 회계실무가 이루어져야 한다는 것을 뜻한다. 또 회계기준의 정립에 앞서서 회계목적의 올바른 정립이 중요하고, 회계목적이 잘못된 방향으로 정립되면 회계기준이나 회계실무도 잘못되어질 수 있다는 것을 나타낸다.

그림에서처럼 화살표가 회계목적으로부터 회계실무로 이어져서 회계목적에 준거하여 정립되는 회계기준을 규범적 또는 연역적 회계기준(normative or deductive accounting standards)이라고 한다. 이것은 회계기준의 정립에 있어서 규범과 연역적 추론(deductive reasoning)을 강조하기 때문이다. 반대로 화살표가 회계실무로부터 회계목적으로 향함으로써 기업의 회계실무로부터 일반적이고 공정·타당하며 실용성 있는 회계기준을 정립하고자 할 때의 회계기준을 기술적 또는 귀납적 회계기준(descriptive or inductive accounting standards)이라고 한다. 이것은 회계기준의 정립에 있어서 경험적 관찰(empirical observation)과 귀납의 과정(induction process)을 강조하고 있다.

이상의 두 회계기준의 정립방향은 오늘날의 회계에서 모두 사용되고 있다. 바람직한 회계기준의 정립을 위해서는 전자의 방향이 되어야 하겠지만, 회계실무의 편의를 무시할 수 없어 후자의 방향도 이용되고 있다.

재무제표의 기능론

1. 정태론

정태론에서 강조하는 것은 재무상태표의 본질과 목적이 "재산계산"에 있다고 하는 것이었다. 정태론에 의한 재무상태표를 정적 재무상태표, 정적 재무상태표를 중심으로 전개하는 이론을 정적 재무상태표론이라고 한다.

정태론은 상법의 채권자보호사상으로부터 유래되었다. 재무상태표를 처음 규정한 상법은 1673년의 프랑스의 상업조례로, 당시에는 상인간의 부정으로 인해 파산이 많았으므로 회계장부를 정리하여 재산상태를 밝힘으로써 기업의 채권자를 보호해야 한다는 필요성을 절감하였다. 이와 같이 채권자를 보호하여야 한다는 사고는 그 후 상법의 기본정신이 되어 오늘날에 이르게 되었다. 여기서 채권자의 관심은 물적 담보력의 유무에 있으며, 구체적으로는 기업이 소유하고 있는 자산과 부채의 상관관계에 있으므로 재무상태표를 기업의 재산상태를 파악하는 수단으로 보게 되었으며, 이는 정태론이 형성되는 기반이 되었다.

정태론에서는 자산을 재산과 동일시하여 회계의 중심과제인 재산계산을 설명하고 있다. 오늘날의 회계에서는 두 개념이 다른 것으로 보고 있고 회계학상, 재산이란 용어는 오해를 줄 수도 있어 가급적 사용이 억제되고 있다.

세어(Schär)는 자산과 재산을 동일시하되, 재산은 적극재산과 소극재산으로 구성되고, 양자의 차액이 순재산이 된다고 하였다. 그는 이를 다음의 공식으로 표현하였다.

적극재산(자산) - 소극재산(부채) = 순재산(자본)

한편, 니클리쉬(Nicklisch)도 자산과 재산은 동일한 것으로 보고, 재산은 타인자본과 자기자본으로 구성된다고 하여 다음의 공식으로 표현하였다.

총재산(자산) = 타인자본(부채) + 자기자본(자본)

위의 두 공식에서 괄호 안의 계정과목은 오늘날의 재무상태표계정이다. 한편 니클리쉬의 공식에서 오늘날 사용되는 타인자본, 자기자본의 용어가 이때 이미 사용되었음을 알 수 있다.

정태론에서 자산은 재산(적극재산 또는 총재산)으로 규정되고, 재무상태표에 계상되는 자산에 대해서는 재고조사법에 의하여 재고조사를 하여 자산으로서의 존재가 확인될 수 있는 것만을 자산으로 계상할 수 있었다. 여기서 자산으로 확인되기 위해서는, 그것이 이전가능하든가, 판매가능하든가, 처분 또는 교환가치가 있던가, 수익력이 있어 장래 기업에 이익이 될 수 있든가 하는 것이어야 했다. 또 정태론에서는 재산적 가치를 인정받는 것만이 재무상태표 능력이 있으며 재산적 가치를 인정받지 못한 것은 비록 기간손익의 계산에서 중요하게 취급되지만 재무상태표에서는 제외되었다. 이로써 재산적 가치는 없으나 기간손익의 계산에서 중요시되는 경과계정들인 선급비용, 창업비 등 무형의 자산은 재산으로 인정될 수 없고 재무상태표에서 제외되었다. 그러나 자기창설영업권(self-developed goodwill), 삼림 · 가축 등의 성장으로 인한 성장가치(accretion value)는 재산적 가치가 증가하였으므로 자산으로 인정되고 재무상태표에 계상될 수 있다고 하였다.

정태론에 의하면 자산은 시가, 판매가격 또는 처분가치로 평가된다. 이것은 정태론이 기업의 정지 또는 청산을 가정하고 있고 청산을 하지 않더라도 채권자보호를 위하여 채권의 물적 담보로서 이들 자산이 얼마의 금전가치를 갖고 있는가를 중요시하였기 때문이다.

2. 동태론

동태론에서 강조하는 것은 재무상태표의 본질과 목적이 “손익계산”에 있다고 하는 것이었다. 동태론에 의한 재무상태표를 동적 재무상태표, 동적 재무상태표를 중심으로 전개하는 이론을 동적 재무상태표론라고 한다.

동태론은 슈말렌바하(Schmalenbach)가 「동적 재무상태표」(Dynamische Bilanz)를 저술하여 정태론에 대항하는 동태론을 주장하면서 생겨났다. 그는 정태론과 동태론의 논쟁에서 가장 큰 공헌을 한 사람으로, 정태론 자체가 원래 정태론이란 용어도 없었지만 이를 정태론으로 명명하고, 이에 대항하는 동태론을 전개하여 손익계산 중심의 회계사고로의 전환을 꾀하였다.

동태론은 정태론의 채권자보호 입장과는 달리 투자자보호의 입장을 취하고, 기업의 수익력을 강조한다. 또 계속기업의 가정하에 기간투자의 계산을 중심으로 회계이론을 전개하여 기업의 정지 또는 청산의 가정하에 재산계산을 중심으로 하는 정태론과 비교가 되고 있다. 이러한 동태론은 어디까지나 재무상태표를 중심으로 전개되었지만, 1900년대 이후 미국에서 발전된 손익계산서 중시나 이익 중시의 회계사고, 투자자보호의 증권시장을 중심으로 하는 회계이론과 비슷한 것이었다.

동태론에서 재무상태표는 재산상태를 표시하는 것이 아니라 손익계산의 수단이 된다. 따라서 회계의 목적은 기간손익의 계산에 의한 성과계산을 하는 것으로, 성과계산은 비용과 수익을 비교함으로써 이윤을 산출하는 것이 된다.

이로써 동태론의 재무상태표에서는 현금, 기타 현금과 유사한 계정을 제외하고는 대부분의 재무상태표항목은 장래 손익계산에 기여할 유보항목이 되는 것으로, 재무상태표는 당기의 성과를 계산하기 위한 잔액표에 불과한 것이다.

슈말렌바하에 의하면 재무상태표는 수입 · 수익, 지출 · 비용의 미결산상태를 표시하고 있는 표로서 기간손익계산을 가능하게 하는 수단이라고 본다. 그는 비용은 가치의 희생이며, 수익은 이 희생에 의해 만들어진 가치로 보았다. 이 비용과 수익은 결국 기업의 수입과 지출에 의해 측정된다. 이때 기업의 개시로부터 종료까지를 1기간으로 한다면 수입과 수익, 지출과 비용은 일치하며 다음 공식이 성립한다.

수입 - 지출 = 이윤
수익 - 비용 = 이윤

그러나 기업의 생명은 영속적이라고 생각되어 계속기업이 전제되므로 수입과 수익, 지출과 비용이 서로 일치하지 않을 수 있으며 시간적 간격이 생길 수 있다. 따라서 기간별로 정확한 손익계산을 하기 위해서는 결산기에 수입과 수익, 지출과 비용을 조절하는 도구가 필요하다. 이들을 조절하는 완충기가 바로 재무상태표인 것이다. 그러므로 재무상태표는 전기간에 생기는 총손익을 각 기간에 정확히 배분하여 각 기간의 기간손익을 명확히 계산하기 위하여 작성하는 수익·비용, 수입·지출의 미결산상태를 표시하는 표인 것이다.

동태론의 자산회계는 회계의 중심과제와 재무상태표의 본질과 목적이 손익계산이라는 관점에서 설명된다. 따라서 자산의 개념과 평가는 손익계산의 체계 하에서 설명된다. 동태론에서 자산은 실용동태론이라는 이론으로 설명되는데 다음과 같다.

동태론에서 자산은 미래의 비용 또는 원가의 미소비부분이 된다. 따라서 동태론에서는 원가의 흐름을 중요시하는데, 원가의 흐름을 현재와 미래로 분할하여 파악하여 현재의 원가·비용은 당기비용이 되나 미래의 원가·비용은 자산이 된다. 그래서 당기비용을 수익에 대응시켜 기간손익을 측정하는 한편 차기 이후로 이연되어 미래의 수익에 대응될 부분은 재무상태표에 자산으로 계상된다. 따라서 동태론에서 자산은 미래의 수익에 대응하기 위하여 차기 이후로 이연되는 원가·비용의 풀(pool)로 간주된다. 이와 같이 비용동태론에서는 자산에 비용을 포함시켜 설명하고 있기 때문에 자산과 비용의 구별이 명확하지 않은 문제점이 있다.

동태론은 계속기업을 전제로 하여 기간손익의 계산을 중심으로 회계이론을 전개한다. 그래서 선급비용 등의 경과계정은 재무상태표 능력이 있는 것으로 보아 비록 재산적 가치가 없더라도 자산으로 인정한다. 그러나 자기창설영업권이나 삼림·가축 등의 성장가치는 자산으로 인정하지 않는다. 또 자산평가보다는 수입·지출에 의해 측정된 수익·비용의 기간적 배분을 더 중요시한다. 그밖에 미실현손익의 계상을 금지하고, 경영의 생산·소비활동과 관계없이 발생하는 손익인 물가변동의 영향을 가급적 억제하려 한다.

동태론에서의 자산평가는 원가를 원칙으로 하고, 물가변동의 영향은 무시한다. 계속기업의 가정하에서 자산은 구태여 시가로 평가될 필요가 없고, 또 자산은 원가의 미소비 부분이므로 원가 그대로 평가되어야 하지 다른 평가기준이 적용될 필요가 없는 것이다. 이러한 동태론의 원가평가의 원칙은 오늘날의 역사적 원가회계의 원칙과도 비슷한 것이다.

3. 유기론(有機論)

유기론은 기업을 종합경제라는 유기체의 한 구성부분(세포)으로 보고 기업회계도 이 유기적 관계에서 파악하여야 한다는 이론으로서, 회계의 중심과제 또는 재무상태표의 본질과 목적은 재산계산과 손익계산의 두 가지 모두가 된다고 주장하는 것이다. 이 이론에 입각하여 재무상태표를 설명하는 이론을 유기적 재무상태표론이라고 한다.

유기론은 슈미트(Schmidt)가 제창하였는데, 정태론과 동태론을 절충하여 재무상태표에서 재산표시와 성과표시를 동시에 얻으려는 이원론적 입장을 취한 것이었다. 이 이론이 나오게 된 배경으로는 제1차 세계대전 이후 인플레의 심화로 종래의 회계이론이 무력화되면서 재산가격급등에 대한 대책 및 기업의 실적자본의 유지라는 입장에서 재무상태표가 재산표시와 함께 손익계산도 동시에 표시할 수 있는 회계보고서라는 점에서 주장되었다.

유기론에 의한 회계개념은 기업과 종합경제 사이의 유기적 관계에 의하여 설명되는데, 이윤 · 수익 · 비용에 대해서는 다음과 같이 설명하고 있다.

기업의 이윤은 기업이 종합경제의 한 구성원이므로 시장경제의 모든 원리와 조화되어 산출되는 것이 바람직하다. 이를 위해서 이윤은 실질자본을 초과할 때 비로소 얻어지는 것이다. 즉, 기업의 실질자본을 유지하기 위해서는 실질자본의 증가분만이 정상적 이윤이고 따라서 이것만이 국민재산의 참된 증가분이 된다. 그리고 자본운용에 의한 가치의 증가부분이 모두 이윤이 되는 것이 아니라, 거래활동에 의한 가치증가분만이 정당한 의미의 이윤이 된다. 따라서 기업의 거래활동에 의한 거래이윤과 기업재산의 물가등귀로 인한 증가분인 가공이윤은 구별되어야 한다. 즉, 거래이윤만이 기업의 손익계산에 고려되어야 하고, 자본운용에 의한 물가변동의 가공이윤은 거래이윤과 별도로 재산계산에 고려되어야 한다.

손익계산의 2대요소인 수익과 비용 중에서 수익은 거래활동으로 확정된 가치이므로 문제가 없다. 그러나 이 수익에 대응할 비용의 결정이 문제이다. 슈미트에 의하면 비용은 소비일에 있어서의 대체원가가 되어야 한다고 주장한다. 즉, 종래의 원가주의를 지양하고 대체원가를 적용함으로써 가치수정계정을 설정하여 진정한 기업이윤과 화폐가치변동으로 인한 가공이윤을 구별할 수 있다고 하였다.

이상의 유기론은 재무상태표의 본질과 목적을 중심으로 두 가지 대립되는 견해인 정태론과 동태론을 모두 포괄하며, 절충적인 이론이 되어 재무상태표의 재산계산과 손익계산의 두 가지 기능을 모두 인정하고 있다는 장점을 갖고 있다. 또 이 이론은 기업과 종합경제와의 유기적 관계를 다루어 사회적 차원에서 회계를 다루려 하며, 화폐가치변동에 따른 이익개념의 인식으로 거래이윤과 가공이윤을 분리한다는 장점을 갖고 있다.

그러나 이 이론은 재무상태표에서 재산계산과 손익계산의 두 가지 기능을 얻으려는 2원론의 입장을 취하여 논리의 일관성이 없고, 이론전개에 따른 실제문제에의 적용에 있어서 실천성이 박약하며, 경제적 효과가 의심스럽다고 생각되고 있으며, 비과학적인 이론이라는 비난을 받았다. 그래서 이 이론은 결국 많은 지지를 받지 못하였다.

자산평가론과 이익측정론

1. 개요

자산평가(asset valuation)란 자산에 가치를 부여하는 것이다. 일반적으로 자산은 교환가치(exchange value)에 의하여 평가되는데, 매매쌍방이 존재하는 시장에서 자산가치의 결정이 이루어진다.

자산평가에 있어서 중요한 것이 자산평가기준(asset valuation basis)이다. 자산평가기준이란 자산평가에 있어서 가치부여의 기준이 되는 것이다. 우리나라에 있어서는 상법에 따라 자산평가기준으로 원가, 시가, 저가의 세 기준을 열거하고 있다. 그러나 이론적으로는 여러 가지 자산평가기준이 제의되고 있는데, 기본적으로는 기업을 중심으로 자산의 유출입방향에 따라 유입가치(input value)와 유출가치(output value)로 나누어진다. 회계이론에서 중요시하는 주요자산평가기준으로는 ① 역사적원가, ② 대체원가(현행원가), ③ 순실현가능가치(현행현금등가액), ④ 미래현금유출액의 할인액(현가)의 네 가지가 있다.

이익측정(income measurement)이란 이익을 어떻게, 어떤 방법으로 측정할 것인가에 관한 것으로, 보통 이익은 수익과 비용의 두 요소를 대응시켜 측정한다. 그런데 이익측정에는 이익의 개념을 어떻게 볼 것인가, 어떤 이익측정방법을 적용할 것인가, 이익의 범위에 어떤 것을 포함시킬 것인가, 이익측정의 회계기준으로 어떤 회계기준을 적용할 것인가, 이익결정의 두 요소인 수익·비용을 어떻게 정의하고 측정할 것인가 등의 문제가 있다.

자산평가와 이익측정은 매우 중요한 것으로, 회계가 생성된 이래 회계의 중심과제가 되어 왔다. 일찍이 리틀튼(Littleton)은 모든 학문에는 중심과제가 있는데, 예를 들면 대수학에는 수, 기하학에는 점, 물리학에는 힘, 심리학에는 의식, 논리학에는 사고, 윤리학에는 선, 법학에는 정의, 경제학에는 가치가 있다고 하였으며, 회계학에는 자산과 이익이 중심과제라고 하였다.

자산평가와 이익측정은 각각 독립된 것이 아니고 서로 관련되어 있다. 자산은 재무상태표에 표시되고, 이익은 손익계산서에 표시되는데, 재무상태표와 손익계산서가 연계되어 작성되므로 자산과 이익도 연계되어 있는 개념이다. 원래 재무상태표와 손익계산서는 각각 독립적으로 작성될 수도 있지만 실무상으로는 손익계산서에서 계산된 이익을 재무상태표의 이익잉여금에 대체함으로써 연결된다. 또 비록 이 두 보고서가 각각 독립적으로 작성될 수 있다고 하더라도 자산평가나 이익측정에 있어서 자산에는 손익의 개념이(예: 자산처분시 취득원가인 자산과 함께 자산처분손익이 계상된다), 그리고 이익측정에는 자산의 개념이(예: 상품의 매출에는 상품이라는 자산의 감소와 함께 매출액이라는 수익이 발생한다) 개입된다.

자산평가와 이익측정에 있어서 화폐가치가 변동하는 인플레의 상황에서는 전통회계에서 고려하지 않았던 새로운 문제가 발생한다. 전통회계의 역사적 원가회계시스템에서는 화폐가치변동으로 인한 손익을 자산평가나 이익측정에서 고려할 필요가 없었다. 그러나 인플레회계의 상황에서는 물가변동회계의 경우 자산평가에 있어서 물가지수로 수정한 자산가치를, 이익측정에 있어서는 구매력손익을 고려하여야 하고, 대체원가회계(현행원가회계)의 경우 자산평가에 있어서 대체원가를 자산가치로, 이익측정에 있어서는 자산보유손익을 고려하여야 한다.

2. 자산평가론

자산평가론(asset valuation theory)이란 자산에 가치를 부여하는 데 대한 이론으로서, 주로 어떤 자산평가기준을 선택하고 자산평가에 따라 어떻게 재무제표를 작성할 것인가를 다루는 이론이다.

자산평가는 회계가 생성된 이래 교환가치인 역사적 원가에 의하여 이루어졌다. 그러나 20세기 특히 1930년대 이후에는 세계경제가 인플레경향이 되면서 안정화폐단위(stable monetary unit)를 전제로 하는 역사적 원가회계시스템에 대해 비판이 나타나기 시작하여 원가기준 이외의 다른 평가기준이 사용될 수 있다고 주장되었다.

그 후 1970년대 이후에는 각 자산에 대한 자산평가기준의 논의가 아닌 재무제표 전체를 화폐가치변동에 따라 작성하는 인플레회계(inflation accounting)가 중요시되어 구체적으로는 물가변동회계, 대체원가회계(현행원가회계)가 그 방법으로 제시되기도 하였다.

오늘날 자산평가론은 두 가지 측면에서 논의되고 있다.

첫째, 자산평가기준 또는 자산평가개념으로 각 자산에 대해 어떤 자산평가기준을 적용하는가의 문제이다. 예를 들면, 유가증권·외상매출금·재고자산·투자유가증권·유형자산에 대해 어떤 자산평가기준을 적용하는가이다. 지금까지 자산평가기준으로서는 여러 가지가 제의되었지만 앞서 언급한 것처럼 역사적 원가, 대체원가(현행원가), 순실현가능가치(현행현금등가액), 미래현금유출액의 할인액(현가)의 네 기준이 가장 중요한 것으로 생각되고 있다.

둘째, 전체의 재무제표를 화폐가치의 변동에 따라 일괄하여 새로이 작성하는 것으로 인플레회계에 관한 것이다. 인플레회계의 방법으로도 여러 가지가 제의되고 있지만 물가변동회계와 대체원가회계(현행원가회계)의 두 방법이 가장 중요시되고 있다. 전자는 역사적 원가의 자산·부채를 물가지수에 의하여 전환하는 방법으로 재무제표를 작성하는 것이고, 후자는 자산을 대체원가(현행원가)로 표시하여 재무제표를 작성하는 것이다.

3. 이익측정론

이익측정론(income measurement theory)이란 이익을 어떻게 측정 또는 결정하는가에 관한 여러 이론으로서 주로 이익을 어떻게 정의하고, 어떻게 측정하며, 어떤 이익측정방법을 선택하고, 이익측정에 관련한 회계기준이 무엇인가, 인플레하의 이익개념 등을 다루는 이론이다.

이익개념에 있어서는 경제학상의 이익과 회계학상의 이익의 구별이 중요하다. 경제학상의 이익은 힉스(Hicks)에 의해 정의되고 있는데, 자본유지개념(capital maintenance concept)에 의하여 기말자본화가치(기말자본)가 기초자본화가치(기초자본)를 초과할 경우의 초과분이 이익이다. 여기서 자본화가치(capitalized value)는 미래의 현금유입액을 할인율로 할인한 현가이다. 이에 대해 회계학상의 이익은 소유주지분의 증가분 또는 수익·비용의 비교에 의한 수익초과분이다. 또 회계학상의 이익은 화폐액으로 계산된 화폐이익이고, 과거지향적으로 역사적 원가에 의해 측정된 것이며, 일반적으로 인정된 회계원칙에 의해 측정된 개념이다.

이와 같이 경제학상의 이익과 회계학상의 이익이 다른 것이지만 전자에 비하여 후자가 이론적으로 문제점이 많으므로, 보다 더 전자에 가까워지도록 후자를 개선하는 노력을 기울이고 있다. 경제학상의 이익은 지나치게 이론적이고 추상적이며 주관적이고, 회계학상의 이익은 지나치게 실무적이고 구체적이며 객관적인 점이 있다. 따라서 전통회계의 이익개념인 회계학상의 이익을 개선하고자 경제학상의 이익에 보다 가깝게 이익을 측정하기 위하여, 예를 들면 유가증권·재고자산 평가에 있어서 저가주의에 의해 시가를 적용할 수 있도록 하거나 자산·부채의 평가에 현가계산제도를 도입하기도 한다.

이익측정방법에 있어서 재산법은 기초와 기말의 자본(순자산)을 비교하여 순이익을 계산하는 방법이고, 손익법은 일정기간 발생한 수익과 비용을 비교하여 순이익을 계산하는 방법이다. 이들 방법은 독일에서 유래한 이익측정방법으로, 계정이론에 의하여 재무제표계정에 계상될 수 있는 금액의 자본(또는 자산·부채), 수익·비용에 의해서 순이익을 측정하는 방법이다.

요 / 점 / 정 / 리 BASIC

1. 전통회계의 기본아이템

1) 회계등식 – 복식부기의 계산구조를 수학적 모형으로 표현

2) 회계순환 – 회계가 순환, 반복되는 과정(회계처리와 보고의 순환과정)

3) 재무제표의 작성과 표시를 위한 개념체계

2. 재무제표의 기능론

1) 정태론 – 재무상태표(대차대조표) 작성목적이 재산계산에 있다고 강조하는 이론
- 채권자 보호 중심의 회계이론
- 기업의 지급능력을 중요시 함

2) 동태론 – 재무상태표 작성목적이 손익계산에 있다고 보는 이론
- 투자자 중심의 회계이론
- 기업의 수익능력을 중요시 함

3) 유기론 – 회계의 중심과제는 재산계산 및 손익계산의 두 가지라고 주장하는 이론
- 정태론과 정태론을 포괄하는 절충적 이론

3. 자산평가론과 이익측정론

1) 자산평가론 – 자산에 가치를 부여하는 데 대한 이론
- 주요 논점은 자산평가기준 적용과 화폐가치 변동상황의 적용문제

2) 이익측정론 – 이익의 정의, 이익의 측정, 이익측정 방법의 선택 등을 다루는 이론

BASIC
ACCOUNTING
기초적회계이론
THEORY

CHAPTER 3 회계공준론

제1절 회계공준과 관련한 기초개념

제2절 기본적 회계공준

CHAPTER 3 회계공준론

BASIC ACCOUNTING THEORY

1 회계공준과 관련한 기초개념

1. 회계공준의 정의

원래 공준(postulates)은 라틴어의 "postulatus" 또는 "postulare"에서 유래된 것이다. 그 후 공준의 의미는 연역법에서의 공리(axiom), 가정, 전제와 동의어로 사용되었다. 재무회계개념체계에서는 "가정"이라 부른다.

연역법에서 이론은 어떤 원리나 법칙을 발견할 수 있는 정리(theorem)를 공리로부터 연역하고 검증함으로써 성립된다. 따라서 공준은 이론을 연역적으로 설명하고자 할 때에 사용되는 개념이다. 유클리드(Euclid)의 평면기하학에서 이용되는 수학적 논증은 연역적인 것인데, 그의 기하학에서는 공리를 이용하여 정리를 증명하게 된다. 다시 말하면 그의 증명방법은 공리, 공준(postulate)으로부터 정리를 연역해내는 것이다.

공준이 회계이론에 처음 나타나기 시작한 것은 1922년에 발간된 페이톤(Paton)의 *Accounting Theory*에서부터였으며, 그 후 길만(Gilman)이 회계의 기본적인 가정으로서 세 가지 회계관습(entity convention, valuation convention, accounting period convention)을 열거함으로써 공준은 회계이론에서 중요한 위치를 차지하게 되었다. 그러나 공준이 재무회계개념체계의 구성요소로 확고하게 인정되기 시작한 것은 무니츠(Moonitz)의 ARS No. 1이 나오면서부터이다. 이때부터 회계이론의 규범적 · 연역적 접근방법에 의한 연구가 시작되었던 것이다.

웹스터사전에 의하면 공준이란 논의 이전의 자명한 명제(proposition, 定理) 또는 기초적인 가설 또는 가정(underlying hypothesis or assumption)을 뜻한다.

따라서 회계공준(accounting postulates)이란 회계가정 · 회계전제라고도 하는 것으로, 자명한 명제·공리적 명제 또는 가설적 명제로서 논리의 체계를 형성하는 데 있어서 기초가 되는 것이다. 회계공준은 회계이론에 있어서 이론을 논리적으로 전개하기 위한 출발점이 되는 것으로, 어떤 명제의 논리적 타당성을 뒷받침해 주는 전제가 될 수 있는 것이다. 회계공준은 재무회계개념체계의 상부에 위치하는 구성요소로서, 회계기준·절차가 도출되는 데 있어서 전제가 되는 것이다. 이로써 회계공준에 의거하여 어떤 회계기준·절차가 설명될 수 있으면 그 회계기준의 타당성은 인정되는 것이다. 그러나 회계공준은 검증되지 않는 가설이 될 수도 있는데, 이론의 논리적 전개나 어떤 결론을 얻기 위하여 검증과정이 반드시 필요한 것은 아니다.

2. 회계공준의 종류

회계공준에 어떤 것이 있어야 하는가에 대해서는 학자나 회계전문기관의 의견이 각각 다르다. 예를 들면, <표 3-1>에 표시한 것처럼 무니츠(Moonitz)는 14개의 공준을 열거하고 있고, *APB Statement No. 4*에서는 13개의 공준을 열거하고 있다. 이 표에서 보면 열거된 수 뿐만 아니라 열거된 항목도 상당히 다르다는 것을 알 수 있다. 이러한 차이는 페이톤·리틀톤(Paton, Littleton), 매티시치(Mattessich), 챔버스(Chambers) 등에 의해서도 다르게 열거되고 있다.

▶▶▶ <표 3-1> 무니츠와 *APB Statement No. 4*의 회계공준

Maurice Moonitz	AICPA, APB
(ARS No. 1, 1961)	*(APB Statement No. 4, 1970)*
1. Group A (Environmental)	1. Accounting Entity
(1) Quantification	2. Going Concern
(2) Exchanges	3. Measurement of Economic Resources and Obligations
(3) Entities	
(4) Time Period	4. Time Periods
(5) Unit of Measure	5. Measurement in Terms of Money
2. Group B (Supplementary)	6. Accrual
(1) Financial Statements	7. Exchange Price
(2) Market Prices	8. Approximation
(3) Entities	9. Judgment

(4) Tentativeness	10. General-Purpose Financial Information
3. Group C (Imperatives)	11. Fundamentally Related Financial Statements
(1) Continuity	12. Substance over Form
(2) Objectivity	13. Materiality
(3) Consistency	
(4) Stable Unit	
(5) Disclosure	

회계공준에 대한 혼란은 회계공준을 회계목적·질적 특성·회계개념·회계기준·회계관습과 구분하기 어렵다는 점에서 비롯되고 있다. 그래서 무니츠는 회계공준에 시가·객관성·계속성 등을 포함시키고 있고, *APB Statement No. 4*에서는 발생주의·중요성 등이 포함되어 있다. 이러한 혼란은 회계이론의 정립, 회계기준의 정립 또는 회계실무에서 어떤 것을 가정으로서 중요시하는가에 따라 나타난 현상이라고 볼 수 있다.

회계공준에 대한 연구는 페이톤과 길만 이래 많은 회계학자들이 관심을 두어 왔지만, 회계이론의 기초개념으로서 가장 포괄적으론 깊이 연구한 사람은 무니츠이다. 그는 1961년 AICPA에서 발간한 최초의 연구보고서인 *ARS No. 1*을 「회계의 기본적 공준」(*The Basic Postulates of Accounting*)이란 제목으로 저술하였다. *ARS No. 1*은 회계공준을 제시하여 회계이론의 기초를 마련하였으며, 회계이론에 대한 규범적·연역적 접근방법을 시도하였다는 점에서 높은 평가를 받았다.

무니츠는 14개의 회계공준을 A·B·C 세 그룹으로 나누어, A그룹은 환경공준(environmental postulates), B그룹은 보충공준(supplementary postulates), C그룹은 필수공준(imperative postulates)으로 분류하였다. 여기서 A그룹은 회계환경으로부터 추출될 수 있는 공준이며, B그룹은 회계분야공준(field of accounting postulates)이라 불리는 것처럼 회계와 관련된 공준이며, C그룹은 회계사고나 회계실무에 있어서 기초개념이 되는 필수적인 공준이다.

3. 환경공준

회계공준은 근본적으로 "회계의 환경인 정치·경제·사회·문화적 환경으로부터 얻을 수 있는 자명한 공리적·가설적 명제"라고 할 수 있다. 왜냐하면, 회계공준은 이들 회계환경으로부터 도출된 것이기 때문이다.

환경공준(environmental postulates)은 회계환경으로부터 도출된 공준을 말한다. 회계의 환경은 회계목적의 설정이나 회계기준의 논리적 도출에 직접적인 영향을 주고 있기 때문에 회계환경으로부터 도출되는 환경공준은 중요하다고 말할 수 있다.

그렇다고 해서 회계의 환경인 정치·경제·사회·문화적 환경이 모두 환경공준이 되는 것은 아니다. 이들 환경 중 어떤 것은 거의 회계와 관계가 없으며 어떤 것은 간접적으로 관련이 있는 것도 있다. 환경공준과 특히 관계가 있는 회계환경은 경제환경(economic environment)이라고 할 수 있다. 회계는 경제현상을 다루고 경제제도의 범위 내에서 회계행위가 이루어지므로 회계공준은 대부분 경제현상으로부터 이끌어 내게 된다. 그러나 회계공준은 경제환경 보다는 밀접하지 않지만 정치·사회·문화적 환경으로부터도 이끌어 낼 수 있다.

회계의 환경은 시대에 따라, 국가에 따라 다를 수가 있다. 그래서 상이한 회계환경에서 추출한 환경기준은 서로 다르게 나타날 수도 있다. 예를 들면, 기업에 있어서 과거에는 국제무역이 환경공준으로 될 만큼 중요하지 않았으나, 오늘날에는 국제간의 교역이 활발해짐으로써 국제무역과 국제수지가 중요한 환경공준으로 고려될 수 있다. 또 정부의 경제정책이 기업에 큰 영향을 미치지 않지만, 다른 국가에서는 그 영향이 매우 큰 경우도 있는데, 이러한 정부의 경제정책도 환경공준이 될 수 있는 것이다.

환경공준을 열거하는 주요목적은 경제사회의 어떤 측면이 회계에서 고려되어야 할 중요한 요소이며, 대립되는 상황이 어떤 것인가를 밝힘으로써 회계에서 광범위하게 적용할 수 있는 일반원칙을 도출하자는 데 있는 것이다. 이것은 회계의 환경이 비록 회계와 밀접한 관련을 갖고 있더라도 회계에서 고려되어야 할 요소는 다를 수 있으며, 대립되는 상황이나 제도가 다르게 회계에 영향을 줄 수도 있기 때문에 이들을 환경공준으로 열거하게 되는 것이다.

환경공준의 개념을 맨 처음 소개한 사람은 무니츠(Moonitz)이다. 그는 ARS No. 1에서 환경공준으로서 계량화(quantification), 교환(exchanges), 기업실체(entities), 회계기간(time period), 측정단위(unit of measure)의 다섯 가지 공준을 예시하였다. 이들 공준은 회계환경에서 추출되는 것으로서 주로 경제환경으로부터 파생되는 경제현상에 관한 것이다. 그는 회계환경과 가장 밀접한 경제환경으로부터 대부분 회계공준을 이끌어 냈다.

무니츠의 환경공준은 모두 기업의 경제활동 또는 사회의 경제제도와 관련된 것이다. 그러나 학자들이 열거하는 환경공준은 제각기 다른데, 예를 들면 챔버스는 Legal Framework, Specialization and Exchange, Markets and Price, Money, Credit 등을 열거하고 있다.

그 외에도 환경공준으로 흔히 열거되는 것은 시가(market prices), 회계정보이용자의 행위(behavior of the users of accounting information), 회계의 측정과정(measurement process)에 관한 것 등이 있다.

지금까지 열거된 환경공준에서는 대부분 "경제기구 내에서 교환은 시장에서 일어나며, 시가는 회계에 있어서 중요한 의미를 가진다."라고 가정되어 왔지만, 학자들 간에 어떤 가격이 회계보고서에서 사용되어야 할 것인가에 대해서는 의견의 일치를 보지 못하고 있다.

예를 들면 무니츠는 "회계자료는 실제로 발생하였거나 장래 발생할 가격인 과거·현재·미래의 교환에 의한 가격을 모두 고려하여야 한다"라고 하였으나, 챔버스는 "회계범위에는 소급적인 또는 현재 측정·계산이 가능한 것만이 포함되어야 한다"라고 하여, 미래가격(expected prices)을 가격측정에서 제외하였다.

회계정보이용자의 행위에 관한 환경공준도 회계학자에 따라 다르다. 예를 들면, 챔버스는 개인의 행위와 사고에 관련된 가정을 세웠고, 프린스(Prince)는 기업에서의 동기부여에 관한 공준(motivational postulates)을, 파틸로(Pattillo)는 기업의 사회적 책임에 관련된 광범위한 공준을 제시하였다.

위와 같이 회계공준에 환경공준이 있다는 사실에 대해서는 대부분의 회계학자들의 의견이 일치하고 있지만, 구체적으로 환경공준의 내용이 무엇인가에 대해서는 서로 견해가 다른 것이다. 또 회계공준 자체가 모두 환경공준인가에 대해서도 현재로서는 분명치 않다. 무니츠는 환경공준 이외에도 보충공준·필수공준을 열거하여 이를 구별하고 있지만, 대부분의 회계학자들은 회계공준을 회계환경에서 이끌어 낸 환경공준과 동일한 것으로 이해하고 있다.

2 기본적 회계공준

1. 기업실체의 공준

실체공준(entity postulate) 또는 기업실체의 공준(business entity postulate)은 경제적 실체공준(economic entity postulate), 회계실체공준(accounting entity postulates)이라고도 불린다. 기업만을 대상으로 할 때에는 기업실체의 공준이라고 할 수 있지만, 실체공준에는 비영리조직 등도 포함되기 때문에 실체공준이라고 하는 것이 더 광범위한 용어이다.

실체공준은 기업 자체가 단독으로 존재한다고 하는 가정이다. 즉, 기업(경제적 실체 또는 경영실체)은 그 자체로서 존재하며 기업의 구성원인 소유주 · 종업원과는 분리되는 독립적인 조직일 뿐만 아니라 다른 기업과도 별개의 관계에 있다는 것을 뜻한다.

기업을 기업실체로서 이해할 때에 기업은 소유주와 독립된 별개의 기관이 되어, 기업의 자산인 현금 · 외상매출금 · 재고자산 · 유형자산 등은 소유주의 것이 아니고 기업 자체의 자산이며, 외상매입금이나 장기차입금 같은 것도 기업의 채무이지 소유주의 채무는 아닌 것이다. 이때 기업의 목표는 기업 자체의 순이익을 증대시키기 위한 것이며, 소유주에게 이익배당을 많이 하기 위해서만 이익을 추구하는 것은 아니다. 따라서 기업의 재무상태와 경영성과에 관한 정기적인 회계보고도 기업 자체를 위한 것이 된다.

실체개념이 공준으로서 중요한 이유는 이 개념이 무엇보다도 기업에 대한 이해관계를 명확히 구별하도록 한다는 점이다. 그래서 회계보고서에 포함될 내용이 어떤 것이 되어야 하며, 회계자료는 어떤 관점에서 기록 · 분류 · 요약 · 보고 · 해석되어야 할 것인가를 명확히 해준다. 따라서 실체공준에서는 실체의 관점에서 회계처리 · 회계보고가 이루어져야 하는 것이다.

실체공준으로 이해관계자간의 이해관계를 명확히 구별할 수 있어 특히 기업거래와 소유주거래 간의 구별이 명확해진다. 이 구별은 특히 개인 기업이나 조합에서 중요한데, 이것은 보통 이러한 기업형태에서는 개인의 재산이 기업의 재산으로 흔히 생각되고, 법적으로도 소유주재산과 명확히 구별하여 기업재산이 존재한다고 보기 어렵기 때문이다. 그러나 실체공준에 의하면 기업거래와 소유주거래를 명확히 구별하여 회계자료를 처리하는 것이 원칙이라고 할 수 있다. 또 기업거래와 소유주거래가 혼합되어 회계처리가 이루어지면, 그 기업에 대한 회계보고서는 왜곡되어 작성되기 쉽다고 말할 수 있다.

그러므로 실체공준에 의하면 회계보고서는 소유주만을 위해 작성되는 것이 아니며, 채권자 · 경영자 · 종업원 등 많은 기업의 이해관계자를 위해서도 작성된다. 이것은 실체가 소유주와 별개의 실체라는 가정에서 이해될 수 있는 것이다. 따라서 실체개념은 기업에 대한 이해관계를 명확히 해주는 공준이 된다.

실체단위로는 흔히 독립기업인 개인기업 · 조합 · 회사(합명 · 합자 · 유한 · 주식회사) · 비영리조직 등이 될 수 있으며, 기업 내의 부 · 과 · 사업부도 될 수 있고, 여러 개의 기업을 연결하여 작성하는 연결재무제표(consolidated financial statement)의 회계단위도 단일의 실체로 인정될 수 있다. 이와 같이 회계 상의 실체는 법률상 법인격이 인정되는 기업만이 아니라 더욱 포괄적인 의미로 사용된다.

아울러, 실체공준은 상호 대조적 개념인 실체이론(entity theory)과 자본주이론(proprietary theory)의 구별과도 관련시킬 수 있는 개념이다. 즉, 실체이론은 바로 실체공준과 동일한 정의에서 출발한 회계사상이나, 자본주이론은 실체공준을 부정하는 소유주 중심의 회계사상인 것이다.

2. 계속기업의 공준

계속기업공준(going concern postulate)은 계속성공준(continuity postulate)이라고도 불리는 것으로, 기업은 영속적으로 존재하고, 그 기업의 경영활동도 영구히 계속될 것이라고 가정하는 것이다. 계속기업의 공준에 의하여 기업의 재무제표는 기업이 계속적으로 존재할 것이라는 전제하에 작성된다.

그러나 이 공준은 기업이 무한히 영속적으로 존속한다고 가정하기보다는 얼마동안은 정상적인 경영활동을 수행하며, 현재의 경영계획과 계약상의 의무를 전부 이행하려 한다는 것을 뜻하는 것이다.

계속기업의 개념은 기업 측뿐만 아니라 투자자 측에도 유용한 개념이다. 즉, 어느 회사에 대한 주식투자는 당해 기업이 영속하리라고 보는 가정 하에서 투자를 하게 되는 것이다. 예를 들면, 신주의 발행가격을 정할 때에도 그 기업의 자산가치와 수익가치를 계산하게 되는데, 이 계산의 전제로 계속기업의 공준이 있는 것이다.

이러한 계속기업의 전제하에서 회계기준 · 회계방법 · 회계절차는 기업이 계속 존재하리라는 가정 하에 이루어진다. 현실적으로 기업은 언제라도 파산 · 해산될 수 있지만 대부분의 기업은 장기간 존속한다고 생각된다. 따라서 장기간 존속할 기업을 청산가치(liquidation value)로 평가할 필요는 없는 것이다.

여기서 우리는 계속기업의 공준이 자산평가와 밀접한 관련을 갖고 있다는 것을 알 수 있다. 계속기업의 개념에 따라 분류 · 평가된 재무상태표의 자산 · 부채는 기업이 청산되리라고 가정할 때와는 다른 가치가 된다. 기업이 영속적으로 존재하므로 자산을 일정기간 사용되거나 처분되고, 부채는 언젠가 변제될 것이라고 가정된다. 이때 전통회계에 의하면 재무상태표에 계상되는 자산가치는 청산가치나 현행가치보다는 미상각원가(underpreciated costs)로 나타내게 된다. 한편 손익계산서에서는 기업의 전 존속기간을 인위적으로 구분하여 손익의 기간계산을 할 필요가 생긴다. 따라서 매년도말마다 기업의 경영업적을 파악하기 위하여 기간손익을 산정하는 것이다.

그러나 계속기업의 개념은 청산개념도 염두에 두어야 한다는 것을 시사한다. 현대기업은 재무적인 관점에서 볼 때 위험 속에 존재하는 경우가 많이 있다. 회계감사인은 이러한 위험요소를 고려하여 기업에 대한 가치평가를 하여야 하며, 정기적으로 그 기업의 재무제표의 적정성을 검토하여 계속기업의 공준을 가정해도 좋은지를 항상 확인할 수 있어야 한다.

청산개념을 기업에 적용한다면 자산이나 부채를 청산우선순위나 법적 처분순위에 따라 분류하여야 할 것이다. 그러나 보통 기업은 영구히 존속하리라고 보므로 계정을 유동성배열법에 의해 배열하고 자산은 원가로 나타내게 된다.

자산을 취득원가로 평가하는 원가주의는 계속기업의 공준을 전제로 하여 인정된 개념이다. 그러나 계속기업의 공준이 원가주의를 정당화시켜 주는 것은 아니다. 앞으로 기업이 계속 존재할 것이라는 전제하에서 객관성과 입증가능성이 결여된 시가보다는 원가로 표시하는 것이 타당하다는 범위 내에서 원가주의는 신봉될 수 있는 것이다.

기업이 계속적으로 존재하지 않을 것이라고 예상될 때에는 자산평가기준이 원가보다는 청산가치 또는 시가가 되어야 할 것이다. 만일 조만간 청산이 예상된다고 할 때에 자산을 원가로 표시한다면, 회계정보로서의 유용성을 갖지 못하는 결과가 될 것이다. 청산이 예상된다면 자산가치는 역사적 원가보다는 순실현가능가치(net realizable value), 판매가격에서 처분비용을 차감한 가치로 평가하는 것이 더욱 타당한 방법일 것이다. 또 이때에는 자산 · 부채를 유동 · 비유동항목으로 구분할 필요가 없고, 앞서 말한 것처럼 청산우선순위에 따라 열거하는 것이 보다 합리적일 것이다. 최근에는 자산가치를 역사적 원가보다는 일반물가변동(general price-level change)에 의하여 수정하거나 대체원가(replacement cost)로 표시하자는 움직임이 미국 · 영국 등에서 나타났는데, 이는 계속기업을 전제로 원가보다는 현행가치(current value)로 표시하는 것이 보다 합리적이라고 생각되기 때문이다.

계속기업의 개념을 공준으로 인정할 것인가에 대해서는 학자들 간에 견해가 다르다. 무니츠 · 그레이디는 공준으로 인정하였지만, 챔버스 · 매티시치 · 이지리 · 스털링 · 배터는 공준으로 인정하는 데 대해서 회의를 품었다.

헨드릭슨은 "계속기업의 개념은 기업의 미래에 대한 예측(predictions)이 가능하다는 관점에서 공준으로 인정되어야 한다"라고 주장하였다. 또 그는 "기업이 영속적으로 존재하리라는 가정은 기업의 회계자료가 지니고 있는 미래에 대한 예측력(predictive ability)에 의하여 받아들여질 수 있다"고 하였으며 "미래예측을 위하여 회계보고서는 재무제표이용자가 기업의 미래를 예측할 수 있도록 작성되어야 한다"라고 말하였다.

3. 화폐가치안정의 공준

화폐가치안정(stability in monetary value)의 공준은 여러 가지 명칭으로 불리고 있는데, 예를 들면, 안정화폐단위(stable monetary unit) · 화폐단위(monetary unit) · 화폐측정단위(money-measuring unit) · 측정단위(unit of measure)의 공준이라고도 불린다.

이것은 화폐를 회계의 측정단위로 하여, 회계현상을 화폐단위로 측정한다는 가정이다. 또 화폐가치안정의 공준 하에서는 화폐가치가 일정기간 동안 안정적인 것이라고 가정한다.

그래서 회계과정상의 모든 거래에 대한 기록뿐만 아니라 회계 상 측정대상이 되는 자산 · 부채 · 자본 · 수익 · 비용 · 이익은 화폐단위에 의하여 표시되고 그 결과 작성되는 재무제표는 화폐단위에 의하여 집계된다.

화폐가 회계의 측정단위로 인정되는 이유는 화폐단위에 의해 대부분의 회계현상을 측정할 수 있어 공통측정단위로서의 역할을 하기 때문이다. 물론 화폐가 이러한 역할을 할 수 있는 것은 경제학상 화폐가 가치의 척도, 교환의 매개물, 가치의 보장수단, 회계의 단위라는 기능을 갖고 있기 때문이다.

회계단위는 화폐로 표시되는 것이 보통이지만 다른 측정단위도 있을 수 있다. 예를 들면, 물량단위로도 표시될 수 있다. 그러나 기업의 모든 거래를 물량으로 표시할 수 없으므로 화폐단위가 편리한 척도이다. 그 외에도 화폐단위로는 모든 거래나 기업경영에 영향을 미치는 모든 사항을 기록할 수는 없다. 즉, 경영자나 사원의 능력, 건강상태, 사기, 생산효율, 자연환경에 미치는 영향과 같은 질적 정보는 화폐단위로 기록할 수 없다고 생각된다.

화폐가치안정공준의 가장 큰 결점은 화폐가치가 일정기간 동안 안정적이라고 가정하는 데 있다. 전통회계에서는 물가수준의 변동으로 인한 영향을 무시하여 왔다. 이러한 가정에 따라 작성된 회계장부에서는 예를 들면, 20XX년에 구입된 토지의 화폐금액과 20△△년에 구입된 토지의 화폐금액이 동일하게 취급되고 있다. 현실적으로 화폐가치는 부단하게 변동하므로 상이한 시점에서 구입된 자산의 화폐금액은 상이한 측정척도에 의한 것이 된다. 따라서 공통적으로 적용할 수 있는 물가지수와 같은 수단을 이용하여 수정한 후에 비교가능하게 된다.

위와 같은 문제점이 있음에도 불구하고 현대회계가 원가주의를 채택하고 있는 이유는 객관적으로 납득할 수 있는 회계자료의 수정기준이 없고, 현행가치의 정의가 모호하며(물가반영가치인지 대체원가인지 등) 인플레가 사실상 심각하지 않을 수도 있다는 반론 때문이다. 그러나 역사적 원가에 의한 재무제표는 현행가치를 표시하지 않으므로, 당해 자산이 저평가될 뿐만 아니라 순이익의 측정에 있어서도 왜곡된 결과를 가져오며, 의사결정이 잘못 이루어질 수도 있다.

화폐가치가 안정적이 아닌 경우에는 재무제표의 비교가능성(comparability)을 해치게 된다. 즉, 동일한 회사에서 상이한 시점에 취득된 자산이 다르게 평가될 뿐만 아니라, 이에 따라 작성된 기업의 재무제표도 비교하기가 어려워진다. 예를 들면 어떤 기업은 자산재평가를 하였고, 다른 기업은 하지 않았을 경우 두 기업의 재무제표를 그대로 비교한다는 것은 공통의 평가기초를 상실한 것이기 때문에 문제가 있다고 할 수 있다.

따라서 재무제표의 질적 수준을 높이고 비교가능성을 높이기 위해서는 역사적 원가에 의해 표시된 회계자료를 현행가치로 수정하여 현재의 경영의사결정과 미래예측에 도움이 되도록 하여야 할 것이다.

화폐가치안정의 공준은 무니츠 · 매티시치 · 챔버스 등 대부분의 회계학자들이 공준으로 열거하고 있으나, 헨드릭슨은 측정제약조건에 넣고 있다. 이것은 화폐가치안정의 공준은 화폐가치가 안정적이지 못할 경우가 많으므로 공준이 되기 어렵다는 논거에 의한다.

4. 회계기간의 공준

회계기간의 공준(fiscal period postulate)은 기간공준(time period)이라고도 불리는데, 이것은 회계의 측정과 보고를 인위적으로 정한 시간간격에 따라 행하는 것을 뜻한다.

보통 기업에서는 1년을 사업연도로 정하는데 6개월이 될 수도 있고, 1년 이상의 기간이 사업연도로 될 수도 있다. 또 1년의 사업연도가 너무 길다고 생각되는 경우 매월 · 3개월 · 6개월마다 회계보고를 하는 수가 있는데, 이것도 회계기간의 공준에 의한 것이다.

회계기간의 개념은 계속기업의 공준과 연결하여 설명될 수 있다. 기업이 계속적으로 존재한다면 원래 그 기업의 최종적인 재무상태 · 경영성과를 알기 위해서는 그 기업의 설립시로부터 해산시까지의 단 1회의 재무제표만이 작성되어도 될 것이다. 이는 중세의 모험기업(venture business)에서 택한 방법이었다. 그러나 회계정보이용자는 기업이 영구히 존속한다는 사실을 의식하지 않고 수시로 정보를 알고자 하므로 어느 기간간격으로 끊어서 그 기간의 경영성적, 기간말의 재무상태를 보고하는 것이다.

일반적으로 회계기간은 세력(calendar year) 또는 정부의 예산회계에 맞추어 1월 1일부터 12월 31일까지 1년으로 하고 있다. 이것은 보통 정상영업순환주기(normal operating cycle)가 1년으로 생각되기 때문에 이에 맞추기 위한 것이다.

기업에 따라서는 연중 경영활동수준이 가장 낮은 시점을 회계기간으로 택하는 자연사업연도(natural business year)를 선택하기도 하고, 회사창설일과 같은 특정일을 정하기도 한다. 특히 계절적 산업은 자연사업연도를 회계기간으로 정하는 경우가 많다. 자연사업연도에 따라 회계기간을 구분하면 기업의 재무상태나 손익상태가 비교적 양호하게 되며 연도말의 결산절차가 용이하게 이루어질 수 있다.

회계기간을 1년 또는 6개월로 정한 경우에도 기업의 이해관계자에게 신속한 재무정보를 알려주기 위하여 중간보고서(interim reports)를 작성하기도 한다.

회계기간의 공준에 의한 회계보고는 회계상 다음과 같은 의미가 있다.

첫째, 발생주의회계(accrual accounting)를 채택한다는 것이다. 즉, 자산 · 지분의 변동을 현금의 수입 · 지출에 따라 기록하는 것이 아니라, 기간손익을 정확하게 측정하기 위하여 현금수입이 없더라도 수익이 실현되었으면 수익이 획득된 것으로 인식하고, 현금수입이 있더라도 다음기의 수익이라고 인정되면 수익으로 계상하지 않는 것이다. 이는 비용의 경우에도 마찬가지로 적용된다. 이에 따라 이연계정(선급비용과 선수수익), 예상계정(미수수익과 미지급비용)을 설정하며 회계기간개념에 따라 회계처리하여 순이익을 정확히 측정하게 된다.

둘째, 인위적으로 기업의 존속기간을 회계기간으로 분할하였기 때문에 회계의 측정문제가 발생하며, 이에 따라 회계담당자의 주관적 판단, 회계측정상의 불확실성의 문제가 생긴다. 원가배분은 그 대표적인 예로서, 예를 들면 유형 · 무형자산의 상각, 대손상각의 추정이 있다. 이러한 원가배분에 의하여, 현재와 미래의 회계보고서에 원가를 배부하게 된다.

회계기간을 공준으로 들고 있는 회계학자로는 무니츠와 매티시치가 있으며, APB Statement No. 4 에서도 열거하고 있다. 회계기간의 공준은 특히 회계처리나 회계보고서의 작성에 필요한 가정이므로 회계실무상으로는 꼭 필요한 공준이라고 말할 수 있다.

요 / 점 / 정 / 리

BASIC

1. 회계공준과 관련한 기초개념

1) 회계공준의 정의(본질): 가설적 명제로서 논리의 체계를 형성하는데 있어 기초가 되는 것

2) 회계공준의 종류: Moonitz(1961), APB Statement No. 4(1970)의 회계공준

3) 환경공준: 회계환경으로부터 도출된 공준(계량화, 교환, 기업실체, 회계기간, 측정단위 등)

4) 회계공준의 요건
   - 밀착성: 후속되는 다른 명제, 원리들과 논리적으로 연결되어야 함
   - 공헌성: 후속되는 다른 명제를 유도해 낼 수 있어야 함
   - 일관성: 각 공준이 모순, 대립되지 않아야 함
   - 독립성: 다른 공준으로부터 유도되거나 의미를 부여받지 않아야 함

2. 기본적 회계공준

1) 기업실체의 공준: 회계행위의 주체는 기업이라는 가정

2) 계속기업의 공준: 기업실체는 반증이 없는 한 그 목적과 계획을 달성하기 위하여 계속하여 영업활동을 지속한다는 가정

3) 화폐가치안정의 공준: 화폐측정단위의 가정, 화폐단위는 일정기간동안 안정적이라는 가정

4) 회계기간의 공준: 회계의 측정과 보고를 인위적으로 정한 시간간격에 따라 행한다는 가정

CHAPTER 4

이익의 개념과 측정기법

SECTION

CHAPTER 4

이익의 개념과 측정기법

BASIC ACCOUNTING THEORY

1 이익의 개념

회계학도 다른 사회과학과 마찬가지로 철학적 중심개념을 가지고 있는데, 그것은 곧 "이익"이다. 이에 대해 일찍이 리틀튼(Littleton)은 회계는 다른 모든 수량적 분석 방법과 구분하는 어떤 기본적 개념이 있어야 하며, 그 기본적 개념 내지 중력의 중심은 재무제표나 자산 · 자본도 아닌 바로 이익(income) 그 자체라고 주장하였다.

1. 법률적 이익개념

우리나라에 있어서 법률적인 이익개념은 상법과 법인세법 등에서 찾아 볼 수 있다.

(1) 상법상의 이익

우리나라 상법은 그 입법정신이 채권자보호에 중점을 두고 있으므로 자연스럽게 기업의 '자본충실의 원칙'을 지킴으로써 그 입법정신을 구현하려고 한다. 따라서 상법상의 이익은 기말의 순자산액이 기초의 순자산액을 초과한 금액으로서 파악할 수 있다. 이를 공식화하면 다음과 같다.

상법상의 순이익 = 기말순자산액 - 기초순자산액

한편 상법상의 이익개념에는 배당가능한 이익도 있다. 일반적으로 기업자산이 채권자의 담보능력에 미치지 못하는 중요한 요인의 하나는 이익의 유출이므로 이를 억제하기 위하여 이익의 배당을 제한하고 있는데 이는 곧 배당가능이익을 규정하고 있는 것으로 해석할 수 있다. 이를 공식화하면 다음과 같다(상법 462조 참조).

배당가능이익(이익 배당액)
= 순자산액 - (자본금 + 자본준비금 + 이익준비금 + 당기적립이익준비금 + 미실현이익)

(2) 법인세법상의 이익

법인세법상의 이익은 '과세소득'을 의미한다. 이 과세소득은 순자산증가액으로 해석되고 있으나, 그 계산절차는 각 사업년도의 익금총액에서 손금총액을 차감하여 파악된다. 이를 공식화하면 다음과 같다.

법인세법상의 이익 = 사업년도의 익금총액 - 사업년도의 손금총액
(과세소득)

2. 경제적 이익개념

경제학자들에 의하여 이익개념에 대해 일찍부터 논의가 전개되었는데, 그 대표적인 학자로는 스미스(A. Smith), 피셔(I. Fisher), 힉스(J.R. Hicks) 등이 있다.

(1) 스미스

스미스는 이익을 부의 증가(increase in wealth)로 보았다. 그는 이익(income)을 이윤(profit)과 동일 개념으로 보고 이익을 기업의 수익(생산가치총액)으로부터 토지・노동・자본이 생산에 공헌한데 대한 대가인 지대(임차료)・임금・이자비용을 차감한 잔액으로 정의하였는데, 이를 공식화하면 다음과 같다.

이익 = 수익(생산가치총액) - 생산공헌대가(지대 · 임금 · 이자비용)

(2) 피셔

피셔는 이익을 심리적 이익・실질적 이익・화폐 이익으로 구분 설명하고 있다.

첫째, 심리적 이익(psychic income)이란 '심리소득' 이라고도 하는데, 인간의 심리적인 즐거움이나 욕구충족(satisfaction of wants)을 가져다주는 인간의 기본적인 욕구에 따라 발생하는 이익으로서 인간의 활동에 활력을 불어넣는 기

본적인 힘의 요소이며, 주관적 이익이라는데 그 특색이 있다. 피셔는 이와 같은 심적 이익은 실제적인 재화나 용역의 소비를 말하나 직접적으로는 측정이 불가능한 심리적 개념이지만 실질이익에 의해 개략적으로 나마 측정할 수 있다고 하였다.

둘째, 실질적 이익(real income)이란 경제적 부의 증가분(increases in economic wealth)을 의미하는데, 심리적 만족을 증대시키는 현상으로서 생활비로 측정되는 이익이다. 다시 말하면 이익의 심리적 즐거움을 나타내는 만족도는 재화나 용역의 취득시에 지급한 현금액에 의해 측정된다는 것이다. 위의 심리적 이익이 인간의 심리적 욕구에 기반을 둔 이익인데 비하여 실질적 이익은 내적 심성에 즐거움을 가져다주는 외부의 물리적 사건(physical events)으로부터 얻는 객관적 이익이며, 생활비 지출로써 간접적으로 측정할 수 있는 점에 그 특색이 있다.

셋째, 화폐이익(money income)은 '화폐소득'이라고도 하는데, 자원의 화폐적 평가로 인한 증가분(increases in the monetary valuation of resources)을 뜻하며, 그것은 생활비지출에 충당될 현금의 수입액을 의미한다. 따라서 화폐이익은 재화와 용역을 획득하는 수단이 되는 것으로 명목적인 화폐액으로 표시되는 것이다. 그래서 이것은 위의 세 가지 이익 중에서 그 측정이 가장 쉽지만, 화폐가치의 변동을 고려하지 않는다는 결점을 가지고 있다.

(3) 힉스

힉스의 이익에 대한 견해는 경제학적 이익의 대표적 견해로 여겨져 왔다. 그에 의하면 어떤 사람의 이익(소득)은 주초(기초)와 주말(기말)에 동일한 유족상태를 누리면서 그 주(기) 동안 소비할 수 있는 최대의 가치라고 하였다. 즉, 이익이란 개인의 기초·기말의 경제적 상태를 비교하여 더 낳은 상태가 되면 바로 그 차이가 이익이라고 하는 것이다.

그런데 여기에서 유족상태(또는 부유상태)가 무엇을 뜻하는가가 매우 애매하다. 이에 대한 여러 해석 중 가장 적정한 것은 자본유지개념(concepts of capital maintenance)으로 해석하려는 견해인 듯하다. 이에 따르면 유족상태란 자본을 있는 그대로 유지하는 것을 뜻한다.

이상과 같이 여러 경제학자들의 이익에 대한 견해로 미루어 보면 경제학상의 이익이란 자본을 조금도 감액하지 않고 그대로 유지하면서 일정기간에 소비할 수 있는 최대금액이라고 정의할 수 있다.

3. 회계적 이익개념

회계적 이익개념에 대해서도 여러 학자의 정의와 견해가 있어 왔으나, AICPA가 발표한 *APB Statement No. 4*에 그 대부분의 이론이 함축되어 있다. 즉, 이익이란 회계기간에 대한 수익의 비용초과분(the excess of revenue over expenses for an accounting period)으로, 기업 소유주지분(자산－부채)의 순증가액이며, 그것은 일반적으로 인정된 회계원칙에 따라 인식된다.

위의 정의에서 회계적 이익개념을 요약하면 이익이란 수익과 비용의 비교에 의한 비용초과분이라는 것과(수익비용초과설), 소유주지분의 증가분이라는(소유주지분증가설) 두 가지 견해로 압축된다.

(1) 수익비용초과설

이 견해는 회계상의 이익을 기업의 일정기간의 총수익과 총비용을 비교하여 그 초과분이라고 보는 견해인데, 다시 말하면 이익이란 일정기간에 실현된 수익과 그것과 관련된 비용 내지 원가의 대응에 의한 차액으로 보는 견해이다.

이 견해에 따르면 이익을 산정하기 위해서는 수익은 실현주의기준(realization basis)에, 비용은 발생주의기준(accrual basis)에 의해 인식되어야 하며, 실질적 내지 기술적으로는 비용·수익대응의 원칙(principle of matching cost with revenue)이 적용되어야 한다. 그리고 그 계산방법은 손익법에 따라야 한다.

(2) 소유주지분증가설

이 견해는 회계상의 이익을 소유주지분(또는 주주지분)의 증가분이라고 보는 견해인데, 다시 말하면 이 견해는 기업의 자본유지를 전제로 이익을 순자산인 주주지분의 증가액으로 보는 것이다. 그 산정방법은 재산법에 따라야 할 것이다.

회계학상의 이익은 이상에서 보는 바와 같은 두 가지 견해가 주류를 이루고 있으나, 다음과 같은 특징 내지 제약이 있다.

첫째, GAAP에 의해 측정되어야 한다. 위의 *APB Statement No. 4* 에서 살펴본 바와 같이 이익은 일반적으로 인정된 회계원칙(GAAP)에 따라 인식하여야 된다. 다시 말하면 회계학상의 이익은 전통적인 회계구조에 의해 인식・측정하여야 되며, GAAP에 의한 여러 원칙이나 기준에 준거하여야 된다는 것이다. GAAP은 일반적 수용성(general acceptance)을 지니며, 실질권위의 지지(substantial authoritative support)를 받으며, 회계실무의 지침이 되는 원칙이며, 귀납적・실용적 연구방법을 택하는 원칙이다. 따라서 회계학적 이익의 산정에는 이와 같은 여러 성격을 담은 것이어야 할 것이다.

둘째, 회계학상의 이익은 화폐이익(money income)의 개념이므로 화폐가치의 변동을 고려하지 않아 때때로 실질구매력과 차이가 있다는 것이다. 이 점에서 경제학상의 이익이 화폐가치의 변동으로 인한 영향을 받지 않는 실질적 이익이란 점과 비교할 때 많은 취약점을 가지고 있다는 것이다.

셋째, 회계학상의 이익은 과거 실적자료를 중심으로 산출되는 과거지향적인 역사적 원가를 기초로 하기 때문에 미래를 염두에 두지 않는 이익이라는 비판도 받고 있다.

2 이익의 측정 목적

회계에 있어서 "이익"은 여러 계층의 정보이용자들에게 중요하게 쓰이고 있다. 따라서 회계에 있어서 이익측정의 근본적인 목적은 이익 정보의 제공에 있다고 할 수 있다. 즉, "이익"이 정보이용자가 경제적 의사결정을 하는 데 있어서 결정적인 도움이 된다는 것이다.

1. 자본과 이익의 구분

이익측정의 목적은 자본과 이익의 구분(distinction between capital and income)을 위해서다. 다시 말하면 자본은 미래의 용역을 제공하는 저장고이며, 이 용역의 흐름으로서 자본을 손상하지 아니하고 일정한 수준을 유지하면서 발생하는 자본초과분이 이익이다. 이와 같은 자본과 이익을 명확하게 구분하지 못하면 자본에서 배당금이 지급되고, 따라서 자본잠식의 현상이 일어난다.

2. 과세소득의 결정

이익측정은 법인세법에 따라 계산하도록 되어 있는 과세소득(taxable income)을 계산하는 기초자료가 된다. 물론 이 과세소득은 기업의 순이익에서 세무조정을 한 후 결정되므로 이익은 과세의 결정기준 내지 자료가 된다고 할 수 있다. 또 이와 같은 이익은 부의 재분배를 위한 기준이 되기도 한다.

3. 배당정책의 수립

이익측정은 기업의 배당정책(dividend policy)이나 이익유보정책을 결정하는 기준을 얻기 위해 필요하다. 다시 말하면 순이익은 주주들에 대한 배당가능이익의 상한선인 동시에 기업이 사내에 유보할 수 있는 이익의 최대치를 의미한다. 그러나 실제에 있어서 회계처리상 수익의 실현주의와 비용의 발생주의의 차이로 말미암아 순이익이 곧 배당이익이 될 수 없으며, 또 상법 등의 배당제한도 고려하지 않으면 아니 된다는 한계가 있다. 따라서 순이익의 전액이 배당가능한 금액이 아니기 때문에 배당지급정책의 결정에는 기업의 대외지급능력(유동성)이나 투자수요전망 등도 필수적으로 고려해야 할 것이다.

4. 투자의 지표

이익측정은 이미 행한 투자 또는 미래의 투자에 대한 지표를 알기 위해서 필요하다. 즉, 이익은 이미 집행된 투자에 대해서는 투자의 성과나 수익률을 판단하게 하는 자료가 되며, 미래의 투자에 대해서는 미래의 현금흐름(future cash flows)에 대한 추정의 기초가 된다. 따라서 일반 투자가는 그들의 투자자금의 배분, 포트폴리오정책(portfolio policy) 등의 의사결정에서 이익을 기준으로 삼을 수 있다.

5. 미래예측의 수단

이익측정은 기업의 미래에 대한 예측수단으로 이용하기 위해서 필요하다. 다시 말하면 이익측정은 기업의 미래이익(future income)을 예측하고 미래에 있을 경제현상(사건)을 예견하는 근거로 삼기 위해서 필요하다. 그러나 회계상의 이익은 역사적 원가(historical cost)를 기초로 하여 계산한 것이기 때문에 그것이 과연 미래에 관한 수익력(earning power)이나 경제적 사건을 예측하는데 유용할 것인가에 대한 의문은 있지만, 순이익이 산출되어 나오는 구성요소의 내부간의 관계와 그 추이로 유추한다면 그 미래 예측도 가능하며, 더욱이 순이익을 현행원가(current cost)로 계산한다면 더욱 효율적이라는 것이다.

6. 효율측정의 수단

이익측정의 목적은 효율성의 측정(measurement of efficiency)에 있다. 다시 말하면 이익측정은 기업경영활동의 '효과측정치' 또는 '성공측정치'(measure of the success)를 산정하는데 사용된다는 것이다. 여기서 '효율성'이라 함은 일정한 자원에 대해 최대한의 산출량을 얻는 능력, 최소한의 자원으로 일정한 산출량을 얻는 능력, 일정한 제품수요에 따라 자원을 적정하게 결합하여 소유주에게 최대한의 이익을 주는 능력을 가리킨다.

이러한 경영효율을 측정하는 방법으로는 순이익을 투자자본(주주지분)으로 나누어서 산출하는 투자이익률법(rate of return on investment)과 이익과 기간 중 얻은 총수익(total revenue)을 비교하는 총수익비교법 등이 있다.

7. 경영의사결정의 자료

이익은 주주 · 투자가들이 현재의 주당순이익액(earning per share; EPS)이나 미래수익력(future earning power)을 예측하는 데 유용한 지표일 뿐만 아니라, 경영내부의 경영자들이 달성해야 할 경영목표추진에 관한 의사결정의 자료도 되며, 또 그들의 평가자료의 역할을 하게 된다. 뿐만 아니라 채권자들에게도 채권의 안정에 대한 신용의사결정을 하는데 기초자료가 된다. 요컨대, 이익측정의 목적은 주주 · 투자가 · 경영자 · 채권자 등 정보이용자가 그들의 합리적 경제행동을 영위하는 의사결정의 자료를 제공하기 위한 것이라 할 수 있다.

③ 이익측정의 기법

회계학상 이익측정의 방법은 자본유지개념에 의한 측정방법(자본유지개념측정법), 거래개념에 의한 측정방법(거래개념측정법), 활동개념에 의한 측정방법(활동개념측정법)으로 나누고 있다. 이에 대하여 간단히 설명하기로 한다.

1. 자본유지개념측정법

이는 자본유지개념(capital maintenance concept)에 의한 손익측정법으로 자본유지접근법이라고도 불리는 방법이다. 이는 힉스의 이익개념에 따른 이익측정방법인데, 그 요지는 기말과 기초의 기업순가치(순자산, 즉 자산-부채)를 비교하여 측정하는 방법으로서 이를 공식화하면 다음과 같다.

$$Y = (W_e - W_b) + C - I$$

단, Y = 기간이익, W_e = 기말의 순가치, W_b = 기초의 순가치
C = 기중 순가치의 소비(투자의 감소), I = 기초의 투자증가

즉, 재무상태표상에서 기말자본과 기초자본을 비교하여 그 차액으로서 손익을 측정하는 방법이다. 다시 말하면 기말자본액이 기초자본액을 초과하는 부분 또는 원가회수액이 투입원가액을 초과하는 금액을 이익으로 보는 것으로, 소유주지분증가설 내지 순자산증가설에 의한 이익측정방법이다.

자본유지법의 특징은 기업에 투하된 모든 자본의 증감변동액을 가감하여 이익을 산출하는 장점이 있으나, 이익의 구성요소인 수익과 비용의 명세와 영업활동과 경영활동 등의 구분 표시를 할 수 없다는 결점이 있다.

2. 거래개념측정법

이는 거래개념(transaction concept)에 의한 손익측정방법으로서 거래접근법이라고도 불린다. 이 방법은 기업의 내부나 외부에서 발생하는 거래 중, 손익을 증가시키는 요인, 즉 손익의 증가요인총계에서 그 감소요인총계를 차감하여 손익을 측정하는 방식

인데, 손익측정의 기초를 거래에 두고 있는 점에 그 특색이 있다. 그 내용을 공식화하면 다음과 같다.

기업손익 = 손익증가요인총계 (총수익) − 손익감소요인총계 (총비용)

결국, 이 방법은 손익계산서상에서 일정기간의 총수익과 총비용을 비교하여 그 차액으로서 손익을 측정하는 방법이다.

이와 같은 방법은 본질적인 손익을 측정한다는 점에 있어서 앞의 자본유지개념측정법에 비해 불완전하고 부정확한 방법이긴 하나, 다음과 같은 장점 때문에 오늘날 재무회계에서 일반적으로 이용되고 있다. 즉, 순손익의 결정요소인 수익과 비용에 관한 보다 상세한 정보를 제공해 주며, 순손익의 구성요소를 제품별 · 고객별 · 부문별로 세분해 볼 수 있으며, 순손익의 발생원천을 정상적 활동과 비정상적 활동으로 구분할 수 있으며, 기업의 외부거래를 원인별로 기록하게 해 줌으로써 경영의 효율화에 기여한다는 것이다.

3. 활동개념측정법

활동개념측정법은 활동개념(operational concept)에 의한 손익측정방법으로서 '활동접근법'이라고 불리는데, 이는 기업의 경영활동을 구매 · 생산 · 재고 · 판매활동 등 단계적으로 세분하여 그 단계별 내지 활동별로 활동이익(activity income)을 측정한 후 그것을 합산하는 방법이다. 이 방법은 각 활동별로 손익이 측정되어 복수의 손익수치를 얻을 수 있고, 활동별 손익수치는 경영자의 경영효율을 더 효과적으로 평가할 수 있고, 활동유형에 따라 분류된 손익수치는 미래 예측에 유용하다는 등의 장점이 있다.

이와 같은 활동개념측정법은 거래개념측정법과 같이 기업의 거래를 중심으로 손익을 측정하는 점은 유사하나 다음과 같은 점에서 다르다. 즉, 거래개념측정법은 거래의 역사적 기록에 중점을 두는 데 대하여, 활동개념측정법은 기업의 영업활동 자체에 중점을 두는 것이 다르다. 따라서 손익은 어떤 활동이나 사건이 일어남으로써 나타나는 것이며, 거래의 결과로 나타난 것이 아니다. 또 거래개념측정법에 의해 측정된 손익수치는 단일한 것인데 대하여 활동개념측정법에 의해 측정된 손익수치는 활동별로 나타난 복수의 수치라는 것에 특색이 있다.

4 주당순이익

1. 주당순이익의 개념

주당순이익(EPS: earning per share)이란 순이익을 발행보통주식총수로 나눈 것으로서, 다음의 공식으로 표시된다.

$$\text{주당순이익} = \frac{\text{순이익}}{\text{발행보통주식총수}}$$

위의 공식에서 분자를 영업이익과 당기순이익으로 구분하면 주당이익은 다음과 같이 나누어진다.

$$\text{주당이익} = \frac{\text{영업이익}}{\text{발행보통주식총수}} = \frac{\text{당기순이익}}{\text{발행보통주식총수}}$$

이 공식에서 분자인 순이익은 보통주주순이익으로서 우선주배당금을 차감하고, 또 분모인 발행보통주식총수에 대해 기간 중에 주식의 증감(증자 또는 감자)이 있었다면 기간을 고려하여 계산된 가중평균발행보통주식총수를 적용한다. 이로써 주당순이익 공식은 다음과 같이 바뀌게 된다.

$$\text{주당순이익} = \frac{\text{순이익} - \text{우선주배당금}}{\text{가중평균발행보통주식총수}}$$

이상의 주당순이익을 보통 기본주당순이익(basis EPS)이라고 한다. 기본주당순이익은 주당순이익계산에 있어서 기본이 되는 것으로, 특히 다음에 설명하는 희석주당순이익과 구별하여 희석화 개념을 고려하지 않은 주당순이익을 말한다.

희석주당순이익(diluted EPS)이란 주당순이익계산에 있어서 희석성 잠재적 보통주(dilutive potential ordinary shares)를 추가적으로 고려하는 것으로, 기본주당순이익에 비하여 주당순이익이 감소하여 표시되는 것이다. 희석성 잠재적 보통주에는 보통주로 전환할 수 있는 금융부채나 지분상품(전환우선주 포함), 옵션과 주식매입권, 사업인수나 자산취득과 같이 계약상 합의에 따라 조건이 충족되면 발행하는 보통주 등이 있다. 희석주당순이익은 다음과 같이 표시된다. 여기서 희석당기순이익은 희석성 잠재적 보통주의 권리가 행사되어 보통주가 발행되었다고 가정할 때 계산된 이익을 말한다.

$$\text{희석주당순이익} = \frac{\text{희석당기순이익}}{\text{가중평균발행보통주식총수} + \text{희석성 잠재적 보통주식수}}$$

주당순이익의 공시(손익계산서상의 표시)는 우리나라에서는 1990년 3월 29일의 기업회계기준 3차 개정에서 처음 의무화되었다. 미국에서는 1960년대 이전부터 자발적으로 공시되었으나, 회계기준에 의해 공시가 권고된 것은 1966년의 *APB Opinion No. 9*에 의해서이다. 이 규정에서는 EPS정보가 계속적으로 계산되고 손익계산서에 공시되면 의사결정자에 유용한 정보가 될 것이라고 하였다.

미국에서 주당순이익이 공시된 이후 이 정보는 투자자들이 가장 중요시하는 투자지표(investment indicators)가 되어 왔고, 모든 회계정보의 요약지표(summary indicators)로 간주되었다. 즉, 주가에 가장 큰 영향을 주는 회계정보가 되어 왔다. 우리나라에서는 과거 증권거래소에서 주가수익비율(PER: price earnings ratio)을 산출하기 위한 목적으로 주당순이익을 계산하기도 하였지만 널리 알려지지 않았다. 주당순이익이 기업의 손익계산서에 표시되기 시작하면 투자자들이 이 지표의 중요성을 인식하여 차차 투자지표로서 중시할 것으로 예상된다. 주가수익비율 역시 중요한 투자지표라고 할 수 있는데, 다음 공식에 의해 계산된다.

$$\text{주가수익비율} = \frac{\text{주가}}{\text{주당순이익}}$$

이 공식은 주당순이익에 비하여 주가가 얼마나 높은가를 나타내는 것으로, 비율이 높을수록 기업의 수익성에 대한 평가가 높은 것을 나타낸다. 왜냐하면 투자자의 높은 평가가 주가에 반영되기 때문이다.

1969년 *APB Opinion No. 15*가 공표되었는데, 이 규정에서는 기업의 자본구조를 단순자본구조와 복잡자본구조로 나누어 주당순이익을 주요주당순이익과 완전희석주당순이익으로 나누어 이중표시하는 등의 중요한 사항을 규정하였다. 그러나 여기서 가상적 상황을 전제로 한 규정과 복잡한 규정을 두어 많은 비판을 받았다. 그 후 EPS회계에 관련하여 *APB Opinion No. 30*, *SFAS No. 21*, *SFAS No. 55*, *SFAS No. 85*가 계속 발표되어, EPS회계에 많은 문제점이 있었음을 표시하고 있다.

1997년 2월에는 오랫동안 비판받아 온 주당순이익개념을 새롭게 정리하기 위하여 FASB에서 *SFAS No. 128*, "Earnings per Share"를 공표하고 *APB Opinion No. 15* 등 이전에 발표된 EPS에 관련된 모든 규정들을 폐지하였다.

주당순이익에 있어서 중요한 개념으로는 희석화와 희석증권이 있다.

희석화(dilution)란 주당순이익의 계산에 있어서 전환사채 등의 희석성 잠재적 보통주가 보통주로 전환될 경우 주당순이익이 감소하는 현상을 말한다. 희석성 잠재적 보통주(dilutive potential ordinary shares)는 현재 보통주는 아니나 보통주로 전환될 가능성이 있는 증권이다. 우리나라에서 희석증권으로는 보통주로 전환할 수 있는 금융부채나 지분상품(전환우선주 포함), 옵션과 주식매입권, 사업인수나 자산취득과 같이 계약상 합의에 따라 조건이 충족되면 발행하는 보통주 등이 있다.

희석화는 주당순이익의 계산에 있어서 중요한 문제로, 희석성 잠재적 보통주의 존재는 주당순이익이 낮아질 가능성을 표시한다. 즉, 전환사채의 전환, 전환우선주의 행사 등으로 주당순이익이 낮아질 수도 있으므로 투자자들은 그러한 가능성을 항상 예상하고 있어야 한다.

반희석화(antidilution)란 용어도 있는데, 반희석증권으로 인하여 주당순이익이 증가하거나 또는 주당순손실이 감소하는 현상이다. 반희석성 잠재적 보통주는 주당순이익을 증가시키거나 주당순손실을 감소시키는 증권이다. 예를 들면 전환사채가 반희석성 잠재적 보통주가 되는 수가 있는데, 주당순이익계산에서 분자인 순이익에 이자를 가산하나 분모인 발행주식총수에 사채의 주식전환으로 발행된 보통주를 가산할 경우 분자의 순증가분이 분모의 순증가분보다 크면 오히려 주당순이익이 증가되는 것이다.

2. 주당순이익의 정보유용성

주당순이익의 개념에 함축된 의미는 다음과 같이 요약할 수 있다.

① EPS는 보통주 1주에 대해 기업이 역사적으로 성취한 수익력(earnings power)의 측정치라고 할 수 있다. 일반적으로 이 수익력은 보통주의 가치를 결정하는 데에 중요요소로 생각되고 있다.
② EPS는 순이익에 대한 보통주 1주의 지분을 나타낸다. 우선주의 배당금을 EPS계산에서 제외하는 것은 EPS가 보통주의 수익력을 표시하고자 하는 것이지 의결권과 잔여재산청구권이 없는 우선주의 수익력을 나타내는 것은 아니기 때문이다. 우선주는 본질적으로 채무적 성격을 띠고 있는 주식으로, 우선주주는 기업경영보다는 배당금에 더 큰 관심을 갖고 있다.
③ EPS는 과거의 수익력뿐만 아니라 미래의 수익력을 추정할 수 있는 지표로 생각되고 있다. 희석주당순이익의 표시로 장래 보통주가 될 수 있는 증권을 EPS에 포함시킴으로써 EPS정보가 역사적 정보뿐 아니라 가상적이고, 예측적인 정보를 반영하도록 규정하고 있다.
④ 기본적으로 EPS는 발생주의에 따라 산출된 회계이익에 대해 계산한다. EPS와 유사한 것으로 주당순자산, 주당배당금, 주당 현금흐름 등이 있으나 이들은 모두 EPS와 구별된다. 이들 용어는 투자자를 오도할 우려가 있어 사용하지 않는 것이 바람직하다고 볼 수 있다.

따라서 주당순이익의 유용성은 다음과 같이 정리할 수 있다.

① EPS는 미래의 주가 또는 주당배당금을 예측하는 데에 유용한 정보를 포함하고 있다. 비록 EPS는 역사적 자료에 의해 산출되는 것이지만 미래를 예측하는 데에 도움이 될 수 있다.
② 기업 또는 경영자의 과거의 성과(performance)를 평가하는 데에 유용한 정보가 된다. EPS는 기업의 경영성과, 즉 손익성과를 함축하는 정보로, 경영자의 업적평가를 요약수치로 나타낸 것이다.
③ 기업의 수익력을 주당으로 표시함으로써 개별보통주주의 관점에서 수익력을 평가하는 지표가 되고 있다. 따라서 EPS에 의해 기업의 자본금크기, 자본구조 또는 기업규모에 관계없이 기업간, 기업내 기간간의 수익성의 비교가 용이하게 이루어질 수 있다.
④ 유용한 투자지표인 주가수익비율의 계산에 사용된다. EPS 자체도 유용한 투자지표가 되는데, 여러 기간에 걸쳐 비교된 EPS는 앞으로의 이익추세를 가늠할 수 있게 해주므로 중요한 투자결정의 지표가 된다.
⑤ 기업의 배당정책을 위한 기초자료를 제공하며, 미래의 배당정책을 수립하는 데에도 도움이 되는 정보가 된다.

한편, 주당순이익의 유용성에도 불구하고 다음과 같은 한계점도 지적할 수 있다.

① 과거의 수치로 계산된다는 점이다. 특히 EPS는 기업의 미래수익력 · 주가변화와 관련된 의사결정에 이용되는데, 고거의 수치로 제시될 뿐이므로 그 유용성에 한계가 있다.
② EPS는 기업의 수익력이 기업규모나 자본금규모에 따라 변할 수 있다는 점을 무시하고 있다. 즉, 기업의 영업특성, 경쟁여건 등으로 최적규모나 최적자본규모가 각각 존재할 수 있다. 이로써 최적상태에 이르기까지는 자본금이 증가할수록 주당수익력이 증가하나, 최적상태를 넘어서면 규모의 비경제(diseconomy of scale)로 인하여 주당수익력이 저하될 수 있다. 그럼에도 EPS에서는 이런 요인을 무시한 채 주당수익력만 비교하여 기업간, 동일기업내의 기간간 비교의 결과를 왜곡시킬 수도 있다.
③ EPS는 질적 정보를 제공하지 못한다. 즉, 기업의 업종특성이나 위험 등을 나타내지 못한다. 이 문제점은 회계정보의 고유한 한계로 주석 등으로 보완되어야 할 것이다.

앞서 언급한 것처럼 주당순이익에 대해서는 많은 비판이 있었는데, 주당순이익의 논쟁점을 요약하면 다음과 같다.

① 보통주로 간주될 수 있는 보통주청구가능증권(common stock equivalents)을 어떻게 정의하는가의 문제이다. EPS정보가 미래에 대한 예측력(predictive ability)을 가지려면 현재는 보통주가 아니나 미래에 보통주가 될 수 있는 증권은 보통주로 간주하여 계산할 필요가 있다.
② EPS계산에 있어 순이익을 어떤 종류의 이익으로 할 것인가의 문제이다. EPS정보의 이용목적에 비추어 그 유용성을 높일 수 있다면 당기순이익 이외에 계속영업이익에 대한 것 등 다른 이익에 대해서도 EPS계산을 고려하여야 한다.
③ EPS를 계산할 경우 전환사채, 신주인수권부사채 등 보통주로 간주될 수 있는 증권을 포함하여 계산한 EPS와 포함하지 않고 계산한 EPS를 어떻게 재무제표에 표시할 것인가의 문제이다.
④ EPS를 결산확정 이전에 경영자가 추정하여 공시하거나 차기의 이익추정치를 공시하자는 주장이 있다. EPS의 주된 이용자는 투자자들인데 투자의사결정시 과거정보는 별로 의미가 없다고 생각된다. 특히 주가수익비율 산정시 현재의 주가를 과거의 주당순이익으로 나누는 것은 의미가 없다는 것이다. 따라서 투자지표로 추정EPS를 공시하는 것이 바람직할 수도 있다.

3. K-IFRS에 의한 주당순이익의 계산

주당순이익에 관해서는 기업회계기준서 제1033호 '주당이익'에 규정되어 있다. 해당 기업회계기준서의 내용은 다음과 같다.

3. 기본주당이익의 측정

(1) 지배기업의 보통주에 귀속되는 당기순손익에 대하여 기본주당이익을 계산한다.

(2) 기본주당이익은 지배기업의 보통주에 귀속되는 특정 회계기간의 당기순손익(분자)을 그 기간에 유통된 보통주식수를 가중평균한 주식수(분모)로 나누어 계산한다.

(3) 기본주당이익을 계산할 때 지배기업의 보통주에 귀속되는 금액은 지배기업에 귀속되는 계속영업손익과 당기순손익 각각의 금액에서 자본으로 분류된 우선주에 대한 세후 우선주 배당금, 우선주 상환 시 발생한 차액 및 유사한 효과를 조정한 금액이다.

(4) 기본주당이익을 계산하기 위한 보통주식수는 그 기간에 유통된 보통주식수를 가중평균한 주식수(이하 '가중평균유통보통주식수'라 한다)로 한다.

(5) 당해 기간 및 비교표시되는 모든 기간의 가중평균유통보통주식수는 상응하는 자원의 변동 없이 유통보통주식수를 변동시키는 사건을 반영하여 조정한다. 다만, 잠재적보통주의 전환은 제외한다.

4. 희석주당이익의 측정

(1) 지배기업의 보통주에 귀속되는 당기순손익에 대하여 희석주당이익을 계산하고, 지배기업의 보통주에 귀속되는 계속영업손익을 표시할 경우 이에 대하여 희석주당이익을 계산한다.

(2) 희석주당이익을 계산하기 위해서는 모든 희석효과가 있는 잠재적보통주(이하 '희석성 잠재적보통주'라 한다)의 영향을 고려하여 지배기업의 보통주에 귀속되는 당기순손익 및 가중평균유통보통주식수를 조정한다.

(3) 희석주당이익을 계산하기 위해서는 지배기업의 보통주에 귀속되는 당기순손익을 문단 12에 따라 계산한 것과 같이 다음의 사항에서 법인세효과를 차감한 금액만큼 조정한다.

㈎ 문단 12에 따라 지배기업의 보통주에 귀속되는 당기순손익을 계산할 때 차감한 희석성 잠재적보통주에 대한 배당금이나 기타항목

㈏ 희석성 잠재적보통주와 관련하여 그 회계기간에 인식한 이자비용

㈐ 희석성 잠재적보통주를 보통주로 전환하였다면 발생하였을 그 밖의 수익 또는 비용의 변동사항

(4) 희석주당이익을 계산하기 위한 보통주식수는 문단 19와 26에 따라 계산한 가중평균유통보통주식수에 희석성 잠재적보통주가 모두 전환될 경우에 발행되는 보통주의 가중평균유통보통주식수를 가산하여 산출한다. 희석성 잠재적보통주는 회계기간의 기초에 전환된 것으로 보되 당기에 발행된 것은 그 발행일에 전환된 것으로 본다.

(5) 잠재적보통주는 보통주로 전환된다고 가정할 경우 주당계속영업이익을 감소시키거나 주당계속영업손실을 증가시킬 수 있는 경우에만 희석성 잠재적보통주로 취급한다.

(6) 희석주당이익을 계산할 때 희석효과가 있는 옵션이나 주식매입권은 행사된 것으로 가정한다. 이 경우 권리행사에서 예상되는 현금유입액은 보통주를 회계기간의 평균시장가격으로 발행하여 유입된 것으로 가정한다. 그 결과 권리를 행사할 때 발행하여야 할 보통주식수와 회계기간의 평균시장가격으로 발행한 것으로 가정하여 환산한 보통주식수의 차이는 무상으로 발행한 것으로 본다.

5. 소급수정

유통되는 보통주식수나 잠재적보통주식수가 자본금전입, 무상증자, 주식분할로 증가하였거나 주식병합으로 감소하였다면, 비교표시하는 모든 기본주당이익과 희석주당이익을 소급하여 수정한다. 만약 이러한 사건이 보고기간말과 재무제표의 발행이 승인된 날 사이에 발생하였다면 당기와 표시되는 이전 기간의 주당이익을 새로운 유통보통주식수에 근거하여 재계산한다. 주당이익을 계산할 때 이와 같은 유통보통주식수의 변동을 반영하였다면 그러한 사실을 공시한다. 또 오류의 수정과 회계정책의 변경을 소급적용하는 경우에는 그 효과를 반영하여 비교표시하는 모든 기본주당이익과 희석주당이익을 수정한다.

6. 재무제표의 표시

(1) 이익의 분배에 대해 서로 다른 권리를 가지는 보통주 종류별로 이에 대한 기본주당이익과 희석주당이익을 지배기업의 보통주에 귀속되는 계속영업손익과 당기순손익에 대하여 계산하고 포괄손익계산서에 표시한다. 기본주당이익과 희석주당이익은 제시되는 모든 기간에 대하여 동등한 비중으로 제시한다.

(2) 중단영업에 대해 보고하는 기업은 중단영업에 대한 기본주당이익과 희석주당이익을 포괄손익계산서에 표시하거나 주석으로 공시한다. 기본주당이익과 희석주당이익이 부의 금액(즉, 주당손실)인 경우에도 표시한다.

7. 공시

다음 사항을 공시한다.

(가) 기본 및 희석주당이익의 계산에서 분자로 사용된 금액과 그 금액으로부터 당기에 지배기업에 귀속되는 당기순손익으로의 조정내역. 이러한 조정사항에는 각 종류별 금융상품이 주당이익에 미치는 개별적 영향을 포함하여야 한다.

(나) 기본 및 희석주당이익의 계산에서 분모로 사용된 가중평균유통보통주식수와 이들 간의 조정내역. 이러한 조정사항에는 각 종류별 금융상품이 주당이익에 미치는 개별적 영향을 포함하여야 한다.

(다) 표시되는 기간에는 반희석효과 때문에 희석주당이익을 계산할 때 고려하지 않았지만 잠재적으로 미래에 기본주당이익을 희석할 수 있는 금융상품(조건부발행보통주를 포함)의 내용

(라) 문단 64에 따라 회계처리된 거래 외에 보고기간 후에 발생한 거래로서, 보고기간말 이전에 발생했다면 기말에 유통되는 보통주식수나 잠재적 보통주식수를 유의적으로 변동시켰을 보통주나 잠재적보통주 거래에 대한 설명

요 / 점 / 정 / 리

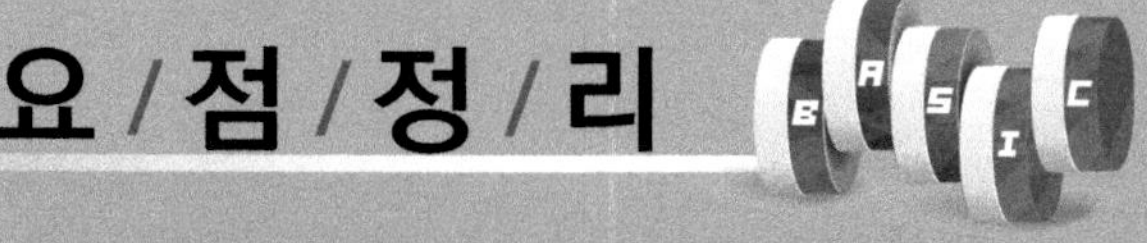

1. 이익의 개념

1) 법률적 이익개념
- 상법상의 이익개념: 배당가능금액(순자산액 − 자본금 − 자본준비금 − 이익준비금 − 당기적립이익준비금 − 미실현이익)
- 법인세법상의 이익개념: 사업년도소득(사업년도의 익금총액 − 사업년도의 손금총액)

2) 경제적 이익개념
- A. Smith: 생산가치 총액-생산공헌대가
- I. Fisher: 심리적 이익, 실질적 이익, 화폐 이익
- J. R. Hicks: 자본을 그대로 유지하면서 일정기간에 소비할 수 있는 최대금액
- E. R. Lindahl: 일정기간의 소비액+일정기간의 저축액

3) 회계적 이익개념
- 이익이란 일정 회계기간 동안의 수익의 비용초과분
- 이익이란 소유주 지분의 순 증가액
- 경제적 이익개념과 회계적 이익개념의 비교
  * 용도별 이익개념: K. S. Most에 의한 이익분류 방법

2. 이익측정의 목적(필요성)

- 자본과 이익의 구분
- 배당정책의 수립
- 미래예측의 수단
- 경영의사결정 자료
- 과세소득의 결정
- 투자의 지표
- 효율측정의 수단

3. 이익측정의 기법

1) 자본유지 개념에 의한 측정: 원가회복이 중심
2) 거래개념에 의한 측정: 발생한 거래를 식별하여 측정
3) 활동개념에 의한 측정: 경영활동별로 측정

4. 주당순이익: 순이익에 대한 보통주 1주의 지분을 표시

CHAPTER 5

수익의 본질 · 인식 · 측정

CHAPTER 5 수익의 본질 · 인식 · 측정

BASIC ACCOUNTING THEORY

1 수익의 본질

회계상 손익계산은 수익(revenue)과 비용(expense)의 기간대응에 의해서 결정되므로, 이를 위해서는 수익과 비용을 어떻게 인식하고 측정하느냐가 매우 중요하다. 왜냐하면 기간손익을 정확히 산정하는 문제는 결국 언제 수익과 비용을 측정하고 언제 귀속시킬 것인가의 문제이기 때문이다. 이를 제대로 이해하기 위하여 우선 수익이란 무엇인지를 살펴보고자 한다.

1. 자산유입설

자산유입설은 "수익이란 고객에게 재화를 판매하거나 용역을 제공함으로써 기업에 유입(inflow)되는 자산"이라고 보는 것이다. 다시 말하면 수익은 기업이 고객에게 판매한 재화나 제공한 용역의 대가 또는 반대급부로 보는 것으로, 그것은 교환으로 받아들여진 화폐액으로 간주하는 견해이다. 이 견해는 오늘날 대체적으로 회계실무에서 받아들여지고 있는데, 일찍이 AAA의 보고서나 스프라우스 · 무니츠(Sprouse · Moonitz)의 *ARS No. 3* 에서 암시하고 있다.

그러나 이 설은 수익의 측정과 기간귀속을 혼동하고 있다는 결점을 가지고 있다. 왜냐하면 수익은 자산의 증가이외에도 여러 가지 이유로 발생되며 또 자산의 유입 이전에도 인식할 수 있으며, 그것은 반드시 특정시점(재화나 용역의 판매 · 인도시점)에서 발생한다고 보기 보다는 생산의 모든 과정에서 발생한다고 생각되기 때문이다.

2. 주주지분증가설

주주지분증가설은 수익을 주주지분에 미치는 영향에 따라 주주지분 또는 순자산이 증가되는 성향을 갖는 것이라고 보는 견해인데, 이를 편의상 '주주지분증가설'이라 해 둔다. 그 요지는 수익의 회계처리는 복식부기의 원리상 대변계정에서 행해지며, 결산기말에는 집합손익계정을 거쳐 당기순이익이 이익잉여금계정에 대체되어 마감된다. 결과적으로, 수익은 자산의 증가 또는 부채의 감소를 통해 주주지분을 증가시키는 요인이 된다고 보는 것이다.

이 전에도 전통적 회계실무가 지지하고 있으며, 위의 자산유입설에 포함시켜 수익을 유입개념(flow concept)으로 보기도 하는데, 이와 같은 견해를 총칭하여 수익의 유입접근법(inflow approach)이라고도 부른다. 그러나 주주지분의 순변동(net change)을 측정하기 이전에 비용에 의해 수익액은 영향을 받으며, 또 수익과 관련성이 없는 비용도 있기 때문에 주주지분증가설은 타당한 견해로 볼 수 없다고도 한다.

3. 기업생산과정설

기업생산과정설에서는 수익을 기업이 그 생산물로서 일정기간 창출한 재화와 용역의 창조물이라고 본다. 다시 말하면 수익을 재화나 용역의 생산이라는 흐름과정(flow processes)으로 보고 수익은 기업의 생산 및 판매과정을 통해서 얻어진다고 주장하는 개념이다. 이 설은 생산물(제품)이 기업으로부터 유출되는 과정에서 수익이 발생한다는 관점에서 유출개념(outflow concept)으로 평가되고 있으며, 그 대표적인 주창 학자는 페이톤과 리틀톤(Paton and Littleton), 헨드릭슨(Hendriksen)이 있다. 그런데 이 설에 의하면 수익은 생산물 자체를 중요시하나 고객으로부터 받은 자산으로 측정되고, 기업활동의 전과정에서 인식되고 있으므로, 수익의 인식이 특정시점에서 이루어진다는 통속적 이론에는 미흡하다고 지적되고 있다.

4. 재화용역유출설

재화용역유출설은 기업의 제품, 즉 재화나 용역이 기업을 떠난다고 하는 유출개념에서 정의한 것으로 이를 편의상 '재산용역유출설'이라 해 둔다. 이 설은 앞의 기업생산과정설과 통합하여 함께 설명되기도 하는데, 이를 수익의 '유출접근법'(outlow approach)이라고도 한다. 그러나 기업생산과정설은 생산물 자체 또는 기업활동의 과정을 중시하는 데 대하여 후자는 유출의 사실을 중시한다는 의미에서 분리하여 설명하는 것이 타당하다고 생각한다.

이와 같은 설을 주창한 대표 학자로는 베트포드(Bedford)가 있고, AICPA의 APB Statement No. 4에서도 살펴볼 수 있다.

앞에서 설명한 네 가지 견해는 모두 수익은 근본적으로 흐름개념으로 파악됨을 보여주고 있는데, 이 중 자산유입설과 주주지분증가설을 '유입개념', 기업생산과정설과 재화용역유출설을 '유출개념'에 포함시킬 수 있으므로, 수익의 본질은 결국 유입개념과 유출개념으로 압축될 수 있다. 일반적으로 유입개념보다 유출개념이 더 타당하다고 여기고 있는데, 그 이유는 후자가 수익의 본질적 성격을 잘 나타내 주고 있으며, 전자는 복식부기 시스템에 기초하고 있어 수익의 인식이나 측정에 대해 명쾌하게 설명할 수 없는 결점을 갖고 있기 때문이다. 이에 대해 헨드릭슨도 '생산개념'이 '유출개념' 보다 합리적이고, '유출개념'은 '유입개념' 보다 더 합리적이라고 주장하고 있는데, 이러한 주장은 이와 같은 논리에 입각하고 있는 것이라 하겠다.

이러한 수익은 일반적으로 다음과 같이 정의할 수 있다. 즉, 수익이란 "기업의 본원적 사명인 계속적 생산 및 판매활동(용역제공 포함)을 통해서 이루어진 가치증식을 뜻한다." 다시 말하면 "기업이 판매한 재화 또는 제공한 용역의 대가를 말하며, 투하된 비용이 생산과정을 통해서 수익적 생산물에 전화된 것"이라고 할 수 있다.

위에서 설명한 수익의 개념에서 수익의 성격을 간추려 보면 다음과 같으며, 적어도 이 중 하나 이상의 요건을 갖추고 있어야 한다.

- 수입동반성: 수익은 궁극적으로 수입(receipt)을 동반해야 된다는 것이다.
- 비용대응성: 수익은 비용과 직결 내지 대응되어야 한다는 것이다. 다만, 어떤 수익이라도 비용과 대응된다는 절대성은 없고 보편성의 성격일 따름이다.
- 일상발생성: 수익은 기업의 일상적인 영업활동(즉, 손익거래)에서 발생한다는 것이다. 따라서 영업활동이 아닌 자본거래에서 발생한 것은 수익이 아니라 자본잉여금의 증가이다.
- 반복성: 수익은 일반적으로 반복적 내지 계속적으로 발생한다는 것이다. 다만, 반복성이나 계속성이 없는 수익도 있는데, 그러한 것은 특별수익으로 처리하는

경우가 많다.

- 회계기간관련성: 비용대응성과 관련되는 것으로서 수익은 당해 회계기간과 관련성을 갖는 것이라야 한다는 것이다.
- 이익원천성: 수익은 기업이익의 원천을 이루고 있다는 것이다. 즉, 수익에서 비용을 차감하면 이익이 되며, 이 이익추구는 기업의 지향목표이기 때문에 최대의 수익을 획득하고 비용을 최대로 절약해야 할 것이다. 그리고 수익은 시가상승으로 인한 보유이득(holding gains)과 구별된다.

 수익인식의 조건과 시점

1. 수익인식의 조건

인식(recognition)이라 함은 '대상의 감지' 또는 '정신적인 파악'을 뜻한다. 이를 수익에 적용한 '수익의 인식'(recognition of revenue)이란 수익을 감지하여 언제 파악하는가를 말한다. 다시 말하면 그것을 장부에 기록 · 계상하는 시점을 결정하는 것, 또는 수익의 기간귀속(timing of revenue)을 의미하며, 실무적으로는 수익을 '기장하는 시점'을 뜻한다.

이와 같은 수익인식에는 다음과 같은 조건을 고려하여야 된다.

- 합리적인 기간배분: 수익의 인식에는 합리적인 기간배분을 가능케 하는 기준을 선택해야 한다. 다시 말하면 수익의 사실을 그것이 발생한 기간에 적절히 반영되도록 인식해야 한다는 것이다.
- 계산의 확실성: 수익의 인식은 계산의 확실성을 중시해야 한다. 일단 결정한 수익의 금액은 항구적인 성질을 가져야 하며, 수정할 필요가 있는 기준을 선택해서는 아니된다. 왜냐하면 빈번한 계수의 수정은 손익계산의 결과에 대한 신뢰성을 잃어버릴 원인이 되기 때문이다.
- 유동자산의 확보: 수익의 인식은 유동자산의 확보를 요구하는 경우가 많다. 왜냐하면 수익과 비용과의 차액인 기간이익은 그 분배가능성을 속성으로 하는 관계로 재무유동성을 중시하지 않으면 안되기 때문이다.

- 계산의 경제성: 이는 특히 실무상으로 중시되는 요건으로서, 수익의 인식은 계산의 정확성을 높이기 위한 희생과 그 결과 얻은 효과와의 비교로서 고찰되어야 한다는 것이다.

2. 수익인식의 시점

수익은 본래 추상적인 가치개념이므로 구체적인 인식은 수입에 의함을 원칙으로 하고 있다. 그러나 수익이 수입으로 이어지는 데에는 몇 가지 과정을 겪는다. 즉, 수익이 형성되는 과정을 분석해 보면, 예를 들어 제조업의 경우, 원재료를 구입하고 이를 제조공정에 투입하여 기계설비 등의 생산수단을 이용하여 노동력을 가함으로서 제품을 생산하고, 이를 판매하는 과정을 갖는다. 그리하여 생산물(제품)의 가치는 이러한 여러 단계를 거치면서 점차 높아져 간다. 다시 말해 수익의 과정(revenue process)은 생산과정 ⇒ 판매과정 ⇒ 대금회수과정을 통하여 점진적으로 형성 내지 가득해 간다. 그런데 어느 단계에서 이를 인식할 것인가가 문제가 된다. 일한 수익인식의 시점을 결정하는 기준으로는 대체로 다음과 같은 세 가지 견해가 있다.

(1) 주요경제활동 완료시점

주요경제활동(major economic activity)의 완료된 시점에서 수익을 인식하여야 수익에 관한 객관적 측정이 이루어진다고 하는 견해이다. 다시 말하면 수익이란 계획 · 생산 · 판매 · 대금회수 · 판매 이후의 추가적인 서비스 등의 복합적인 요인에 의하여 얻어지는 것이므로 어느 단계에서 얼마의 가치가 부가되었는지 분간하기 곤란하므로 가장 주요한 업무가 완수된 순간에 수익의 전액이 한꺼번에 실현된다고 보는 견해이다. 여기서 주요경제활동의 수행시점이란, 예를 들면 제품의 인도시점이나 용역의 최종제공시점 등을 말한다. 이를 지지하는 학자로는 스프라우스와 무니츠가 ARS No. 3에서 제시하고 있고, 특히 헨드릭슨도 "이 시점에서 측정이 검증가능(verifiable)하게 이루어지며 또 불편성(freedom from bias)이 있다면 가장 적절한 수익인식의 시점이 된다."는 요지로 이 견해를 지지하고 있다.

(2) 결정적 사건 발생시점

결정적 사건(critical event)이 발생한 시점에서 수익을 인식하여야 된다는 견해인데, 위 견해의 대체적인 수익인식조건이다. 여기서 '결정적 사건'이란 가장 중대한 의사결정이 행해졌거나 가장 어려운 업무가 수행되었을 경우를 가리키는 데, 예를 들면 계약체결시점, 판매완료시점, 용역제공시점, 대금회수시점 등을 뜻한다. 이 견해를 제시한 학자는 마이어스(Myers)였다.

(3) 순실현가치 파악시점

수익을 순실현가치(net realizable value)에 의해 인식하려는 견해인데, 결정적 사건 발생시점의 연장된 사고라 할 수 있다. 즉, 수익은 결정적 사건이 발생하였을 때 인식되지만 최후에 추가적 · 경제적 기능 또는 활동(additional economic functions or activities)이 예상될 경우 최후의 시점에서 인식되며, 이때의 수익금액은 최종적으로 실현된 현금판매가액에서 추가적 생산이나 판매비용을 차감한 순실현가치가 된다는 것으로 AAA의 보고서에서 권고한 것이다.

3 수익의 실현

1. 수익실현의 의의

수익의 실현(realization of revenue)이란 수익의 인식과 동일한 개념으로 설명되기도 하지만, 엄밀히 말해서 양자는 다른 개념이다. 즉, '수익의 인식'이란 전술한 바와 같이 기업이 획득한 수익을 인지하여 언제 파악하는가, 다시 말해 수익을 장부에 기록 · 계상하는 시점을 결정하는 것을 뜻하는데 대하여 '수익의 실현'이란 기업이 재화의 판매나 용역의 제공이 행해져서 "객관적으로 대금의 회수가 합리적으로 보증" 되거나 "화폐자산으로 전환"된 사실을 뜻한다.

이와 같은 수익실현의 요건으로는 ① 수익의 가액이 확실성이 있을 것과, ② 그 수익을 구현하는 가치량이 지급수단의 형태로 획득되거나, ③ 단기에 유동성이 풍부한 채권으로 전환할 수 있어야 한다. 이에 대해 AAA도 1964년 수익거래에 있어서 실현개념이 인정될 수 있는 수익실현 요건을 다음과 같이 권고하고 있다. 즉, ① 수익은 측정가능해야 하며, ② 수익은 시장거래를 기초로 하여 검증가능한 관점에서 측정 · 인식 · 실현되어야 하며, ③ 수익과정에 있어서 결정적인 사건이 발생해야 한다는 것이다. 이러한 이유에서 매출이 완료되지 아니한 위탁판매(적송품) 등의 미실현수익은 이를 수익으로 계상하지 아니하며, 또 유형자산의 재평가이익도 수익으로 산입해서는 아니 된다. 수익은 반드시 실현된 것만을 취해야 하는데, 이를 수익인식의 '실현주의기준'(realization basis)이라 한다.

2. 실현주의의 특징

이러한 실현주의 기준이 채택된 이유는 다음과 같은데, 그것은 곧 실현주의가 종전의 발생주의(accrual basis)와 비교할 때의 장점이기도 하다.

첫째, 실현주의는 이익계산에 확실성을 준다. 왜냐하면 수익의 인식은 발생된 사실이 아니라 실현된 사실만을 취하기 때문이다. 다시 말하면 '실현'이라는 의미는 전술한 바와 같이 '객관적으로 대금의 회수가 보증된 사실'이기 때문에 미실현 된 것, 불확실한 것은 배제되기 때문이다.

둘째, 실현주의는 후일에 그 이익이 소멸할 염려가 없다는 것이다. 왜냐하면 확실한 수익만을 계상하기 때문에 일단 계상된 이익은 특수한 경우를 제외하고는 소멸되지 아니한다. 만일, 이익이 소멸되는 일이 있게 되면 기업재무에 큰 차질을 가져온다.

셋째, 실현주의에 의해 계산된 이익에 대해서는 처분성이 따른다는 것이다. '처분성'이란 확정 계상된 이익을 배당금 · 적립금 · 기타의 적립금 등으로 처분해야 한다는 당위성을 의미한다. 그러므로 처분을 할 수 없는 이익을 계산 한다는 것은 무의미하다. 그리고 손실에는 처분성이 없으므로 이 점 양자는 본질적으로 차이가 있다.

넷째, 실현주의는 실현의 보증이 있으면 수익계상을 해도 좋다. 즉, 실현주의는 확실한 분배가능이익의 산출을 목적으로 하고 있으며, 그 근거는 미실현이익을 배제하는데 있기 때문에, 최종적으로 실현(화폐자산에의 전환)되어 있지 않아도 실현의 보증이 있는 한 실현 전에 수익계상을 해도 실현주의의 취지에 위배되지 아니한다.

이상에서 보는 바와 같이 실현주의는 원칙적으로 미실현수익을 당기에 손익계산에는 산입하지 않으며, 결과적으로 보아 순이익을 가급적 늦추어 신중성 있게 계상하게 된다는 것이다. 그 사실은 기업의 '견실계산의 원칙'에 기여하게 되는데, 이와 같은 원리는 '보수주의의 원칙' 내지 '안전성의 원칙'에 충실하려는 의도에서임을 이해해야 한다.

3. 실현주의의 비판

실현주의는 수익인식의 기준으로 가장 합리적인 기준으로 여기어 왔으나, 적어도 1973년 이후, 새로운 비판을 받게 되었다. 즉, 1973 ~ 1974년, AAA는 "실현주의는 손익계산에서의 결정적 요인이 아니다. 그것은 어떠한 객관적 조건이 갖추어 졌을 때 회계처리를 할 것인가, 다시 말하면 불확실설이 용납될 수 있는 수준까지 확실한 시기를 결정하는 지침에 불과하다."라고 주장하여 수익인식의 기준으로써 실현주의를 비판하였다.

또 헨드릭슨도 특히 '실현주의'라는 용어를 버릴 것을 주장하고, 실현주의라는 용어 대신에 '기간귀속'(timing)이라는 용어를 더 선호하고 있음을 볼 수 있다.

이와 같은 비판 내지 주장은 실현주의기준의 '실현사실의 파악'에 애매한 점이 있으며, 수익의 귀속년도는 확실성이 높은 기준에 따라 구분(귀속)되어야 한다는 것인데, 이러한 사상의 배경으로는 안전성의 원칙, 검증가능성, 또는 객관성에서 유도되는 것이라 할 수 있다. 이와 같은 비판이 있음에도 불구하고 현실적으로 수익인식의 기준으로서 '실현주의기준'은 오랜 전통적인 기준으로서 회계실무에서는 일반적으로 채택되고 있는 것만은 사실이다.

4 수익의 인식기준

수익의 인식시점에 따라 수익이 실현되는 것을 판단하는 기준을 수익인식 기준이라 한다. 제조업의 경우를 중심으로 그 단계를 간단히 도시하면 다음 [그림 5-1]과 같다.

▶▶▶ [그림 5-1]

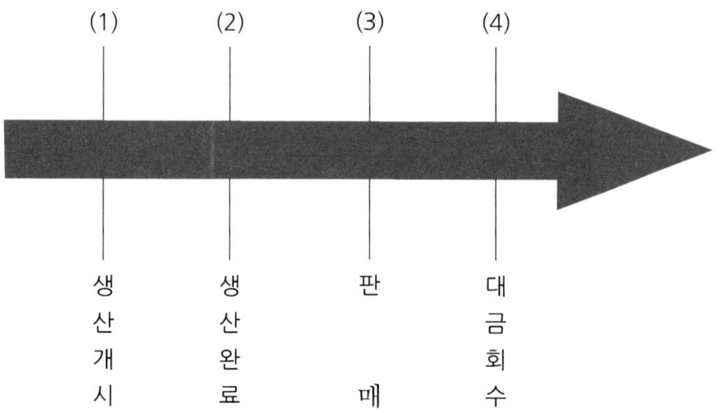

위에서 보는 바와 같이 수익발생과정이 순서에 따라 (1) ~ (2) 사이에서 수익을 인식하는 것을 생산기준, (2)에서 인식하는 기준이 생산완료기준, (3)에서 인식하는 것을 판매기준, (4)에서 인식하는 기준을 회수기준이라 한다.

1. 생산기준(생산완료기준)

생산기준(production basis)은 생산과정 또는 생산행위에 관련시켜 수익을 인식하는 것으로, 수익은 생산과정이 점진적으로 진행되면서 형성되어 간다는 것과, 그 실현을 기다리지 않아도 그 액수가 정확히 측정 가능하다는 사실(원가계산에 의함)에 근거를 두고 있는 수익인식기준이다.

이와 같은 생산기준에는 다시 공사진행기준, 공사완성기준, 원가가산정책 수수료계약기준, 수확기준, 자연증가기준, 시간기준 등 여러 가지가 있다.

(1) 공사진행기준

공사진행기준(percentage-of-completion basis)은 '공사진행도기준'이라고도 하는데, 이는 도로 · 댐 · 교량 · 터널 · 선박 · 고층빌딩 등의 장기공사를 도급한 경우, 결산일에 있어서 그 공사진행 정도에 따라 적정한 수익을 추정하여 당기의 수익에 계상하는 기준인데, 건설업회계에 있어서 적용되는 중요 인식기준이다.

장기공사는 공사기간 중 매년 계속해서 쓰인 비용은 매기에 기간적으로 배분되는데

도 불구하고, 그에 대응하는 수익은 계상치 아니하므로 수익 · 비용을 대응시켜 정확한 손익계산을 할 수 없게 된다. 또 작업 내지 공사진행기간 중에는 손실만 계속해서 크게 나타내게 되며, 반대로 그것이 끝난 연도에는 다액의 이익이 산출되는데, 그것은 기업회계상(손익계산상)으로나 기업재무면에서도 다 같이 불합리한 결과를 가져온다. 뿐만 아니라 매년의 소득세를 면제 받을 수도 없을 것이고 또 주주에 대한 '평균배당정책'에도 차질을 가져올 것이다. 이러한 결점을 보완하기 위해 매년도말에 그 진행정도에 상응하는 '공사수익'을 추정하여 계상하지 않으면 아니된다.

그리고 공사진행정도를 '공사진행률'(percentage of completion) 또는 '공사수익률'이라 하는 데, 그것은 건축기사나 공학기사 등에 의해 추정결정되며, 그 추정결정하는 계산방법은 다음과 같다.

가. 1차년도의 계산

① 공사진행률 = $\frac{\text{당기공사비}}{\text{추정총공사비}} \times 100$

② 공사계약가액 × 공사진행률 = 당기공사수익

나. 2차년도 이후의 계산

공사진행률 = $\frac{\text{공사착수로부터 당기말까지의 총공사비}}{\text{추정총공사비}}$ − 전기까지의 기 계상수익

= 당기공사수익

공사진행기준의 조건(특징)으로는 ① 생산물(공사)이 토목 · 건축 · 조선 등 그 완성이 장기간(수년 간)을 요하는 것이어야 하며(공사완성의 장기성), ② 주문에 의한 도급공사로서 전체적으로 가득하는 수익액을 확정하여야 되며(수익의 확실성), ③ 생산물의 완성에 이르기까지에 드는 비용의 추정이 거의 확실하게 예측할 수 있어야 한다(비용추정의 가능성). 이에 대해 AICPA도 "공사진행기준은 장기공사계약에 있어서 공사의 완성을 위한 추정공사원가와 공사진행률이 합리적으로 결정될 수 있을 때 선택됨이 바람직하다."라고 발표하고 있다.

(2) 공사완성기준

공사완성기준(completed contracts basis)이란 공사가 완성된 시점에서 공사수익과 공사비용을 인식하는 기준이다. 이 기준은 공사가 완료된 시점에서 공사대상물을 한꺼번에 인도하므로 판매시점에서 수익을 인식하는 '판매기준'과 비슷하다.

이러한 공사완성기준이 인정되는 경우에는 ① 단기공사(1년 이내)에만 적용되며, ② 그 공사수익이 사전에 알려져 있으며, 또 그 공사비의 추정이 가능해야 한다는 제약조건이 있다.

이 기준에 의하면, 그 공사가 실질적으로 완료하고 인도가 끝날 때까지는 일체 수익으로 계상치 아니했다가, 당해 미성공사에 지급된 공사원가(미성공사선급금)는 수익계상의 시점까지 '재고자산'으로 계상하여 이연시킨다. 따라서 공사완성하고 인도 이전에 주문자로부터 도급금의 일부를 받은 때에는 그 금액은 부채(미성공사선수금)로서 처리해야 한다. 그리하여 공사가 완성되어 상대방(주문자)에게 완전히 인도되었을 때에 비로소 수익(공사수익)이 실현되었다고 보는 것이다.

(3) 원가가산정액 수수료계약기준

원가가산정액 수수료계약기준(cost-plus-fixed-fee contracts; CPFF계약기준)은 '실비보상 계약기준'(contract of cost plus type)이라고도 하는데, 거액의 생산비가 드는 특수제품이나 장기공사의 주문이나 도급을 맡은 경우 소요원가에 일정액의 수수료를 가산한 금액, 즉 그 제품이나 용역의 판매가액으로 계약하는 기준을 말한다. 다시 말하면 그 생산에 쓰인 모든 비용은 물론, 상당한 이익도 가산된 액수로 그 생산물이 인도될 때에 회수되는 경우에 적용되는 기준인데, 생산기준의 일종이다. 이 기준이 적용되는 예로는 대량의 '군수물자'를 정부와 계약하고 생산하는 경우나, 특수한 물품의 주문생산이나, 그밖에 특종의 고정자산의 수리, 혹은 인체의 치료 등의 용역의 제공에 적용되는 경우이다.

이와 같은 특수계약은 그 필요비용을 추정하는 것이 매우 곤란하기 때문에 이러한 계약에 의해 생산이 진행된다. 따라서 ① 그 수익의 예측은 곤란하여도 실제비용에 의해 수익이 확정되어 가며, ② 계약에 의해 그 대가의 계산이 어느 정도 정확하며, ③ 그 대가의 회수가 확실성을 가진다는 점과, ④ 공사진행기준의 성격과 같이 실제 소요비용액을 기준으로 수익계상을 행할 수 있는 점에서 그 특징이 있다.

(4) 수확기준

수확기준(crop basis)은 '생산완료기준'(reporting of revenue at the completion of production)이라고도 하는데, 이는 생산이 완료된 시점, 즉 수확시점에서 수익을 인식하는 기준이다. 다시 말하면 어떤 생산물인 제품을 쉽게 팔 수 있는 시장이 항상 존재하며, 생산완료와 동시에 언제든지 안전한 가격으로 판매할 수 있는 생산물에 적용되는 기준이다. 예를 들면 농산물 중 쌀 · 보리 등이나, 추출산업 중 금 · 은 · 동 등(광업제품)의 채취에 적용되는 것으로, 이를 '추출산업기준(extractive basis)'이라고도 한다. AICPA에서도 이를 인정하고 있으며, 이 방법을 사용할 때에는 재무제표의 주석으로 공시하도록 하고 있다.

> 생산(수확)물의 가액 = 추정매출액 − 추정매출제비용

이와 같은 수익기준의 적용요건은 ① 판매노력이 거의 들지 않으며, ② 판매비가 비교적 적게 들며, ③ 시장성이 넓고 가격변동이 상대적으로 안정되어 있으며, ④ 내구성이 있으며 호환성이 높은 생산물 등에 채용된다.

(5) 자연증가기준

자연증가기준(accretion basis)은 단순히 '증가기준' 또는 '성장기준'이라고도 하는데, 이는 산림업이나 축산업에 있어서 산림이나 가축, 혹은 양조업에 있어서 포도주와 같이 시간의 경과고정을 거쳐 가치가 점차 증가 또는 증식하는 경우에 적용되는 생산기준의 하나이다. 이 기준의 적용에는 대체로 다음과 같은 두 가지 경우가 있다.

그 하나는 과수나 가축의 경우, 그 자체가 최종생산물이 아니므로(즉, 과실이나 새끼 등이 아니므로) 그의 성장이나 생육은 그것을 판매할 때까지는 수익으로 볼 수 없다. 왜냐하면 이러한 과수나 가축은 판매를 목적으로 하는 생산물이 아니고 일종의 특수 유형자산으로 비유되기 때문이다. 따라서 과수나 가축의 성장, 생육에 든 비용은 유형자산의 취득원가를 구성(자본적 지출)하는 것으로 보며, 과실이 익어서 판매되고 새끼 등이 타에 제공되었을 때 비로소 수익이 발생하였다고 보게 된다.

다른 하나는 목재, 정육, 모피 등의 판매를 목적으로 하는 경우에는 그 성장 · 생육 자체가 적정가액으로 추정되어 수익의 발생으로 인식된다.

이와 같은 기준이 적용되기 위한 요건으로는 ①판매시의 시장가격이 객관적으로 검증가능해야 하며, ②판매비용의 추정이 가능해야 한다. 그 평가의 방법은 생산물의 완성시의 판매예정가액에서 포장비·운반비·판매비 등의 여러 비용을 차감한 가액, 즉 순실현가능가액(net realizable value)에 의해 이루어진다. 다만 재고조사의 객관성과 정확성을 기하기란 실무적으로 다분히 어려움이 있다.

(6) 시간기준

시간기준(time basis)은 수익의 발생이 시간이 경과하면서 누적적으로 발생하며 그 발생수익이 비교적 정확하게 추정계산 할 수 있는 경우에 적용되는 기준이다. 예를 들면 금전대여, 보험서비스, 토지 등의 부동산 임대와 같은 서비스제공업의 경우, 이자·집세·지대 등의 미수분인 미수이자·미수집세·미수임대료 등은 미수수익으로 회계처리상 자산에 계상되나, 한편 이자수익·수입집세·수입임대료 등은 수익계정으로 기말 손익계정에 계상되는 경우이다.

2. 판매기준

(1) 판매기준의 의의

판매기준(sales basis)이란 '인도기준'(delivery basis)이라고도 하는데, 이는 수익이 판매시점에서 인식되는 기준이다. 이를 인도기준이라고도 하는 이유는 대부분의 판매행위가 제품이나 용역이 상대방에 인도됨으로써 종료되기 때문이다.

이와 같은 판매기준은 수익실현의 사실상의 척도로서 수익실현기준으로서 가장 대표적인 것으로 특수판매의 형태를 제외하고는 대부분의 수익실현은 이 기준에 의하고 있다.

(2) 판매기준의 이론적 근거

기업의 수익이 구매, 제조, 판매 등의 영업활동의 모든 과정에서 발생하는데 불구하고 수익을 판매시점에서 인식하는 판매기준에 대한 찬반 요지를 간추려 보면 다음과 같다.

가. 판매기준을 찬성하는 이유

첫 째, 판매는 가치의 이전이 행해지는 시점이다.

둘 째, 판매는 제품(또는 상품)이 기업을 이탈하여 다른 새로운 자산으로 바뀌어져 기업에 수입되는 시점이다.

셋 째, 판매는 당사자 사이에 승인할 수 있는 판매가액으로써 수익액을 객관적 내지 확정적으로 결정할 수 있는 시점이다.

넷 째, 판매시까지는 기업의 비용은 거의 발생완료 된다는 것이다.

다섯째, 판매의 종결은 상대방에 대해 수익액의 근소한 수정(반품이나 에누리 등으로 인한)의 여지 밖에 주지 아니한다.

나. 판매기준을 반대하는 이유

첫 째, 판매종결 후에도 반품이나 에누리 등 수익액의 수정액이 있을 수 있으며, 대손이 될 염려도 있으므로 판매액으로써 수익을 측정한다는 것은 타당치 않다.

둘 째, 채무의 기한이 도래한 경우 혹은 재무적으로 위급한 경우, 판매에 기인한 수취계정(외상판매 또는 어음판매시의 외상매출금이나 받을어음 등)은 유동성이 없으므로 판매기준에 의함은 재무적 견지에서 부적당하다.

셋 째, 판매완료 이후에 그 판매에 관련된 비용(운송비 · 수금비 · 매출할인 등)이 발생하는 경우가 많으므로 판매기준에 의해 수익을 측정하는 것은 비용수익대응의 원칙에 위배된다는 등이다.

그러나 이와 같은 반대이론이 있음에도 불구하고 판매기준은 현재로서는 가장 대표적인 수익인식의 기준으로 여겨져 오고 있다.

(3) 판매기준의 예외기준

살펴 본 바와 같이 수익의 실현시점을 판매기준에 두고 있어도, 특수한 판매방식이 행해지는 경우에는 그 기준의 적용방법이 조금씩 달라지는데, 이를 '판매기준의 예외기준' 또는 '특수판매의 인식기준'이라고 한다. 그 중요한 것을 들면 다음과 같다.

가. 위탁매출기준

위탁매출(consignment sales)이란 자기의 상품을 타인에게 위탁하여 판매케 하고 일정한 약정수수료를 지급하는 매출방식이다.

이와 같은 위탁매출은 상품을 위탁자가 수탁자에게 송부한 사실만으로 매출이 성립되는 것이 아니라, 수탁자가 그 상품을 실제로 입수하고 다시 매입자에게 매출·인도가 완료된 때에 이루어진다. 따라서 위탁자가 수익으로 계상하는 시점은 수탁자로부터 송부되어 온 매출계산서에 적힌 일자가 된다. 이를 '위탁매출기준' 또는 '적송품판매기준'이라 하며, 그것은 사실상으로는 '위탁품매출계산서일자기준'의 뜻이 된다.

나. 할부매출기준

할부매출(installment sale)이라 함은 상품을 월부나 연부 등으로 분할판매하는 것을 말한다. 단기할부매출의 경우는 상품 등을 판매한 날에 실현되는 것으로 하나, 장기할부매출의 경우에는 이자 상당액은 기간의 경과에 따라 수익으로 인식하는 현가계산을 해야 한다. 다만 중소기업의 경우에는 장기할부매출의 경우 '할부금회수기일'이 도래한 날 수익이 실현되는 것으로 할 수 있다.

다. 시용매출기준

시용매출(approved sale)이란 거래처에 시험적으로 상품을 적송하여 거래처에서 이를 판매해 본 다음, 잘 팔리게 되면 그 일부 또는 전부를 일정기간 내에 매입하거나, 판매성이 약하면 반송할 수 있도록 한 특권부매출방식이다. 이 경우의 수익인식은 매입자로부터 매입의 의사표시를 정식으로 받은 날에 이루어진 것으로 한다. 이를 '시용매출기준'이라 하며, 실제적으로는 '매입의사표시 통지서도착일기준'이라 해도 좋을 것이다.

라. 예약매출기준

예약매출(deposit sales)이란 예약자로부터 대금의 일부 또는 전부(예약금)를 미리 받은 다음 상품을 인도하는 매매방식이다. 여기서 상품의 경우에는 공사완성기준(인도기준)을, 용역의 경우에는 '용역제공기준'에 의한다. 다만, 제조기간 또는 공사기간이 장기인 장기예약매출인 경우(아파트나 조선공사)에는 '공사진행기준'에 의한다.

마. 선물매출기준

선물매출(sales of future goods or delivery)이란 매매당사자 사이에 일정한 기일을 정해 놓고 그 기일까지 정해진 상품을 인도하는 매출방식이다. 이 매출방식 하에서도 예약매출과 같이 단기 선물계약인 경우에는 상품을 인도하거나(공사완성기준) 용역을 제공한 날에(용역제공기준) 실현되었다고 보며, 장기선물매출의 경우에는 진행기준을 적용하여야 될 것이다.

바. 대금상환매출기준

대금상환매출(cash on delivery)이란 사는 사람이 지정하는 장소에 상품을 배달하여 거기에서 상품을 인도함과 동시에 대금을 회수하는 판매형태인데, 매출수익의 실현은 '대금회수기준'에 의한다.

사. 내부매출기준

내부매출이란 동일기업 내에서 본점과 지점이 각각 독립체제를 갖추고 있는 경우 이들 사이에 인도되는 상품의 가격에는 일정이익이 가산되어 매매되는 것이다. 이를 내부이익이라고 하고, 기말결산 때에 합병재무제표의 작성시에 미실현이익을 차감하는 절차를 밟는다. 따라서 내부판매는 실현된 매출액, 즉 '판매기준'에 의해서 인식된다.

이상과 같은 판매기준의 예외기준, 즉 특수판매의 인식기준의 내용을 일괄 표시하면 [표 5-1]과 같다.

▶▶▶ <표 5-1> 판매기준의 예외기준

특수판매의 종류	내 용	적용되는 수익인식기준
(1) 위 탁 매 출	수탁자가 위탁품을 판매한 날	위탁판매기준(또는 적송품판매기준)
(2) 할 부 매 출	상품 등을 인도한 날 (단기, 장기)	단기할부매출은 인도기준 장기할부매출은 진행기준
(3) 시 용 매 출	매입자로부터 매입의사표시를 받은 날	시용매출기준 (또는 매입의사표시통지도착기준)
(4) 예 약 매 출	상품 등을 인도한 날(장기예약매출인 경우)	인도기준(또는 공사진행기준)
(5) 선 물 매 출	상품인도(또는 용역제공한 날)	인도기준(또는 용역제공기준)
(6) 대금상환매출	상품인도시	대금회수기준
(7) 내 부 매 출	기말에 실현된 매출액	판매기준

5 수익의 측정기준

1. 수익측정의 의의

수익의 측정(measurement of revenue)이라 함은 기업이 고객에게 제품이나 용역을 제공하거나, 어떤 형태로 수익을 획득한 경우, 그 수익의 인식시점의 결정에 이어 금액적 크기를 확정하는 절차를 말한다. 다시 말하면 수익의 금액이 얼마인가를 결정하는 것을 뜻하는데, 이를 수익의 평가(valuation of revenue)라고도 한다.

이와 같은 수익의 측정은 일반적으로 제품 또는 용역의 교환가치에 의한다. 여기서 교환가치란 고객으로부터 받아들이는 현금이나 현금등가물(cash equivalents)을 말하며, 또 현금등가물이란 수익이 인식된 시점에서 고객으로부터 받은 어떤 사물이나 매출채권 등을 현금화 할 수 있는 금액, 즉 환금가능액을 가리킨다.

2. 수익측정의 기준

수익의 측정은 일반적으로 고객과의 거래가액, 즉 판매가격(selling price)에 의하나, 구체적으로 현금수입액이나 외상매출의 채권발생액 등에 의해 측정된다. 이러한 의미에서 수익은 거래가액기준에 의해 측정함을 원칙으로 한다.

이와 같이 수익의 측정은 거래가액기준에 의한다 하더라도 특수한 판매형태에 있어서 수익의 측정은 다음과 같이 예외의 기준에 의해서 행해진다. 즉, 위탁매출의 경우에는 매출계산서의기재액, 할부매출의 경우에는 인도가격 또는 할부입금액, 시용매출에는 거래가액, 예약매출의 경우에는 예약금 수취액 중 회계기말까지의 상품이나 용역의 제공액, 장기공사(공사진행기준)에서는 공사진행률에 의한 공사수익액, 공사완성기준에서는 판매가액에 의한다. 또 매출채권이나 대여금의 경우에는 경험률에 의해 추정 계산된 대손상각액을 차감한 금액이 측정액이 된다.

그밖에 매출에누리액과 매출환입액은 판매수량의 부족이나 불량품이 있기 때문에 발생한 것이므로 판매가격에서 직접 차감하는 수익의 감소항목으로 처리 측정한다. 그리고 매출할인역시 수익액에서 직접 차감한다. 또 자산의 증가액(예: 유가증권평가이익)은 시가에서 취득원가(장부가액)를 차감하여 측정되며, 산림이나 가축 등의 자연증가는 당해자산의 추정판매액에서 추정판매비용을 차감한 가액으로 측정된다.

3. 수익측정의 방법

수익측정의 방법에는 기본적으로 다음 두 가지가 채용된다.

- 단가의 결정: 수익의 단가문제는 비교적 단순하다. 왜냐하면 그 수입액으로서 단가의 기초로 하면 되기 때문이다.
- 수량의 계산: 수익은 급부량에 단가가 곱해져서 계산된다. 이 급부량이나 소비량의 계산에는 각 항목에 적당한 물량기준을 선정하여야 된다.

요 / 점 / 정 / 리

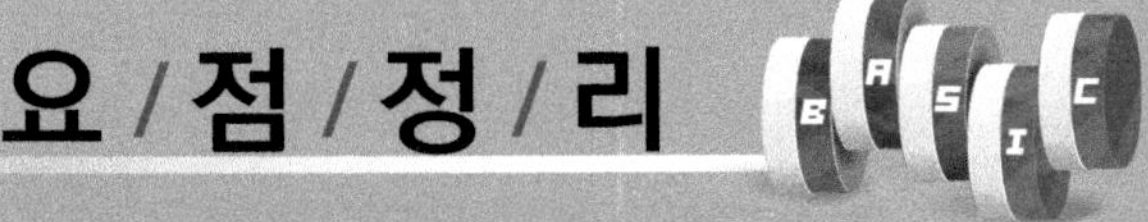

1. 수익의 본질

- 자산유입설: 기업이 고객에게 재화를 판매하거나 용역을 제공함으로써 기업에 유입되는 자산
- 주주지분증가설: 주주지분을 증가시키는 요인
- 기업생산과정설: 기업이 일정기간 창출한 재화와 용역의 창조물
- 재화용역유출설: 일정회계기간 동안 기업이 소비자에게 인도한 재화와 용역의 총계를 화폐로 표시한 것
- 수익의 성격: 궁극적으로 수입을 동반, 비용과의 대응성, 이익의 원천, 반복성, 회계기간 관련성 등

2. 수익인식의 조건과 시점

- 수익인식: 계산시점을 결정, 기록시기(기간귀속)를 결정
- 수익인식의 조건: 합리적인 기간배분, 계산의 확실성, 재무유동성, 계산의 경제성
- 수익인식의 시점: 주요경제활동완료시점, 결정적사건발생시점, 순실현가치 파악시점

3. 수익의 실현

- 의의
  - 재화나 용역이 인도되고 현금의 수취 또는 현금이나 기타자산에 대한 청구권 발생
  - 재화, 용역의 판매·제공의 대가로서 객관적인 대금의 회수가 합리적으로 보증된 경우
  - 화폐자산으로 轉化된 경우
- 요건: 측정가능, 결정적사건발생, 검증가능한 관점에서 측정, 인식, 실현

4. 수익의 인식기준

- 생산기준: 판매전 수익인식, 생산과정이 결정적 사건이므로 생산과정, 행위와 관련하여 수익인식(토목, 건축, 조선 등이 생산기준적용 요건을 충족)
- 판매기준(인도기준): 수익이 판매시점에서 인식되는 기준(대표적 수익실현의 기준), 판매시점에서 매매쌍방의 구매의사증거, 거래가격합의, 판매목적물 구체적식별이 가능

- 회수기준: 재화인도, 용역제공 후 대금회수시점에서 수익인식

5. 수익의 측정기준

- 획득수익 인식 후 금액의 크기를 확정하는 절차기준
- 수익의 측정은 재화, 용역의 교환가치에 의함
- 수익의 측정은 거래가격기준에 의함

BASIC

ACCOUNTING

기초적회계이론

THEORY

CHAPTER 6

비용의 본질 · 인식 · 측정 · 배분

SECTION

CHAPTER 6

비용의 본질 · 인식 · 측정 · 배분

BASIC ACCOUNTING THEORY

1 비용의 본질

회계학상 비용(expense)은 수익과 마찬가지로 흐름개념(flow concept)으로 파악할 수 있는 데, 그것은 기업의 자원에 불리한 변동(unfavorable changes)을 가져와서 이익감소요인이 되는 것으로 대체로 다음과 같은 대표적 견해들이 있다.

1. 자산유출설

자산유출설은 비용을 재화의 생산 · 인도 · 용역의 제공 등으로 자산이 기업으로부터 유출되는 것이라고 보는 것이다.

실제로 기업의 활동으로 인해 비용은 발생하며 대부분 현금유출(cash outflows)이 수반된다. 구체적으로 감가상각비의 발생, 매출원가, 급여, 판매비, 이자비용 등이 그것이며, 경영활동의 종류나 비용의 인식방법에 따라 여러 가지로 분류될 수 있다.

이 설에 의하면 자산의 유출개념 속에 위에서 설명한 비용 이외에 손실(loss)이 있는데, 이를 구분하지 않고 있다. 즉, 비용은 수익을 얻기 위해서 소비된 경제가치의 소멸이나, 순수손실은 수익과는 관계없는 경제가치의 소멸이다. 예를 들면 천재지변으로 인한 재해손실 등이 이에 속한다. 즉, 자산유출설은 비용의 본질을 충분히 해명하지 못한 설이라 할 수 있다.

2. 소멸원가설

소멸원가설은 비용을 일정기간 중 원가가 소멸한 소멸원가(expired cost)라고 보는 것이다. 다시 말하면 비용은 수익을 얻기 위하여 재화나 용역을 소비함으로써 발생한 것이라고 보는 것이다. 이러한 견해는 비용의 본질에 관한 전통적인 정의로 알려져 있는데, 그것은 일찍이 APB No. 4나 AAA보고에서도 볼 수 있다. 비용을 이와 같은 소멸원가설로 정의하려는 견해의 배경에는 비용은 원가배분(cost allocation)과 관련을 가지고 있기 때문이다. 원가배분이란 당해기간에 소멸된 원가를 특정자산에서 분리하여 비용으로 계상하는 절차를 말한다. 그 전형적인 예로는 유형자산의 감가상각이 있다. 감가상각의 본질은 유형자산의 취득원가를 일종의 선급비용으로 보고 당기에 발생한 비용을 유형자산의 취득원가에서 분리하는 절차로 보는 것이다.

이와 같이 소멸원가설에 있어서 비용의 정의는, "비용이라 함은 기업이 수익을 얻기 위하여 쓰인 원가를 적절하게 손익계산에 배분하는 것"이라 할 수 있다.

그러나 이 견해는 비용의 본질적인 문제를 다루지 않고 있으며, 또 어떤 가치를 부여하여 측정하는 측정문제를 구별하지 못하고 있을 뿐만 아니라, 비용을 단지 소멸원가 또는 원가배분이라고 정의함으로써, 중요한 비용의 측정문제를 제외하고 있다는 점에서 그 결점을 찾을 수 있다.

3. 주주지분감소설

주주지분감소설은 비용이 주주지분에 영향을 미쳐 주주지분 또는 순자산이 감소한다고 보는 견해인데, 이 견해의 요지는 수익과 비용은 모두 이익을 결정하는 요인이며, 수익은 주주지분에 유리한 영향을 미치는 데 반하여, 비용은 불리한 영향을 미쳐, 결국 주주지분의 감소(자산의 감소 및 부채의 증가)를 가져온다는 것이다. 이 견해를 따르는 학자로는 스프라우스(Sprouse)등이 있고, AICPA의 APB Statement No. 4에서도 이를 지지하고 있다.

그런데 이 견해는 주주지분의 불리한 영향 내지 주주지분의 감소는 비용만이 아니라 그 불리한 요소 중에 손실도 포함될 수 있으므로, 주주지분에 대한 소극적 영향, 즉 감소요인만으로 비용을 정의한다는 것은 비용의 본질을 충분히 표현하지 못하고 있는 것이다. 또 이 설에서는 순자산을 결정하는 요소로서 자산 · 부채의 변동으로 비용을 정의하기도 하지만, 모든 자산과 부채의 변동은 비용을 나타내는 것은 아닌 점에서 그 견해의 미흡함을 찾을 수 있다.

위에서 회계학상 비용의 본질에 대하여 몇 가지 견해를 검토하였다. 일반적으로 비용이란 기업이 경영활동을 통해 수익의 획득을 위해서 멸실했거나 희생한 재산가치를 말한다. 다시 말하면 비용이란 기업이 수익을 획득하는 과정에서 재화나 용역의 사용 또는 소비로서 주주에게 불리한 변화를 가져오는 것을 말한다. 따라서 비용은 일정기간에 자산을 유출하거나 부채의 증가를 가져와서 주주지분을 감소시키는 현상을 말한다.

- 비용과 손실

비용이란 수익의 생산과 대응하며 그와 관련을 가지는 차감분인데 대하여, 손실이란 그와 같은 관련을 갖지 않는 차감분을 말한다. 다시 말하면 비용은 수익을 얻기 위하여 쓰인 경제가치의 소모분이며, 손실은 수익과 관련이 없는 어떤 특정의 차감부분이다.

- 비용과 원가

비용이란 개념은 흔히 원가(cost)라는 말과 동의어로 사용되는 수가 많으나 양자는 구분해야 한다. 페이튼(Paton) 교수에 의하면 원가란 자산을 취득해서 이를 취득자가 원하는 목적을 위하여 사용할 수 있는 상태에 두는데 들어간 대가로서 현금 또는 현금등가물의 모든 지출액을 뜻한다. 즉, 광의의 비용 중 “자산의 가치를 구성하는 능력이 있는 것”이 원가이며, 급부의 생산 및 판매를 위하여 기업이 상실한 가치가 협의의 비용이다.

- 비용과 지출

비용은 지출을 동반한다. 비용의 발생이 지출과 동일 연도인 경우뿐만 아니라, 지출을 먼저 행하는 경우도 있고(예를 들면, 건물, 기계 등의 유형자산의 구입), 지출이 다음연도에 행해지는 경우도 있다(예를 들면 미지급이자, 미지급집세 등). 그런데 드문 일이기는 하나 지출이 수반되지 않는 비용도 있다. 예를 들면 유형자산을 감가상각한 경우가 그것이다.

이와 같이 비용은 원칙적으로 지출을 수반하며, 그 반대로 지출이 비용에 결부되지 않는 것도 있다. 비용에 전혀 관계가 없는 지출의 대표적인 예는 차입금의 상환이나 자본의 환급 등이다.

• 비용과 자산

지출에 의해서 발생한 원가는 곧 전액이 수익에 대응하여 소비되고 비용화하는 것이 아니다. 원가 중에는 미소비부분이 생겨 차기 이후의 수익에 대응되는 것은 차기 이후에 이월되게 된다. 이 미소비원가 부분을 자산으로 인식한다. 이 경우의 자산은 현금과 같은 물적 자산과 달리 미소비원가라는 원가의 집단으로 취급되며, 물적 개념으로부터 이탈하여 이른바 원가성 자산으로 취급된다. 그 전형적인 것은 유형자산, 재고자산 등이다.

지금까지 설명한 비용의 본질과 관련하여 비용의 회계학적 성격을 요약하면 다음과 같다.

• 수익의 배분 · 수익에의 참가성

많은 이해자 집단은 기업에 대해 재화나 용역을 제공하고 그 대가로서 소득의 배분, 다시 말해 수익의 배분을 받게 된다. 따라서 수익이 가치의 생산면을 나타내는데 반하여 비용은 가치의 배분면을 나타내며, 이해자집단의 입장에서는 기업수익에의 참가를 의미한다.

• 수익과의 대응성

비용은 수익과 직결 내지 대응되어야 한다. 그러하지 않을 때를 손실(또는 순수손실)이라 하여 비용에서 제외하나 예외적 성격으로 보아 광의의 비용에 포함시킨다. 매출원가는 순매출액과 직접적으로 대응되는 대표적인 예이다.

• 회계기간과의 관련성

정상적인 비용은 당해 회계기간과 관련성을 갖는다. 만일 다음 회계연도의 수익과 관련되면 선급비용이라는 자산으로, 임시적인 수익과 관련되면 특별손실로 취급되어 경상손익에서는 제외된다.

• 통제의 불가능성

비용에는 그 통제가 불가능하며 불가피한 지출도 포함된다. 예를 들면 기업소유의 부동산에 대한 재산세나 유형자산의 감가상각비와 같은 것이다.

- 발생의 규칙성

자산가치의 소비가 규칙적으로 발생하는 것을 비용으로 계산하는 경우가 있다. 예를 들면 상품도난이나 자연감모는 거의 규칙적인 경우가 많은데, 이와 같은 규칙적 발생은 수익의 발생과 아무런 관련성이 없다.

- 편의성과 중요성

원칙적으로 비용은 소비한 자산가치만큼 계상해야 하나, 회계처리상 편의성이나 중요성에 따라 실제 소비와는 관계없이 계상되는 것도 있다. 예를 들면, 소모품을 구입한 경우 '소모품'이란 자산에서가 아니고 '소모품비'라는 비용으로 계상 · 처리되는 경우나, 보통의 광고비의 지출은 광고의 효과가 차기 이후에 미치는 경우라도 당기의 비용으로만 처리하는 따위이다.

2 비용의 인식

수익의 인식이 수익을 감지하여 언제 파악할 것인가를 의미하는 것과 마찬가지로 비용의 인식(recognition of expense)도 비용을 감지하여 장부에 기록하는 시기를 결정하는 것을 뜻한다. 다시 말하면 비용의 인식이란 '비용의 기장시점'을 결정하는 것, 또는 비용을 '기장하는 시점'을 뜻한다.

1. 비용의 인식시점

비용은 수익을 얻기 위해 쓰인 경제가치 또는 원가의 소멸이므로, 그의 인식은 원칙적으로 수익이 인식되는 시점에서 행해져야 한다. 예를 들면, 인도기준(판매기준)에 의해 수익이 인식되면 그에 따르는 모든 비용도 인도(판매)시점에서 인식하여야 된다. 그러나 이러한 사실은 어디까지나 이론상으로는 가능하나 실제로는 대부분의 경우 적용되지 아니한다. 비용의 인식시점을 보면 다음과 같다.

(1) 수익획득시점

수익획득시점은 비용을 수익이 획득되는 시점에서 인식하는 것인데, 예를 들면 매출원가의 인식이 바로 이에 해당한다. 상품이 매출될 때에는 매출수익과 더불어 이에 대응하는 상품의 판매수량과 단위원가가 동시에 확정된다. 따라서 판매된 상품은 판매시점에서 비용인 매출원가로 인식된다. 이는 비용수익대응면에서 직접대응의 경우이다.

(2) 원가소멸시점

원가소멸시점은 수익획득시점과는 관계없이 원가 자체의 소멸사실에 따라 비용을 인식하는 것이다. 다시 말하면 수익획득과 직접적으로는 관계가 없으나 수익획득 전체 활동에서 발생하는 비용이다. 예를 들면 유형자산의 감가상각비 · 사무용소모품비 등이 이에 해당한다.

(3) 원가발생시점(현금지출시점)

원가발생시점은 수익획득시점과는 관계없이 원가가 발생하는 시점, 또는 현금지출이 일어난 시점에서 비용을 인식하는 것이다. 예를 들면 광고선전비를 지급한 경우가 그것이다. 원칙적으로 또는 이론상으로 광고선전비를 지급하면 '광고선전서비스'라는 무형의 자산계정에 차기하였다가 그 서비스(광고선전)가 행하여질 때마다 그 효과를 측정하여 이를 소멸시켜 비용으로 인식하는 것이 정당한 회계처리이다. 그러나 현실적으로 광고선전의 효과를 측정하고, 따라서 소멸부분(비용화)을 확정한다는 것은 불가능하다. 그러므로 이와 같은 원가는 그것이 발생하자마자 즉시 소멸하는 것으로 보고, 그 원가가 발생한 시점 또는 대금이 지급된 시점에서 바로 비용으로 인식하는 것이다.

2. 비용인식의 발생주의

기간손익계산에 있어서 먼저 수익의 인식과 더불어 비용의 발생을 인식하지 않으면 안 되는데, 이 비용인식에 관한 기본은 발생주의(accrual basis)의 원칙에 의한다. 비용의 발생주의라 함은 "비용은 그 지출의 유무를 막론하고 이미 발생한 소멸원가로서 인식한다는 기준"이다. 이와 같이 비용을 발생원가로 인식하는 것이 비용의 발생주의기준이다. 다시 말하면 발생주의기준은 현금주의기준(cash basic)과 대응되는 것으로서 현금주의기준이,

비용의 발생 = 현금의 지출(시점)

이라고 주장하는데 반하여, 발생주의기준은 현금의 지출액과는 관계없이 비용이 발생했다고 인식되고 또한 그것을 화폐액으로 표현할 수만 있다면 그 시점에서 비용을 계상해야 한다는 기준인 것이다. 이를 공식화하면 다음과 같다.

비용의 발생 = 비용의 발생사실의 인식

이와 같은 발생주의는 형태는 구체적으로는 기말결산시의 손익의 수정기입으로 나타난다.

③ 비용의 측정기법

1. 비용측정의 의의

비용의 측정(measurement of expense)이란 비용의 금액적 크기를 확정하는 절차를 말한다. 다시 말해 비용의 금액이 얼마인가를 결정하는 것인데, 이를 '비용의 평가(value of expense)라고도 한다.

비용의 본질을 전술한 바와 같은 소멸원가설에 따를 경우, 비용은 원가의 소멸부분이기 때문에 그 측정은 원칙적으로 원가의 측정문제로 이해야하여 된다. 다시 말하면 비용의 측정이란 원가 중 소멸된 부분을 측정하는 것이며, 그것은 원가의 측정과 동의어가 되는 것이다.

또 비용을 주주지분감소설에 따른다면 비용의 측정이란 재화하나 용역이 기업활동에 사용되거나 소비된 시점에서 그 가치액을 측정하는 것이라 해석된다. 여기서 '가치액'이란 수익을 획득하기 위해 투입된 경제적 희생(economic sacrifice)을 뜻하며, 기업활동에 불리한 영향을 주는 것을 의미한다.

위의 두 견해 중 어느 것에 따르든 비용측정은 결국 당기에 배분할 수 있는 것은 당기의 비용으로 측정하고 미래기간에 사용되거나, 소멸될 재화와 용역의 전환이 될 부분은 미래기간으로 이연시켜 금액을 측정하는 것이 된다.

2. 비용측정의 기법

비용의 측정방법에는 일반적으로 자산접근측정법, 원가접근측정법, 자금접근측정법의 세 가지가 있다.

(1) 자산접근측정법

자산접근측정법(asset approach)은 비용을 측정함에 있어서 소비될 가치총액에서 자산액을 먼저 확인하고 그 나머지를 비용액으로 측정하는 방법을 말한다. 대표적인 예로는 매출원가의 측정인데 그 측정구조는 다음과 같다.

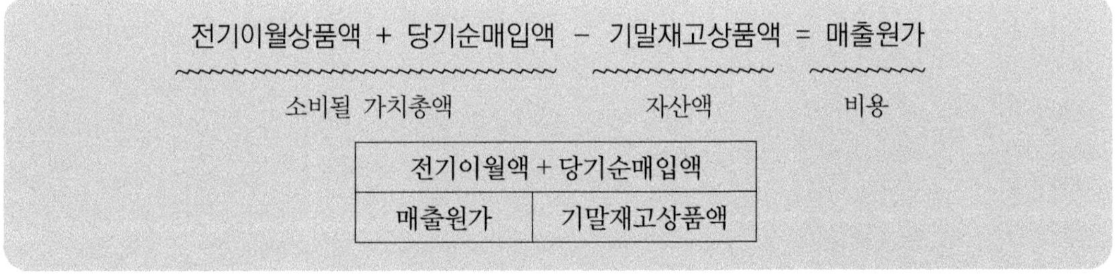

위에서 전기이월상품액과 당기순매입액의 합계는 소비될 가치총액을 의미하며, 기말재고상품액이란 자산액을 의미한다.

이와 같이 자산접근측정법은 소비될 가치총액에서 자산액을 먼저 결정한 후에 그 잔여분을 비용으로 측정하는 방법이다.

(2) 원가접근측정법

원가접근측정법(cost approach)은 위의 자산접근측정법과는 반대로 비용액을 먼저 측정한 후에 자산액을 확정하는 방법이다. 다시 말하면 소비될 가치총액에서 일정기간 중 소비된 금액을 먼저 확정하고 그 금액을 소비될 가치총액에서 차감한 것이 기말자산액이 되는 비용측정구조를 말한다. 이의 대표적인 예로는 감가상각비 · 대손상각비 등이 있다. 대손상각비의 경우, 대손상각비라는 것은 당기말 현재의 채권액 중의 일부가 차기에 대손이 될 것이 예상되는 금액으로서, 이 대손상각액을 추정하여 채권액에서 차감함으로써 기말의 채권자산액을 알 수 있는 것이다. 그 목적은 대손되리라 예상되는 거래처에 상품을 판매함으로써 나타날 대손액을 그 원인행위가 있었던 연도의 비용으로 계상하기 위해서다. 이와 같이 원가접근측정법은 비용을 먼저 측정하여 자산에서 차감하는 방식을 취하는 것이다.

(3) 자금접근측정법

자금접근측정법(fund approach)이라 함은 현금으로 지급된 금액 또는 앞으로 지급될 금액으로 비용을 측정하는 방법이다. 예를 들면, 급여 · 여비교통비 · 광고선전비 · 접대비 · 보험료 등 경영활동에 있어서 대부분의 비용은 이 자금접근측정법을 취하고 있다.

3. 비용의 측정기준

비용의 측정은 원가의 측정과 대동소이하므로, 이 견해에 따를 때, 비용측정의 기준으로 가장 중요한 것은 역사적 원가기준, 현행가격기준(또는 현재가치기준), 수정역사원가기준 등 세 가지가 있다.

(1) 역사적 원가기준

역사적 원가기준은 역사적 원가(historical cost)를 기준으로 비용을 측정하는 기준인데, 이는 소멸된 원가를 그 원가의 발생된 시점에서, 다시 말하면 원가의 유입시점의 가액을 기초로 비용을 측정하는 것이다. 여기서 원가란 기업활동에 사용되거나 소비되는 재화 또는 용역을 획득할 때 교환으로 포기한 화폐액을 말한다.

이와 같이 비용측정에 있어서 역사적 원가기준을 주장하는 이론적 근거 내지 장점으로는 역사적 원가는 거래당사자간의 합의에 의해 결정되므로 객관성이 있고, 현금지출액(cash outlays)을 나타내는 것이므로 검증가능성(verifiable)이 가장 높은 가액이며, 재화나 용역을 취득할 때의 교환가치(exchange value)를 나타냄으로 보다 확실성이 있다는 것 등이다.

그러나 역사적 원가에 따라 비용을 측정할 경우 가격변동으로 인해 나타나는 이득(gains)이나 손실을 구별할 수 없다는 비판도 있다. 이와 같은 결점은 있어도 역사적 원가기준은 비용측정의 기준으로 채용되고 있다.

(2) 현행가격기준(또는 현재가치기준)

현행가격기준은 현행가격(current price)으로 비용을 측정하는 기준인데, 위의 역사적 원가기준과 대조적인 기준이다. 즉, 수익은 보통의 경우 제품이나 용역을 제공함으로써 받게 되는 현행가격으로 측정되므로, 수익에 대응되는 비용도 당연히 사용 또는 소비되는 재화나 용역의 현행가격에 따라 측정하여야 된다는 것이다.

사실 대부분의 비용은 당기에 발생하여 당기에 비용으로 계상되어 수익과 대응되는 것이므로 현행가격과 거의 같다. 그러나 비용이 현행가격과 크게 다른 경우에는 사용액이나 소비액을 별도 계산하여 비용화해야 한다. 예를 들면 재고자산이나 유형자산 등 비화폐성자산이 여기에 해당한다(재고자산은 매출원가, 유형자산은 감가상각비 등).

이와 같은 현행가격을 비용측정의 기준으로 하는 이론적 기준 내지 장점으로는 자산보유이득을 식별할 수 있다는 것이다. 다시 말해 역사적 원가와 현행원가의 차이가 자산보유이득(holding gains)의 유무인데, 현행가격은 이를 구별할 수 있다는 것이다. 즉, 비용을 현행가격에 의해 측정함으로써 일상거래에서 발생한 기업이익과 기업이 사용하지 않고 보유하고 있는 보유자산에서 발생하는 보유이익을 구별할 수 있다는 것이다.

그러나 현행가격에 의한 비용측정은 재화나 용역이 사용되거나 소비되는 당시에 이를 다시 취득한다는 가정을 기초로 비용을 측정하는 것이다. 따라서 이러한 측정은 가상적 거래에서 측정한다는 문제점이 있으며, 그 측정치의 검증가능성이나 신뢰성이 낮을 위험이 있다는 점에서 비판을 받고 있다.

(3) 수정역사원가기준

수정역사원가기준은 현재화폐가치로 수정된 역사적 원가기준인데, 이는 역사적 원가를 원가소멸시점의 화폐가치(소멸시점의 구매력)로 수정한 것을 기준으로 삼는 것이다. 그 수정법은 다음의 공식에 의한다.

$$\text{현재 화폐가치로 수정된 역사적 원가} = \frac{\text{현재의 일반물가지수}}{\text{취득시의 일반물가지수}} \times \text{역사적 원가}$$

비용의 배분

1. 비용배분의 중요성

원래 회계학상 배분이란 일정한 공식이나 절차에 따라 일정한 금액(또는 가치)을 여러 기간(또는 항목)에 걸쳐 인위적으로 할당(assignment)하는 회계절차를 말한다. 이러한 의미에서 비용의 배분(cost allocation)이란 비용성 자산의 취득원가에 대해 그 중 당기에 소비된 원가부분과 차기 이후에 이연되는 원가부분을 분리하는 절차를 의미한다. 다시 말하면 비용의 배분이란 일정 기간에 발생할 원가를 현재와 장래로, 혹은 소비부분과 미소비 부분으로 구분하여 전자는 손익계산서에, 후자는 재무상태표에 기재하는 기간손익계산의 절차를 말한다. 바꾸어 말하면 발생원가를 비용과 자산으로 구분 결정하는 절차인 것이다.

비용배분이란 이미 설명한 바와 같이 비용과 자산으로 구분하는 회계절차인데, 그 구분은 기업의 손익계산과 자산계산에 막대한 영향을 미치게 된다. 이와 관련한 바를 구체적으로 개술하면 다음과 같다.

첫째로, 비용배분은 손익계산에 지대한 영향을 미친다. [그림 6-1]에서 보는 바와 같이 A의 크기를 결정하는 것은 자산평가이며, B의 크기를 결정하는 것은 비용배분이다. 다시 말하면 B에 적게 배분하면 A가 커지고, 따라서 이익이 크게 산출되며, 반대의 경우는 이익이 적게 산출된다. 그러므로 A와 B는 기업경영성과계산에 있어서 함수관계에 있다 하겠다. 따라서 비용배분은 경영성과인 손익산정에 영향을 줄 뿐만 아니라 또한 재무상태의 가액을 좌우하는 중요한 원인이 되고 있다.

▶▶▶ [그림 6-1] 비용배분

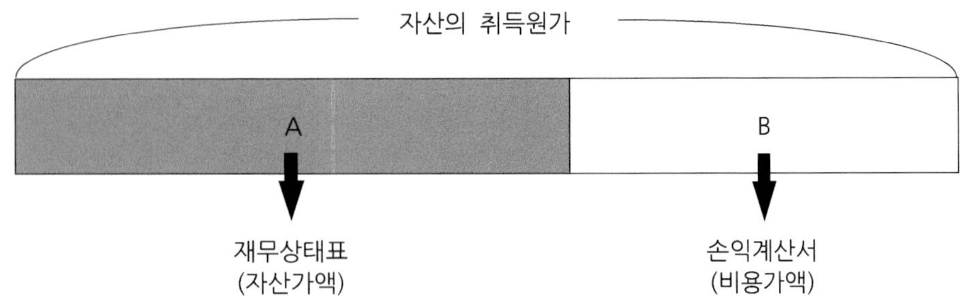

둘째로, 비용배분의 원칙은 자산평가의 기본원칙이다. 자산의 취득원가는 자산의 종류에 상응한 원가배분의 원칙에 의하여 각 회계연도에 배분하여야 한다.

셋째로, 비용배분의 원칙은 비용수익대응의 원칙(principle of matching cost with revenues)에 의해 지배된다. [그림 6-2]에서 보는 바와 같이 비용의 배분이란 자산의 취득원가를 당기수익에 할당한 부분과 미할당 부분으로 나누어, 당기의 수익에 부담시킨 원가부분인 당기의 비용을 제외한 잔여부분, 즉 장래의 경영활동을 위하여 합리적으로 이용할 수 있는 원가의 미할당 부분이 자산으로서 차기에 이월되어 재무상태표에 기재되는 것이다. 따라서 비용배분의 원칙은 일차적으로 비용수익대응의 원칙의 지배를 받음으로써 성립되는 것이라 하겠다.

▶▶▶ [그림 6-2] 비용배분과 자산평가와의 관계

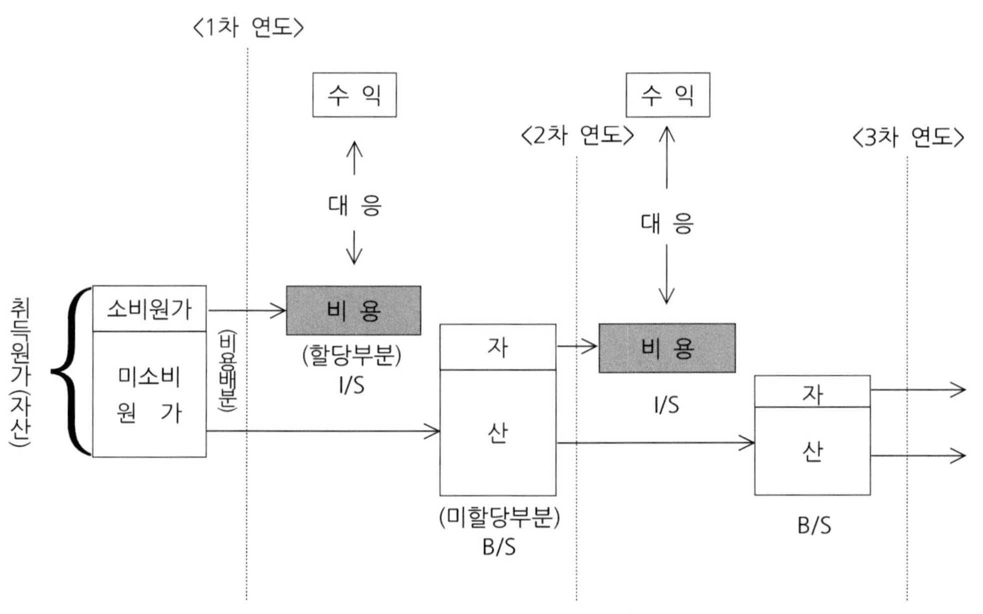

2. 비용배분방법의 합리성 판단기준

이상에서 설명한 바와 같은 중요성을 가진 비용배분은 본질적으로 인위적인 것이기 때문에 어떤 방법을 선택할 것인가는 회계담당자의 판단에 달려 있으나, 일반적으로는 비용배분방법의 합리성을 판단하는 데는 다음 세 가지 기준이 있을 수 있다.

(1) 확정성

비용배분은 확정적인 결과를 가져다주어야 한다는 확정성(unambiguity)이 있어야 한다는 것이다. 다시 말하면 비용배분방법은 그에 의하여 나타나는 배분결과가 유일해야 하며, 일단 한 가지 방법이 선택되면 어느 회계담당자라도 동일한 결과를 얻을 수 있어야 한다는 것이다. 예를 들면 유형자산의 감가상각비를 측정함에 있어서 정액법을 적용했다고 하면, 어느 회계담당자도 동일액으로 계산한다고 할 때 이 정액법은 배분방법으로서 정당화 될 수 있다는 것이다.

(2) 변호가능성

비용배분방법은 논리적으로 변호가능해야 한다는 변호가능성(defensibility)이 있어야 된다는 것이다. 다시 말하면 어떤 배분방법이 회계측정에 적용되기 위해서는 논리적으로 모순되거나 이치에 맞지 않는 것이어서는 아니 된다는 것이다. 예컨대, 유형자산의 감가상각비를 계산함에 있어서 아무런 이론적 근거도 없이 임의의 일정액이라고 하는 등의 배분방법은 타당한 것이 못된다.

(3) 가산성

배분방법은 배분되어야 할 가액전부를 배분시킬 수 있어야 한다는 가산성(additivity)이 있어야 된다는 것이다. 예를 들면, 내용연수가 10년인 기계의 취득원가 중에서 10년간 감가상각비로서 배분하여야 될 가액이 ₩100,000이라면 10년간 정확히 ₩100,000이 배분되도록 해야 한다는 것이다.

요 / 점 / 정 / 리

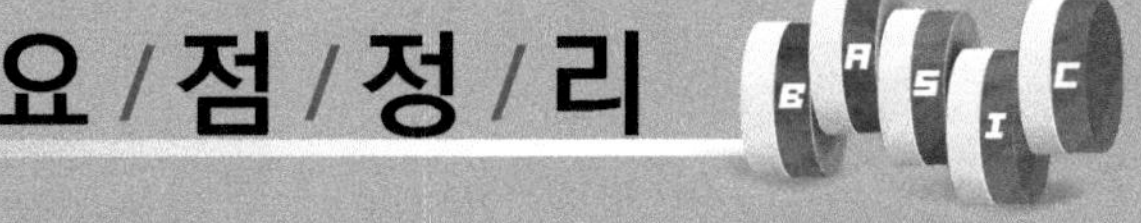

1. 비용의 본질

- 자산유출설: 자산의 유출현상
- 소멸원가설: • 수익의 획득은 재화와 용역을 소비함으로써 발생
  • 일정기간의 원가소멸분
  • 원가배분과 관련
- 주주지분감소설: 주주지분 또는 순자산의 감소현상

✔ 비용, 손실, 원가개념의 구분

비용의 성격: 수익에의 참가, 수익과의 대응성, 회계기간 관련성, 통제불가능성, 규칙성, 중요성, 실용성

2. 비용의 인식

- 비용의 인식: 비용의 기간귀속
- 비용의 인식시점: 수익획득시점, 원가소멸시점, 원가발생시점
- 비용인식의 발생주의: 지출유무를 막론하고 이미 발생한 소멸원가로서 인식

3. 비용의 측정기법(평가)

- 의의: 금액적 크기의 확정절차
- 기법: 자산접근법, 원가접근법, 자금접근법
- 측정기준: 역사적원가기준, 현행가격기준, 수정역사적원가기준

4. 비용의 배분

- 의의: 가치를 여러 기간 또는 여러 항목에 인위적으로 할당하는 회계과정
- 비용배분방법의 합리성 판단기준: 확정성, 변호가능성, 가산세(加算性)
- 비용배분의 중요성: 손익계산에 영향, 자산평가의 기본, 비용수익대응의 기반
- 비용배분기준: 인도액기준, 시간경과기준, 재고조사기준, 충당금설정기준

5. 비용수익의 대응

- 의의: 보고된 수익과의 인과관계를 기초로 하여 비용을 보고하는 과정
- 필요성: 손익계산의 정확성과 확실성 제고(기간적 일치, 인식)
- 방법: 순서대응, 계단식대응, 직접대응, 간접대응, 특별대응, 개별대응, 기간대응 등
- 문제점: 기간불확실성, 금액불확실성, 전부대응곤란 등

BASIC

ACCOUNTING

기초적회계이론

THEORY

CHAPTER 7 자산의 본질과 평가기준

SECTION

제1절 자산의 본질
제2절 자산평가의 목적
제3절 자산의 평가기준

CHAPTER 7

자산의 본질과 평가기준

BASIC ACCOUNTING THEORY

1 자산의 본질

1. 정태론하에서의 자산개념

정태론에서는 자산을 재산이라고 규정하고 있다. 정태론은 회계학의 중심과제가 재산계산에 있다고 보기 때문에 회계목적 역시 기업의 재산상태를 파악하는 데 두었다. 여기에서의 재산개념은 결국 재무상태표에 기재되는 물적인 재화와 권리를 총칭하는 의미라고 볼 수 있으며 이러한 재산을 포괄하여 자산(assets)이라고 한다.

이와 같이 자산의 본질을 기업의 적극적 재산 또는 총재산으로 규정하는 것은 매우 간결하고 명쾌한 설명이 된다. 그러나 오늘날처럼 기간손익계산이 중요하게 인식되고 있는 회계시스템에서는 정태론하에서의 자산개념으로는 설명하기 어려운 항목이 많다. 예를 들어 선급비용과 같은 항목이 정태론적 자산개념으로는 설명하기 어렵다.

2. 동태론하에서의 자산개념

기간손익계산 즉 기업의 경영성과계산을 중시하는 동태론하에서의 자산개념은 정태론하에서의 자산개념과 많은 차이가 있다. 회계의 중심이 손익계산으로 이동함에 따라서 자산의 본질도 미래의 비용, 원가의 미소비부분으로 설명되게 되었다.

즉, 동태론적 사고하에서는 원가의 흐름을 현재와 미래로 분할하여 당기의 비용과 당기의 수익을 대응시켜 이익을 산출해 내는 것이다. 이 과정에서 자산 이른바 미소비원가는 소비된 원가와 분리되어 자산으로 계상되고 소비원가는 비용으로 계상된다. 결론적으로 자산은 미래의 수익에 대응하기 위한 원가의 집단으로 존재하게 되는 것이다. 이러한 사고방식의 설명을 비용동태론이라고 한다.

APB statement No. 4에서는 자산을 경제적 자원으로 정의하고 아울러 자원이라고 할 수 없는 특정의 이연계정을 자산계정을 자산에 포함시켰다. 그러나 비용동태론하에서는 현금, 예금, 수취채권 등의 화폐 내지 화폐청구권에 대한 설명이 곤란하다.

3. 용역잠재력으로 보는 자산개념

앞에서 설명한 자산개념으로는 현대사회에 있어서의 복잡한 재산, 손익계산 구조상의 재산을 설명하기가 어렵다. 오늘날 회계학에서 비교적 합리적이라고 수용하고 있는 자산개념은 처음 캐닝(J.B. Canning)이 정리하였다. 그는 자산이란 화폐로 표시된 장래의 용역이라고 주장한 것이다(1929).

이후 1957년 AAA에서 자산은 특정의 회계실체 내에서 기업목적에 공여된 경제자원으로서, 기대되는 경영활동에 이용할 수 있고 또 기여하는 용역잠재력(service potentials)의 총계액이라고 하였다. 스프라우스와 무니츠도 자산이란 기대되는 장래의 경제적 효익을 말하는 것이라 하고, 그에 대한 권리는 당기 또는 과거의 어떤 거래의 결과로서 기업이 취득한 것이라고 하였다. FASB의 SFAC No. 3 역시 자산을 과거의 거래 또는 사상(events)의 결과 특정의 실체가 취득 또는 통제하고 있는 예상되는 장래의 경제적 효익이라고 정의하였다.

이와 같은 자산에 대한 개념 정의는 자산의 본질을 설명하는데 있어 많은 도움이 된다. 따라서 자산의 본질 내지 속성은 다음과 같이 요약된다.

첫째, 자산은 장래의 효익 또는 용역잠재력에 대한 특정의 권리가 존재하는 것이다. 따라서 소비된 권리나 용역은 자산이 아니다.

둘째, 권리는 특정의 개인이나 기업에 대해서 존재하는 것이다. 공공재에 대하여 자산이라는 표현을 사용하는 것을 회계상 자산과 동질의 것으로 해석하여서는 곤란하다.

셋째, 자산이 되기 위해서는 권리 또는 용역에 대한 청구권이 존재하는 것이 보편적이다.

넷째, 경제적 효익은 반드시 과거의 거래나 경제적 사건으로부터 나타난 것이어야 한다. 현재의 시점에서 존재하지 않는 장래의 효익을 자산으로 계상할 수는 없다.

2 자산평가의 목적

평가는 비단 화폐로 가치를 측정하는 것만을 의미하지 않고, 측정하는 목적을 전제로 하여 물량 기타 다른 측정단위로 경제현상을 표현하는 것을 모두 포함하지만, 그 중에서도 특히 화폐단위로 자산을 계량화하는 것을 자산의 평가(valuation)라 한다. 가치를 평가한다는 것은 그 자체가 목적이 아니라 그것을 하는 이면에는 반드시 어떤 다른 목적이 있기 마련이다. 그러므로 자산도 그것을 평가하는 목적에 따라 또는 그 목적에 적합하도록 평가를 할 필요가 있다. 다시 말하여, 자산을 측정할 때는 그 자산의 측정치를 어떤 정보이용자가 이용할 것이며 또 무슨 목적으로 이용할 것인가를 예상해 볼 필요가 있다. 투자가에게 유용한 측정치와 채권자가 필요로 하는 측정치가 다를 수 있고, 또 이들 측정치가 경영자의 의사결정에 그대로 유용하다고 할 수 없기 때문이다.

1. 이익측정목적

전통적인 회계상의 이익은 수익에 비용을 대응시켜서 측정한다. 이 때 비용 중에서 당기에 바로 현금으로 지출되었거나 부채의 증가로 인하여 나타난 것도 있고, 한편으로는 과거에 취득한 자산 중에서 그 일부가 소멸되어 비용이 되는 것도 있을 것이다. 유형, 무형의 고정자산은 대부분 그 자산의 역사적 원가를 당기에 적당히 배분하여 비용을 결정하고, 비용으로 배분되지 아니한 역사적 원가는 기말에 있어서 자산의 평가액으로 하며 화폐성 자산은 대부분 그 자산을 기말에 있어서 순실현 가능가치로 평가하고 이것과 장부가액과의 차액을 비용으로 인식하며(유가증권, 외상매출금 등) 재고자산도 역시 그 역사적 원가의 당기배분액을 제외한 나머지를 기말의 평가액으로 하지만, 예외적으로 그 자산의 기말 대체원가나 순실현 가능가치 등으로 평가하는 경우도 있다.

이와 같이 이익을 측정하기 위한 목적에서 이루어지는 자산의 평가는 수익·비용법에 의해 수익에 대응시킬 비용을 결정하는 과정, 즉 대응과정(matching process)의 한 단계라고 볼 수가 있다.

2. 재무상태의 공개목적

재무상태의 공개목적이라는 이 주된 목적과 관련하여 자산을 평가하는 부차적인 목적을 보면 첫째, 기업이 일정시점에서 그것이 소유하고 있는 경제적 자원의 stock의 크기와 그에 대한 지분을 주주 기타 이해관계자에게 보고하기 위해 자산을 평가한다. 이 목적을 위해 작성되는 재무제표는 재무상태표이고 이것은 기업의 재무상태를 공개하는 표라고 한다. 재무상태표는 이와 같이 평가된 자산가치에 의하여 주주와 채권자 등 여러 지분소유자(equity holders)의 지분의 크기가 일정시점에서 얼마인가를 나타내주기 때문에, 그것은 기업에 위탁된 자원의 수탁책임 또는 회계책임(accountability)을 명시하는 것이라고 말할 수 있다.

자산을 평가하는 두 번째 목적은 재무상태표에 나타난 자산의 평가액에 의해 미래의 현금흐름을 예측할 수 있도록 하기 위한 것이다. 다시 말하면, 평가된 자산금액과 예상되는 현금흐름과의 사이에 존재하는 함수관계에 관한 정보를 제공하기 위해 자산을 평가하는 것이다. 회계정보가 미래를 예측하기 위해 필요하다고 한다면, 자산을 평가하고 그리하여 재무상태에 관한 정보를 제공하는 것도 당연히 그 평가된 자산에 의해 미래에 어떤 현상을 예측하기 위한 것이라고 보아야 한다. 다시 말하여, 자산의 평가액은 주주에 대하여 배당의 형태로 또는 주식의 양도로 미래에 수취할 현금액에 관한 예측을 가능케 해야 할 것이다. 그러자면 자산은 역사적 원가로만 평가할 것이 아니라 현행원가나 현행현금등가액 등 그 자산과 현금흐름과의 사이에 존재하는 함수관계를 가장 잘 나타내는 평가기준에 따라 평가해야 할 것이다.

자산은 경제적 자원이고 그 자원은 투자가 등에게 미래의 현금흐름 또는 효익을 가져올 것이라 할 때, 자산을 평가하는 기준은 투자가 등이 평가된 자산으로부터 미래의 현금 수취액을 예측하는 데 가장 유용한 것이 되지 않으면 안 된다. 평가된 자산을 정보로 이용하는 자가 그 평가액을 보고 미래의 어떤 사건을 예측할 수 없는 한, 재무제표를 공개하는 수단으로서의 재무상태표는 예측능력을 가지는 정보가 될 수 없는 것이다. 따라서 평가된 자산과 미래의 현금수취액과는 사이에 존재하는 함수관계가 실증적으로 연구되어야 하고, 그러한 관계를 나타내도록 자산이 평가되지 않으면 안 된다. 예컨대, 현행원가(또는 대체원가)가 미래의 이익의 사체(surrogate)로서 이용될 수가 있다는 것이 실증적 연구에 의해 밝혀진다면, 그 현행원가에 의한 평가액에 일정한 수익률(rate of return)을 곱하여 투자가가 미래의 이익을 예측할 수 있을 때 그 평가액은 유용한 정보가 될 것이다.

자산을 평가하는 세 번째 목적은 또한 채권자에게 정보를 제공하기 위한 것이다. 이 목적 역시 첫 번째 목적에서 같이 설명될 수 있는 것이지만, 기업의 자산은 채권자의 채권에 대한 담보가 되기 때문에, 채권자에 대한 정보제공이라고 하는 이 목적을 별도로 들기도 한다. 만약 청산을 전제로 하여 자산을 평가하면 자산은 청산가치(liquidation value)로 평가해야 할 것이지만, 계속기업을 전제로 한다면 청산가치뿐만 아니라 현행가치도 채권자에게 유용한 정보가 될 수 있을 것이다.

3. 경영관리목적

자산의 평가과정은 경영자의 일상의 관리목적이나 특수한 의사결정에 필요한 중요한 정보를 제공한다. 그런데, 경영자가 필요로 하는 정보는 투자가 등에게 제공하는 정보와는 반드시 같지 않다. 투자가는 기업의 과거를 평가함으로써 그 미래를 예측하는 일에 주로 관심을 가지지만, 경영자는 미래의 진로를 결정하기 위해 끊임없는 의사결정을 한다. 그러므로 경영자는 각기 다른 대안 중에서 하나를 선택하기 위해 자산은 평가에 관한 더 많은 정보를 요구한다. 예컨대, 경영자는 자산을 사용하는 데서 얻을 효익과 그 청산가치를 비교해 보아야 하고, 또한 그 자산의 기회비용으로서의 현행 현금등가액이나 현행원가 그리고 현가, 표준원가 등의 정보도 필요로 할 것이다. 그러나 이렇게 평가된 자산은 외부 보고목적으로는 전부 공개되지 않고 단지 경영자에게만 이용된다는 점에서 그 평가의 목적이 투자가를 위한 그것과 다르다고 할 수 있다.

3 자산의 평가기준

1. 주요평가기준의 개요

자산을 평가하는 데 사용하여 왔거나 사용될 수 있다고 주장되고 있는 평가기준은 다음과 같다.

- 역사적 원가(historical cost)
- 현행원가(current cost), 또는 대체원가(replacement cost)
- 현행시장가치(current market value), 또는 순차적인 청산에서의 현행유출가치(current exit value in orderly liquidation)
- 순실현 가능가치(net realizable value), 또는 예상유출가치(expected exit value)
- 미래의 현금흐름의 현가(present value of future cash flows)

이들 평가기준은 자산을 취득한 최초의 시점에서는 모두 역사적 교환가격(historical exchange price)으로 결정되며 모두 같을 수도 있다. 그러나 그 후 취득시점을 지나서 자산을 보유하고 있는 동안에는 이들 측정치는 각각 다를 수도 있는 것이다. 측정기준을 설명하면 다음과 같다.

- 자산의 역사적 원가는 자산을 취득하는 데 지급한 현금액 또는 현금등가액(cash equivalent)이다.
- 자산의 현행원가(또는 대체원가)는 동일한 자산 또는 대등한 자산을 현재에 취득한다면 지급해야 할 현금액 또는 현금등가액이다.
- 자산의 현행시장가치(현행유출가치)란 순차적인 청산의 상태에서 그 자산을 현재 판매함으로써 얻을 수 있는 현금액 또는 현금등가액이다. 그리고 강제청산의 경우와 같이 종전의 원가 이하로 또는 현저히 낮은 가격으로 자산을 처분한다고 할 때 받을 수 있는 현금액도 이 속성 중에 속한다.
- 자산의 순실현 가능가치란 정상적인 영업과정에서 전환될 것으로 예상되는 할인하지 않은 현금액 또는 현금등가액으로부터, 그 자산을 현금으로 전환하는 데 필요한(필요한 것으로 예상되는) 직접원가(direct cost, 직접비용)를 차감한 금액이다.
- 자산의 측정기준으로서 미래의 현금흐름의 현가란 어떤 자산이 정상적인 영업 과

정에서 전환될 것으로 예상되는 미래의 현금 유입액(future cash inflows)의 현가(또는 할인된 가치)로부터 그러한 유입을 얻는 데 필요한 현금유출액(cash outflows)의 현가를 차감한 금액이다.

2. 주요평가기준의 분류

앞의 평가기준은 과거나 현재 또는 미래에 초점을 두고 있느냐에 따라, 자산의 취득이나 처분과 관계되느냐에 따라, 또 실제의 사건이나 예상되는 사건 또는 순전히 가정적인 사건이냐에 따라 각각 다음과 같이 분류를 할 수 있다.

먼저 시간적 차원에 따라 분류하면 다음과 같다.

과 거	역사적 원가
현 재	현행원가
	현행시장가치(현행유출가치)
미 래	순실현 가능가치(예상유출가치)
	미래의 현금흐름의 현가

위의 기준 중 미래의 현금흐름의 현가는 화폐의 시간가치(time value of money)를 인식하는 데 대하여, 순실현 가능가치는 화폐의 시간가치를 인식하지 않는 점에서 다른 것이다. 그리고 미래의 현금흐름의 현가는 미래의 현금흐름에 기초를 두고 있어도, 화폐의 시간가치를 계산할 때의 할인율은 역사적 이자율(historical rate)로 할 수도 있고 현행이자율(present current rate) 또는 미래(예상)이자율(future, expected rate)로 할 수도 있다. 어느 할인율로 측정하느냐에 따라 그 현가는 다르다.

다음에, 평가기준을 각각의 측정치가 나오는 거래의 종류에 따라 다시 분류하여 보면 다음과 같이 두 가지로 분류할 수 있다.

유입가치(entry value)	역사적 원가
	현행원가

유출가치(exit value)		
	순차적인 청산	현행시장가치(현행유출가치)
	정상적인 영업과정	순실현 가능가치
		미래의 현금흐름의 현가

위의 평가기준 중 두 가지 유입가치인 역사적 원가와 현행원가는 기업이 자산을 시장으로부터 취득하는 거래에서 측정되는 속성이고, 세 가지 유출가치는 기업이 자산을 시장에서 처분하는 거래에서 측정되는 속성이다. 그리고 세 가지 유출가치 중에서 순실현 가능가치와 미래의 현금흐름의 현가는 정상적인 영업과정에서 들어올 것으로 예상되는 가치이고, 현행시장가치(현행유출가치)는 순차적인 청산을 전제로 하고 당해자산의 청산에서 들어올 것으로 예상되는 가치이다.

그리고 이들 평가기준은 각각의 측정을 하게 되는 사건의 속성에 따라 다시 분류할 수가 있다.

실 제	역사적 원가
예 상	순실현 가능가치
	예상되는 현금흐름의 현가
가 정	현행원가
	현행시장가치(현행유출가치)

역사적 원가는 기업이 한편의 당사자가 되는 실제의 사건, 즉 교환거래에서 측정되는 가치이며, 순실현 가능가치와 미래의 예상되는 현금흐름의 현가는 장차 예상되는 사건, 즉 장차 발생할 것으로 기업이 예상하고 있는 현금흐름을 측정한 값이다. 이에 대하여, 현행원가와 현행시장가치(현행유출가치)는 가상적인 사건, 다시 말하여 기업이 그러한 거래를 하게 된다고 가정할 때 기업에 발생할 현금흐름으로 측정한 것이다.

3. 자산평가기준의 내용

(1) 역사적 교환가격

오늘날의 재무제표는 역사적 원가라는 속성으로 작성되고 있는 것이 특징이다. 때문에 현행 재무제표는 역사적 원가모형(historical cost model)에 의하여 작성되는 것이라고 하기도 한다. 그러나 이것은 정확한 표현은 아니다. 왜냐하면 오늘날 역사적 원가로 평가되는 자산은 재고자산과 유형자산 및 무형자산이 그 중심이 되고, 다른 자산은 반드시 역사적 원가로 측정되고 있지는 않기 때문이다. 예컨대 매출채권은 순실현 가능가치로 측정되고 시장성 있는 유가증권은 현행시장가치(현행유출가치)로 측정되고 있기 때문이다.

그러나 어떤 평가기준에 의해 측정을 하든지 자산의 역사적 교환가격을 결정하지 않고는 다른 측정기준을 설명할 수가 없다. 오늘날 재무회계에서 측정의 문제는 모두 역사적 교환가격에서 출발한다고 말할 수가 있다.

자산의 역사적 교환가격이란 그 자산을 취득한 거래에서의 교환가격이다. 이것은 매입거래에서 기업이 지급한 현금액 또는 현금등가액이거나, 판매거래에서 기업이 고객으로부터 받은 현금액 또는 현금등가액이다. 현금등가액이란 현금이 아닌 자산을 주고 받은 경우에 현금이 아닌 당해자산의 현금가치를 뜻한다. 이 중 매입거래에서 지급한 현금액 또는 현금등가액이 바로 역사적 원가이다.

역사적 교환가격은 모든 측정기준에 대하여 기초를 제공한다. 예컨대 재고자산이나 유형, 무형의 비유동자산의 역사적 교환가격은 그 역사적 원가가 되고, 단기투자로서의 지분증권의 역사적 교환가격은 취득 후의 현행시장가치를 측정할 때 비교의 기준이 되며, 매출채권의 역사적 교환가격은 그 채권의 취득 후에 순실현 가능가치를 측정할 때 비교의 기준이 되며(대손액의 추정), 장기수취 채권의 그것은 취득 후에 그 자산의 현가를 측정할 때 역시 비교의 기준이 되는 것이다. 요컨대 오늘날 재무회계에서 역사적 교환가격을 결정하여 기록하지 않고 다른 측정기준을 설명하는 것은 아무런 의미가 없다. 보유이득이나 보유손실, 유지할 자본과 이익개념 등 측정과 관련되는 많은 문제들은 모두 역사적 교환가격을 전제로 하여 제기되고 있는 것이다.

(2) 역사적 원가

자산의 역사적 원가는 그 자산을 취득한 때 지급한 현금액 또는 현금등가액이다. 이것은 곧 취득원가 또는 역사적 교환가격을 뜻한다.

역사적 원가를 자산평가의 기준으로 하자는 주장의 근거로는 동태론적 사고와 객관성, 경영자의 수탁책임, 유용성 등 여러 가지를 들고 있다.

먼저 동태론적 사고를 보면, 이것은 수익·비용 대응에 따라 이익을 측정하는 것이 회계의 주된 목적이라고 하고, 이익을 측정하기 위해서는 수익과 비용을 대응시켜야 한다고 한다. 수익에 대응될 비용은 기업이 당초에 자산을 취득하는 데 소비한 노력을 화폐액으로 표시한 역사적 원가의 소멸액인 것이다. 그렇게 되어야 그 이익은 기업의 성과를 나타내는 역사적인 수치가 될 것이라고 한다.

둘째로, 역사적 원가는 가장 객관적인 측정치라고 주장된다. 역사적 원가가 오랫동안 회계실무에 적용되어 온 것도 그것이 취득시점에서 객관적으로 입증이 된 측정치라고 하는 주장 때문이며, 이 점은 역사적 원가의 장점이다.

가치란 교환이 일어난 순간이 지나면 변할 수 있는 데 대하여, 교환 당시에 기록된 가격총계(recorded price aggregates, 역사적 교환가격, 즉 단위가격 × 수량)는 변하지 않기 때문에, 여러 가지 거래를 동질적인 단위로 나타낼 수 있는 최선의 수단은 역사적 원가라고 한다. 현행가치를 적용할 때는 가치가 항상 변동하여 정확히 포착하기 곤란하며 현행가치가 없는 자산도 있을 것이다. 또 현행가치를 알 수 있다 하더라도, 소유자산을 보유기간 중에 현행가치로 평가한다면 미실현보유이득이나 손실을 이익 속에 포함시키게 되는데, 그렇게 하는 것은 수익인식의 기본원칙인 실현원칙에 위배되고, 또한 그 이익은 실제의 경영성과를 나타내지 못할 것이라고 한다. 실현원칙은 전통적으로 판매용 자산이면 판매함으로써, 판매용 자산이 아닌 경우에는 그 자산을 사용하여 생산한 생산물을 판매함으로써 수익을 인식하라는 원칙이다. 그렇게 해야 수익은 가장 객관성이 있게 측정된다는 것이다.

셋째로, 역사적 원가는 경영자가 수탁책임을 다하기 위해 필요한 측정기준이라고 주장하기도 한다.

마지막으로, 역사적 원가의 유용성은 귀납적으로 입증이 되었으며, 그것이 실제로 유용하게 이용되고 있기 때문에 이것이 오늘날까지 적용된다고 주장하기도 한다.

역사적 원가기준에는 측정의 객관성이라는 장점에도 불구하고 여러 가지 결함이 있다.

첫째, 시간이 경과함에 따라 가격이 변동하고 있거나 또는 기업이 취득한 자산에 대하여 가치를 부여하고 있을 때는 역사적 원가는 기업이 소유하고 있는 경제적 자원의 측정치로서 아무런 의미를 가지지 못한다.

둘째, 각각의 다른 자산이 화폐가치가 상이한 시점에서 취득된 때는 각 자산의 역사적 원가를 비교한다는 것은 무의미한 일이며, 또한 이들을 수학적으로 가감한다는 것은 논리적으로 모순된다고 할 수 있다.

셋째, 화폐가치가 변동하지 않을 때는 역사적 원가에 의하여 비용을 측정하고 이를 동일한 화폐가치를 가진 수익에 대응시키는 것이 합리적이나, 화폐가치가 변동할 때는 그 대응도 현재의 경영성과를 반영해 주는 측정치를 제공하지 못한다. 대응의 개념은, 물가수준이 변동하지 않을 때 수익과 그것을 얻는 데 인과관계를 가지는 비용을 이들의 공통분모가 되는 동일한 화폐가치로 측정되는 것을 전제로 함으로써, 비로소 성립할 수 있는 개념이다. 물가수준이 변동할 때 각기 상이한 화폐가치로 측정한 수익과 비용을 대응시키는 것은 전적으로 무의미한 결과를 가져올 뿐이다.

넷째, 역사적 원가로 자산을 평가하면 일반물가변동 또는 개별가격의 변동에 기인하여 발생하는 이득 또는 손실에 관한 정보를 제공하지 못한다.

역사적 원가기준이 가지는 이와 같은 결함을 제거하기 위하여, 물가지수에 의하여 수정한 역사적 원가를 자산의 평가기준으로 하는 경우가 있다. 수정된 역사적 원가란 평가의 기준은 어디까지나 역사적 원가이기는 하나, 현재의 일반구매력으로 역사적 원가를 수정하였다고 하는 점에서 역사적 원가와 다르다. 역사적 원가를 현재의 일반구매력으로 수정하는 것은 기업에 투하된 실질화폐자본을 유지하자는 데 그 목적이 있다. 원초에 취득한 자산원가가 소멸하여 비용이 되었을 때, 그 소멸부분을 현재의 구매력으로 수정한 금액과 동등한 금액을 회수할 때라야 비로소 기업은 실질화폐자본을 유지할 수 있게 되는 것이다. 현재의 일반구매력으로 수정된 역사적 원가는 물가지수가 신빙성이 있는 경우에는 역사적 원가보다 다소 유용한 측정치를 얻을 수 있을지도 모른다.

(3) 현행원가

현행원가(대체원가)를 정의할 때 그것은 동일한 자산 또는 대등한(equivalent) 자산을 현재에 취득한다면 지급해야 할 현금액 또는 현금등가액이라고 하였다. 여기서 동일한 자산이라고 한 표현은 보통 현행원가를 뜻하는 것으로 사용된 것이고, 대등한 자산이라고 한 표현은 대체원가를 뜻하는 것으로 사용된 것이다.

현행원가란 기업이 현재 소유하고 있는 자산과 동일한 내용년수, 동일한 조업능력(operating capacity)을 가지고 있는 동일자산을 새로 취득한다고 할 때 지급할 시장가격이다. 다시 말하면, 현행원가는 소유하고 있는 자산과 동일한 용역잠재력의 원가를 뜻하는 개념이다.

이에 대하여 대체원가는 현존하는 자산의 기능을 대신할 수 있는, 현존하는 자산 대신에 사용할 수 있는 다른 자산에 대하여 지급할 현재의 시장가격을 말한다. 재고자산에 있어서는 현행원가와 대체원가가 대체로 같을지도 모른다. 그러나 유형자산에 있어서는 중요한 차이가 있는 것이 사실이다. 현존하는 기계의 용역잠재력이 그 기계 대신에 사용될 수 있는 다른 기계의 용역잠재력보다 작다고 하면 그 기계의 현행원가는 대체원가보다 작을 것이다. 예컨대 현존하는 기계가 그 대신 사용할 수 있는 다른 기계에 비해 더 많은 가동비용이 소요되거나 보다 질이 떨어지는 제품을 생산해 내고 있는 때가 바로 이런 경우일 것이다.

한편, 현행원가가 현행시장가치(현행유출가치)와 다른 점은 후자가 현재 소유하고 있는 자산을 시장에서 처분한다는 가정하에서 수취할 가격인 데 대하여, 전자는 이를 다시 취득한다고 할 때 지급할 가격(유입가치)을 의미하는 것이다. 불완전경쟁시장 또는 중고품시장에서는 동일시점에서 동일한 재화를 거래하는 경우에도, 기업이 매입하는 위치에 있는가 또는 판매하는 위치에 있는가에 따라 각각 가격이 다를 수 있다는 사실에서 현행시장가치(현행유출가치)와 현행원가를 구별하는 것이다. 따라서 동일한 재화에 있어서도 판매시장의 가격은 현행시장가치(현행유출가치)이고, 구매시장의 가격은 현행원가가 된다.

현행원가가 물가지수로 수정한 역사적 원가와 다른 점은 후자가 일반물가수준이 변동하였을 때 역사적 원가를 현재의 일반구매력으로 수정한 것임에 대하여, 전자는 특정자산의 개별가격변동을 반영하는 현재의 유입가치라고 하는 점이다. 재화의 개별가격은 반드시 일반물가수준과 동일한 방향으로 또는 동일한 비율로 변동하는 것이 아니기 때문에, 현행원가는 일반구매력으로 수정한 역사적 원가와 반드시 일치한다고 볼 수는 없다. 다만 현행원가도 보통 역사적 원가에 물가지수를 곱하여 구하는 편법을 쓰고 있기는 하나 그 지수는 어디까지나 개별가격지수인 점에서 일반물가수준의 변동을 반영하는 수정치와는 다른 것이다.

현행원가에 관한 정보는 다음과 같은 방법으로 획득 가능하다.

- 재고자산의 현행원가는 당해자산을 현재 매입한다고 할 때의 취득가격이나 또는 그것을 현재 재생산한다고 할 때의 가격으로 한다.
- 유형자산에 있어서 그 현행원가는 중고품시장이 있을 때는 소유하고 있는 자산과 동일한 경과년수 및 동일한 상태의 유사한 중고자산의 견적시장가격으로 할 수 있다. 그러나 이 경우에도 중고자산이 완전경쟁에 가까운 상태에서 거래될 때는 이 중고시장의 가격은 그 자산의 현행가치를 반영할지 모르나, 경쟁시장이 아닌 경우에는 중고자산의 가격을 현행원가로 하는 것은 청산목적을 제외하고는 부적당할지 모른다.
- 중고시장이 없는 경우의 유형자산의 현행원가는 부득이 다른 방법을 사용하여 그것을 간접적으로 측정하지 않으면 안 된다. 이때는 소유하고 있는 자산과 동일한 새 자산의 현행취득가격을 결정하고, 여기서 소유자산의 경과 연수에 해당하는 감가상각누계액을 공제한 금액을 현행원가로 할 수 있다. 그러나 동일한 새 자산조차 없을 때는 소유자산과 다른 용역잠재력(예컨대 더 개량된 자산)을 가지고 있는 새 자산의 현행취득가격으로써 대용하지 않으면 안 된다. 이때는 새 자산의 가격에 의하되, 경과년수에 따른 차이 및 기술의 진보에 따른 생산능력, 서비스의 질, 조업원가 등에 있어서의 차이만큼 그 가치를 수정해야 할 것이다. 한편, 소유자산의 재생산원가(reproduction cost)를 현행원가의 대용으로 할 수도 있는데, 다만 이 경우에도 그 자산을 현재의 설비로서 능률적으로 생산할 수 없다고 한다면 재생산원가는 부적당할 것이다.
- 현행원가를 결정함에 있어서 시장가격을 기준으로 하는 대신 개별가격지수(specific price index)를 사용하는 방법도 있다. 즉, 이 지수를 자산의 역사적 원가에 곱하여 결정하는 방법이 그것이다. 그러나 이 방법은 현행원가의 개략적 산출치가 될 수는 있지만, 기술적 변화가 일어나서 소유자산이 구식화되었다면 이 기술적 변화를 참작하여 현행원가를 결정해야 할 것이다. 만약 현재에는 기술적으로 더 좋은 방법에 따라 그 자산을 생산하고 있다면 이 개별가격지수를 적용한 현행원가는 과대평가되는 것일지도 모른다. 한편 현재 더욱 능률적인 최신식 자산을 사용하여 소유자산의 서비스에 상당하는 서비스를 얻을 수가 있다면, 소유자산의 대체원가는 상당히 증가했다 하더라도 그 자산의 현행원가는 단

지 폐물가치 또는 미배분된 역사적 원가에 지나지 않을 것이다.
- 현행원가를 결정하는 또 하나의 방법은 전문 감정인으로 하여금 소유자산을 감정하도록 하는 방법이 있다. 그러나 이 방법은 감정인의 주관에 따라 현행원가가 크게 달라질 위험이 있다.

Edwards와 Bell은 그들의 저서 「기업이익의 이론과 측정」에서 현행원가(대체원가)를 측정기준으로 할 것을 제안한 바 있는데, 그 목적은 당기영업이익(current operating profit), 보유이득과 손실(holding gains and losses)을 구분하고자 하는 데 있었다. 이들에 의하면 "당기 영업이익은 판매한 상품의 현행가치가 그 상품과 관계된 투입물의 현행원가를 초과하는 부분"이라 하였고, 자산을 사용하거나 판매하기 이전의 보유기간동안에 그 자산의 현행원가가 변동한 결과로 나타나는 현행원가와 역사적 원가와의 차액을 보유이득(보유손실)이라고 하였다.

예컨대 원가 ₩1,000의 상품을 매입하여 6개월이 지난 다음에 이 상품을 ₩1,500에 판매하였는데, 판매 당시에 이 상품의 현행원가가 ₩1,200이었다고 가정하자. 그리고 이 기간에는 일반물가의 변동은 없었지만 순전히 이 상품의 수요가 증가하고 공급이 한정되어 이렇게 가격변동이 있었다고 할 경우 역사적 원가로 이익을 측정하면 이익은 ₩500(₩1,500 − ₩1,000)으로서 하나의 수치로 나타나지만, 현행원가로 측정하면, 보유이득은 ₩200(₩1,200 − ₩1,000)이고 당기영업이익은 ₩300(= ₩1,500 − ₩1,200)으로 나타난다.

현행원가로 자산을 측정하고 그리하여 당기영업이익과 보유이득(손실)을 구분 표시하고자 하는 주장은, 보유이득(손실)이 경영성과의 각 기간별 또는 기업별 비교와 분석에 있어서 대단히 중요한 정보가 된다고 하는데 그 근거를 두고 있다. 이들은 현행원가의 변동이 이익에 미치는 영향은 당기영업이익과 분리되어야 한다고 주장한다. 즉, 현행원가에 의한 매출총이익은 순환적이고 상대적으로 통제 가능하며, 그 측정치는 보다 큰 예측가치(predictive value)를 가진다. 이에 대하여, 보유이득(손실)은 기본적인 기업활동과는 관계없이 다양한 형태의 경제적인 영향을 받은 결과(예상의 변동, 생산물이나 생산요소의 수요와 공급의 변동, 기술의 변화 등)로서 나타나는 것이다. 때문에 그것은 현행원가에 의한 매출총이익과는 다른 행태를 나타내고 그리하여 예측가치가 상대적으로 작은 것이다. 그러므로 보유이득(손실)과 현행원가에 의한 매출총

이익을 분리하여 보고하게 되면 정보이용자들이 보다 효과적으로 경영활동의 결과를 해석하고 예측하도록 할 것이라고 한다.

현행원가 또는 대체원가 정보의 유용성은 오늘날 상당히 강조되고 있다. 현행원가는 역사적 원가가 비용측정의 척도로서 사용될 수 없는 물가변동기에 적절한 평가기준이 된다. 특정자산의 취득 후 수요와 공급의 변동이나 소비자 기호의 변화, 또는 기술혁신으로 당해자산의 현행원가가 역사적 원가와 달라진 경우에는, 역사적 원가는 자산과 비용측정의 척도로서의 경제적 중요성을 상실하게 된다. 이에 대하여, 현행원가로 평가된 자산은 그것이 현재의 가치를 나타내는 것이기 때문에, 기업에 들어올 미래의 현금흐름을 예측하는 데 더욱 유용한 정보가 될 것이라고 한다. 또 수익획득을 위한 기업의 노력을 한층 의미있게 측정하기 위하여는 수익획득에 사용 또는 소비된 자산원가는 당해자산의 현행원가와 적어도 동등한 것이어야 한다. 현행원가에 의해 측정된 비용은 소멸한 경제적 자원에 대한 최근의 정보가 되기 때문이다. 그리고 소비된 자산원가, 즉 비용이 이와 같이 현행원가로 측정되어 회수될 때라야 비로소 투하된 실물자본이 유지될 수 있는 것이다. 그러므로 자산을 현행원가로 평가하는 것은 물론 자산의 현재의 가치에 관한 정보를 제공하는 데도 그 목적이 있으나, 무엇보다도 실물자본을 유지할 수 있는 이익측정을 하려는 데도 그 목적이 있다고 보아야 할 것이다.

이런 관점에서 현행원가의 장점이라고 주장되는 내용을 요약하면 다음과 같다.

첫째, 생산물의 판매가격이 그 판매일자의 현행원가와 밀접한 관계를 가지고 있다고 한다면, 현행원가에 따라 평가된 자산은 장차 기업에 들어올 현금흐름을 예측하는 데 유용할 것이다. 왜냐하면, 판매가격(현금흐름)과 현행원가와의 동일방향의 움직임을 전제로 할 때 현행원가는 미래의 현금흐름의 보수적인 측정치로 간주될 수 있기 때문이다. 다시 말하여 현행원가는 자산이 가지고 있는 용역잠재력의 근사치이며, 재고자산에 있어서는 그것이 바로 순실현 가능치의 대용물이 될 수가 있다고 본다.

둘째, 현행원가로 측정된 비용이라야 그것은 해석상 당연히 현재의 수익에 대응될 최선의 측정치라 할 수 있고, 또 그렇게 측정된 수익이라야 실물자본을 유지할 수 있으며 투자가의 예측목적에 더욱 목적 적합성을 가질 것이다.

셋째, 물가변동시에는 취득시점이 각기 다른 여러 자산을 역사적 원가로 평가하여 합산한다 하더라도 그 합계액은 아무 의미를 가지지 못하나 현행원가로 평가하여 합산할 때는 일층 의미있는 수치가 될 수 있다.

넷째, 현행원가에 의하여 자산을 평가할 때는 자산을 보유함으로써 발생하는 보유이득 또는 손실을 순수한 당기영업이익과 구분할 수 있다. 이와 같은 구분표시는 구분하여 표시하지 아니할 때에 비하여 미래의 수익력을 예측하는 데 더욱 유용한 정보가 된다. 만약 역사적 원가로 비용을 측정한다면 보유이득이 정상적인 당기영업이익과 구분되지 않고 마치 그것이 정상적인 당기영업이익인 것처럼 보이게 된다.

그러나 현행원가의 결함은 첫째, 평가의 객관성이 결여되기 쉽다고 하는 점이다. 둘째, 동일자산을 구입할 수 있는 시장이 존재하지 않을 수도 있으므로 이때는 평가가 어렵다. 재생산이 불가능한 유형자산에 있어서는 특히 그러하다. 셋째, 보유이득을 수익으로 인식할 때는 전통적인 실현개념에 위배된다.

(4) 현행시장가치(현행유출가치)

현행시장가치(현행유출가치)란 순차적인 청산상태에서 자산을 현재 판매함으로써 얻을 수 있는 현금액 또는 현금등가액이다. 이 속성은 유사한 종류나 상태에 있는 자산의 견적시장가격(quoted market price)으로 측정한다.

현행유출가치로 자산을 평가할 때의 장점을 들어 보면 다음과 같다.

첫째, 자본화 가치와 더불어 경제학적 기회원가를 반영하는 측정치이다. 자산의 기회원가는 자산의 판매로부터 얻게 될 현금가치이거나 자산을 사용함으로써 얻게 될 효익의 현가인 것이다. 이 두 개의 가치는 모두 기업이 현재 사용 중인 자산을 그대로 계속하여 사용할 것인가, 아니면 매각처분할 것인가에 관한 의사결정을 하는 데 목적 적합하고 또한, 기업이 계속기업(going concern)으로서 그대로 존속할 것인가 아니면 청산할 것인가에 관한 의사결정을 하는 데 목적 적합하다.

둘째, 기업의 재무적 적응도(adaptability)와 유동성을 평가하는 데 목적 적합하고 필요한 정보를 제공한다. 유동성이 큰 자산을 보유하고 있는 기업은 그 현행현금등가액이 적거나 거의 없는 자산을 보유하고 있는 기업보다는 변동하는 경제적 사태에 적응해 나갈 수 있는 더 많은 기회를 가진다.

셋째, 현재의 희생과 다른 선택을 나타내기 때문에 경영자의 수탁책임기능(stewardship function)을 평가하는 데 좋은 지침을 제공한다.

자산의 측정기준으로서 현행시장가치 단점으로는 다음과 같은 점이 지적되고 있다.

첫째, 이 기준은 판매될 것으로 예상되는 자산에 대하여, 그리고 그 시장가격이 결정될 수 있는 자산에 대하여는 목적 적합하다. 중고시장이 존재하는 자산에는 현행현금등가액이 용이하게 결정될 수 있다. 그러나 다른 용도에는 거의 대용되지 않는 특수하게 설계된 설비자산에 대해서는 이것이 대단히 어렵다. 그런 자산은 단지 폐물가치(scrap values)밖에 다른 측정치를 얻기가 어려울 것이다.

둘째, 현행현금등가액은 기업이 사용하고자 하는 자산에는 목적 적합하지 않다. 어떤 산업에서 탈퇴하고 다른 산업으로 이동하기 위해 자산을 매각처분한다면, 받을 수 있는 현금액을 공개하는 것은, 현재의 산업에 그대로 남아 있는 기업의 실제의 수익성에 관심을 가지고 있는 정보이용자에게는 목적 적합하지 않을 것이다.

셋째, 특정자산과 부채의 평가에 있어서는 현행현금등가액을 적절히 적용할 수가 없다. 즉, 무형자산 일반의 평가와 영업권(goodwill) 평가와 같은 특수한 항목에 있어서는 특히 그렇다. 또한 시장가치가 없는 경우에는 현행현금등가액의 결정이 어렵다. 한편, 부채는 그것을 계약상의 금액으로 평가해야 할지 부채를 당장 상환하는 데 필요한 금액으로 평가해야 할지가 불명확하다. 그러나 Chambers는 "사채의 가격이 어떻게 거래되고 있든 간에, 사채의 발행자는 그 사채권 보유자에게 계약상의 금액을 부담하고 있다"고 설명함으로써, 부채를 계약상의 금액으로 평가할 것을 강력하게 주장한 바 있다.

(5) 청산가치

청산가치(liquidation)는 자산을 판매 또는 처분하는 시장조건이 다르다는 것을 제외하고는 현행시장가치(현행유출가치 또는 현행현금등가액)와 다른 것이 없다. 즉 현행유출가치는 청산을 한다고 전제하면서도 시간적 여유를 가지고 순차적으로 질서 있게 자산을 판매 처분한다고 가정할 때 받을 현금액이나, 청산가치는 정상적인 환경이 아닌 상태에서 사정이 급하여 자산을 강제처분한다고 할 때 받을 현금액이다. 따라서 청산가치는 현행현금등가액 또는 현행유출가치보다는 낮은 금액일 것이다.

(6) 순실현 가능가치

자산의 순실현 가능가치(또는 순실현가치, net realizable value)란 예상유출가치(expected exit value)라고도 하며, 정상적인 영업과정에서 받을 것으로 예상되는 할인하지 않은 현금액 또는 현금등가액으로부터 그 자산을 현금과 교환하는 데 필요한 직접원가를 차감한 금액이다.

순실현 가능가치는 그것이 미래의 예상되는 판매금액이라는 점에서, 현재에 자산을 판매한다면 받을 금액인 현행시장가치(현행유출가치)와는 다르다. 자산에 따라서는 그 자산의 현재의 상태 그대로 판매할 수 있는 것도 있지만, 현재의 상태로는 그대로 판매할 수가 없어서 추가로 가공을 할 필요가 있는 자산도 있다. 현행시장가치(현행유출가치)는 자산을 현재의 상태 그대로 현재에 판매한다면 받을 금액이지만, 순실현 가능가치는 자산을 현재의 상태로는 판매하지 않고 그 자산을 장차 추가로 가공하여 판매한다고 가정하면 받을 것으로 예상되는 금액에서 판매하기까지 추가로 소요되는 직접비용(가공비와 판매비 등)을 차감한 금액이다. 순실현 가능가치는 이와 같이 미래에 완성된 후에 판매에서 받을 것으로 예상되는 순현금액이라는 점에서 예상유출가치라고도 한다. 그리고 현행시장가치(현행유출가치)는 순차적인 청산을 가정하고 있지만 순실현 가능가치는 정상적인 영업과정에서 이익을 포함하여 받을 금액이라는 점에서도 두 가지는 다르다. 그리고 순실현 가능가치는 미래에 받을 금액이면서도 일정한 이자율을 적용하여 그 금액을 할인하지 않기 때문에 할인을 하는 미래의 현금흐름의 현가와 다른 것이다.

농산물이나 광산물 등과 같이 동질이고 대체하여 사용될 수 있으며 언제든지 안정된 시장가격으로 판매할 수 있는 자산은 순실현 가능가치로 평가하며, 재고자산을 원가와 시가 중 저가로 평가할 때 그 시가는 순실현 가능가치를 초과할 수 없다고 하여, 예외적으로 순실현 가능가치로 평가할 수 있고, 또 단기수취채권도 수취할 금액에서 대손예상액 등을 차감한 순실현 가능가치로 평가한다.

(7) 미래의 현금흐름의 현가

미래의 현금흐름의 현가란 자산이 정상적인 영업과정에서 전환될 것으로 예상되는 미래의 현금유입액의 현가로부터, 그러한 유입을 얻는 데 필요한 현금유출액의 현가를 차감한 금액이다. 따라서 자산의 현가란 그 자산의 할인한 현금유입액과 할인한 현금유출액과의 차액이다. 자산을 현가로 측정하자면 자산을 장차 사용하거나 처분함으로써 들어올 것으로 예상되는 현금유입액과 나갈 것으로 예상되는 현금유출액을 알고 있어야 하고, 그러한 현금유입과 유출의 귀속기간을 알고 있어야 하며, 또한 현가계산에 필요한 할인율(이자율)을 알고 있어야 한다. 때문에 오늘날 회계에서 현가로 측정할 수 있는 자산은 주로 장기수취 채권이나 투자사채 등이다.

(8) 저가

저가기준(the lower of cost or market value basis)이란 원가와 시가를 비교하여 낮은 금액으로 자산을 평가하는 기준을 말한다.

저가기준은 보수주의(conservatism)의 사고가 회계실무를 널리 지배하여 온 데 기인한 것이다. 회계실무에서는 재무상태표에 기재할 자산은 이를 저가로 평가하는 것이 기업의 담보가치를 판단하는 데 안전한 것으로 생각되었고, 이익측정 중심으로 회계사상이 변천한 이후에도 이익을 측정함에 있어서 일체의 예상손실은 빠짐없이 보고하는 것이 안전하다는 의미에서 역시 저가기준이 인정되어 왔던 것이다.

이익측정에 있어서 저가기준을 적용할 때는 일체의 예상손실이 인식되는 반면에 예상이익은 모두 배제된다. 즉, 시가의 하락 또는 품질의 저하 등으로 시가가 원가보다 낮을 때는 시가를 택함으로써 예상손실을 보고하고, 반대일 때는 원가를 택함으로써 예상이익의 인식을 배제하게 된다. 이 결과는 이익을 과대표시하는 것보다는 과소표시하는 것이 재정의 견실을 기한다는 주장과도 부합되는 것이다. 그러나 저가기준에서 원가란 역사적 원가를 의미하는 것이 명백하나 시가란 구체적으로 무엇을 의미하는가가 불명하다. 시가라면 유입가치로서의 시가인 현행원가(대체원가)가 있고 유출가치로서의 시가인 현행시장가치(현행유출가치) 또는 순실현 가능가치도 있기 때문이다.

먼저, 시가를 현행시장(유출)가치 또는 순실현 가능가치로 보는 경우에는 저가기준이란 역사적 원가와 현행시장(유출)가치 또는 순실현 가능가치를 비교하여 저가인 것을 택하는 것으로 해석된다. 단기투자로서의 지분증권의 평가에서 시가라 할 때는 보통 이들을 가리킨다. 그러나 실제로 유가증권의 가격은 그 현행원가나 현행시장(유출)가치나 같을 것이다.

다음에는, 시가를 현행가치(대체원가)로 보는 경우이다. 이때는 저가기준을 역사적 원가와 현행원가를 비교하여 저가인 것을 택하는 것으로 해석한다. 재고자산을 저가기준으로 평가할 때 시가란 보통 이 현행원가를 의미하는 것으로 해석하고 있다. 이에 의하면 현행원가와 판매가격간에는 밀접한 관련이 있다는 것을 전제로 하여, 현행원가가 하락하면 순실현 가능가치도 하락하게 될 것으로 보고 역사적 원가와 현행원가를 비교하여 저가인 것을 택하여야 할 것이라고 한다.

그러나 저가기준은 무엇보다도 이론적인 관점에서 볼 때 다음과 같은 이유에서 용인할 수 없다.

첫째, 저가기준은 자산의 용역잠재력 또는 시장가격이 증대하였을 때도 이를 무시하고 역사적 원가 이상으로 평가하지 못하게 함으로써 항상 이익을 과소표시하는 기준이다. 이것은 자산평가와 이익을 왜곡시키는 중요한 원인이며, 주주를 기만하고 그들의 의사결정을 오도하는 중대한 문제를 가져오게 될 것이다.

둘째, 특정기간에 자산을 저평가하여 이익을 과소표시하였다면 차기 이후에는 필연코 그만큼 이익이 과대표시된다. 그 이유는 과소표시된 자산이 차기 이후의 비용이 되기 때문이다. 따라서 저가기준은 특정기간의 이익을 다른 기간의 이익으로 그 귀속기간을 변경시키는 결과를 가져올 따름이다.

셋째, 저가기준에 의하면 역사적 원가가 현행원가보다 클 때에도 평가손실을 인식하는데, 현행원가가 역사적 원가보다 하락하였다 하더라도 순실현 가능가치가 역사적 가치보다 클 때에는 이론상으로는 평가손실을 인식할 이유가 없다. 그것은 순실현 가능가치가 역사적 원가보다 큰 이상, 손실이 발생하였다고 볼 수 없기 때문이다. 다만, 품질저하나 가격하락 등으로 역사적 원가가 순실현 가능가치를 초과할 때에는 후자로 평가하는 것이 인정될 수 있을 따름이다.

넷째, 저가기준은 자산평가에 있어서 특정기간에는 원가를, 또 다른 기간에는 시가를 적용하기 때문에 계속성이 준수되지 아니한다. 계속성이 준수되지 아니한 회계정보는 비교 가능성을 가지지 못할 것이다.

요 / 점 / 정 / 리

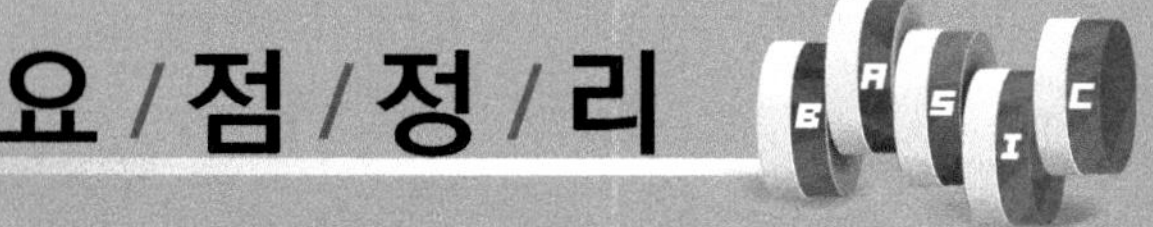

1. 자산의 본질

- 정태론하의 자산개념: 일정한 금전가치를 지니는 유형, 무형의 재화와 권리
- 동태론하에서의 자산개념: 장래의 기간에 비용화되는 성능
- 용역잠재력설하의 자산개념: 수익을 창출하는 능력
- 자산의 요건: 화폐가치성, 화폐측정성, 소속성, 거래성

2. 자산평가의 목적

- 의의: 적정한 기준에 의거하여 재무상태표에 기재될 자산의 경제적 가치를 결정하는 절차
- 목적(필요성): 이익의 측정, 재무상태의 공개(보고), 경영관리(의사결정정보제공)
- 자산의 과대평가, 과소평가시의 문제점

3. 자산평가의 종류

- 개시평가: 사업개시평가
- 결산평가: 자산의 개별적 평가
- 기업평가: 합병 등 조직변경시 평가
- 파산, 청산평가: 투자, 폐기가격평가
- 과세평가: 기업회계와의 조정평가
- 공공요금결정평가: 전기, 전신, 철도, 수도 등
- 인플레이션평가: 자산재평가

4. 자산평가의 기준

- 원가주의(취득원가주의)
- 시가주의(매입시가, 매출시가)
- 저가주의(원가시가비교)
- 역사적원가(취득원가, 역사적 교환가격)
- 현행원가(대체원가): 동일한 자산이나 대등한 자산의 취득시 지급액
- 현행시장가치(현행유출가치): 현재자산판매시의 유입액
- 순실현가능가치(예상유출가치): 미래의 예상되는 판매 금액

- 미래현금흐름의 현가(순현가): 미래현금유입액의 현가와 미래현금유출액의 현가의 차, 따라서 자산을 현가로 평가한다는 것은 자산 사용이나 처분시의 예상현금유입액과 예상현금유입액의 차로 평가한다는 것이며, 현금유입과 유출의 귀속기간과 할인율이 정해져야 함

BASIC
ACCOUNTING
기초적회계이론
THEORY

CHAPTER 8

자산의 비용화 절차 - 감가상각

SECTION

CHAPTER 8

자산의 비용화 절차 – 감가상각

BASIC ACCOUNTING THEORY

1 감가상각의 본질

1. 용역잠재력 감소

미국회계학회의 회계개념 및 기준위원회(AAA Committee on Concepts and Standards)에 의하면 감가상각이란 장기자산이 갖고 있는 용역잠재력의 감소를 의미하며, 이 감소는 물리적 악화나 사용으로 인한 감모, 진부화나 수요변화에 의한 경제가치의 손실 등의 결과로 나타난다고 말하고 있다. 이에 따라 자산의 기초원가는 내용기간에 제공될 용역의 집적된 가치를 표시한다고 가정한다. 이러한 용역의 일부가 사용이나 다른 원인으로 소멸될 때마다 용역잠재력의 총량은 감소한다. 따라서 이에 대한 자산원가의 해당분은 비용이나 다른 형태의 자산 또는 손실계정으로 대체되어야 한다.

AAA의 회계개념 및 기준위원회는 장기자산의 설명에서 감가상각을 자산이 지닌 용역잠재력의 소멸로 정의하였다. 또한 동 위원회는 감가상각이란 기간내에 소비된 용역잠재력을 회복시킬 수 있는 현행원가를 기준으로 이루어져야 한다고 말하고 있다.

2. 자본의 유지

FASB의 정의에서는 자본이 자산의 수명 종료시에 유지되어야 할 원초의 화폐투자액이라고 한다. 즉, 자산의 내용기간에 걸쳐서 원초원가의 회수가 합리적인 방법으로 서서히 이루어진다고 가정한다. 이에 반해, 미국 회계학회에서는 유지되어야 하는 자본은 용역잠재력이나 사용된 용역의 원초원가로 나타낸 등가액이라고 설명하고 있으며, 영업시설 및 물적자본의 유지를 강조하고 있다. 어느 경우나 반드시 실질적인 대체 혹은 그와 동등한 대체가 이루어지는 것은 아니다.

자본유지개념의 장점은 화폐가치 및 개별 대체가치의 변동을 인정하고 있는 점이다. 유지되어야 할 자본은 동일의 화폐가치로 표시된 원초투자액이라고 말할 수 있음은 물론, 기초 혹은 기말의 현행대체가치로도 나타낼 수 있다.

한편 자본유지개념의 주된 단점은 영업이익과 특별손익을 구분하지 못하는 데에 있다. 다른 기준을 사용하지 않는 한, 용역잠재력의 이상적 손실과 정상적인 영업상의 감가상각을 구분할 수 있는 기준이 제시되지 못하고 있다. 또한 자본유지가 무엇을 의미하는가에 대하여도 좀 더 구체적으로 설명되어야 한다. 그러므로 개별적인 지침으로 이용될 수 있는 정확한 정의는 없고, 오히려 구체적인 해석이 필요한 포괄적인 지침만이 있을 뿐이다.

감가상각과 관련된 개념

1. 수선과 유지

자산의 수명은 수선 및 유지의 정도에 따라 연장되거나 단축될 수 있다. 어떤 경우 자산은 역사적 · 문화적 이유에서 거의 무한정으로 보존되는 것도 있다. 이러한 경우는 신규자산으로 대체하는 원가보다 유지하는 비용이 훨씬 크게 마련이다. 한편, 수선 및 유지비는 자산의 경제적 수명이 아주 짧다고 예상될 때마다 최저로 내려갈 수도 있다. 이를테면, 전문장비가 특정 계약의 이행을 위하여 이용되고 계약의 종료와 더불어 폐기될 성질이라면, 수선 및 유지에 대한 지출의 가장 경제적인 수준은 계약완료시까지 가동에 필요한 만큼의 최저수준이 될 것이다. 보통 자산의 수명은 수선과 유지비의 적정한 수준과 경제적 진부화가 어느 정도이냐에 따라 좌우된다. 어느 한 이유로 수선 및 유지비용이 자산의 예상되는 경제적 수명을 유지하기에 필요한 수준에 비하여 보다 낮게 감축되거나 지연된다면 이에 따라 당기의 감가상각배분은 증가되어야 한다.

2. 수선과 대체

유지(maintenance)라는 용어는 능률적인 가동상태를 유지하기 위하여 자산을 정상적으로 잘 보존함을 의미한다. 이는 정상적으로 발생하는 수선도 포함되는 것으로 생각할 수 있는 바, 수선(repair)이란 기대수명이나 능력을 증가시킴이 없이 자산을 원상대로 복구시키는 것이다.

특정부품의 대체는 감가상각을 위하여 선정한 단위 혹은 구성요소와 함수관계를 갖고 있다. 대체와 유지의 차이는 집합체로서의 자산가액과 선정된 구성물의 수명에 달려 있다. 각 구성요소가 그 자체로 기대수명에 의거 개별적으로 감가된다면, 대체는 기존구성요소의 철거와 그 대신 새로운 구성물을 설치할 것이 요구되는 작업이다. 이를테면 자동차의 타이어가 별도로 감가된다면, 이들은 개별적인 기대수명에 따라 감가상각되며 대체와 더불어 폐기되는 것이다. 새 타이어는 자본화되고 기대수명에 따라 감가상각의 처리가 이루어진다. 트럭의 타이어가 간혹 이러한 형태로 처리되나, 트럭이나 자동차의 각 부품을 별도로 식별하여 감가강각하는 처리는 흔한 일이 아니다. 보통 장비의 어느 한 항목이나 건물은 단일자산으로 취급되며, 주요 부품의 기대수명에 따라 배분된다면 어느 경우는 군소부품이 전체 자산의 수명이 다 되기 전에 대체될 수 있다. 부품의 일부가 매년 혹은 2년에 한번 대체되고, 다른 것은 좀 더 긴 간격으로 대체된다면, 내용연수가 여러 해 지난 후에는 일괄대체가 이루어질 것이다. 이 때 수선비는 연한에 따라 증가하게 된다. 수명의 전 기간에 걸쳐 대체원가를 발생년도의 비용으로 처리하면서 전체 부품의 원가도 함께 부담시키려 함은 수명의 후반기에는 이중부담의 결과가 된다.

③ 감가상각 적용방법

오래 전부터 회계담당자들은 설비 및 장비가 유한수명을 갖고 있으며, 생산용 자산을 폐기시켜야 하는 불가피성에 대하여 어떤 대책이 필요함을 인식하여 왔다. 19세기 또는 20세기 초, 이 문제에 직면한 많은 기업들은 자산을 정기적으로 재평가하거나 대체 및 철거를 당기비용으로 부담시켜 처리하여 왔다. 비교적 최근에는 감가상각이 자산의 내용기간 동안 원가나 다른 가치를 체계적으로 배분하려는 것으로 인식되어 왔다.

1. 재고법

감가상각을 인식하는 아주 초기의 방법은 자산을 정기적으로 또는 사업의 종료시에 재평가하는 것이었다. 재고평가는 신규사업에 대한 자산의 평가나 생산효율에서의 손실을 조정한 자산의 원가를 기준으로 하였다. 첫 번째 기준으로는 청산가치나 현행시장가격에 의해 결정할 수 있다. 두 번째 평가기준에선 소위 감가현상을 관찰하는 것인바, 이는 용역잠재력의 감소라기보다는 자산의 가동능률의 변화에 기준을 둔 것이다.

청산가치나 현행시장가격을 사용하면 자의적 배분이 필요 없으므로 유리한 점이 많다. 그러나 이 경우 시장요인에 의해 생기는 손익도 포함되므로, 정상적인 감가상각의 개념을 나타낼 수가 없다. 또한 통상 진부화와 같은 경제적 요인을 고려하지 않으므로 부적절한 것으로 생각되고 있다.

재고법은 낡은 방법이긴 하나 편의상 가끔 이용되는 때가 있다. 예를 들면 소형 연장의 경우는 기말에 수량을 파악하여 물리적 상태를 기준으로 재고를 평가한다. 감가상각비는 기초재고의 가액과 기중 매입원가와의 합계에서 재고평가액을 차감하여 계산한다.

2. 대체법

기업이 유사한 자산을 다량 보유하고 있을 때, 사용 중에 있는 설비자산의 현행원가는 현행 대체품의 원가를 감가상각비에 부담시킴으로써 이의 근사치를 구할 수 있는 것으로 생각되었다. 대규모 기업에서는 대체가 정기적으로 발생된다고 여겨지고 있었으며, 이는 감가상각비 계산의 적합한 대용으로 인식되었다. 원초자산의 원가는 대체시의 원가 변화에 관계없이 사용중인 자산의 장부가액을 그대로 유지한다.

일반적으로 대체법 역시 구식의 방법이라 생각되지만 철도산업에선 아직도 침목, 레일, 침목판, 자갈 등에 대하여 이용되고 있다. 일반 재무회계의 이에 대한 관행은 주요자산의 총원가에 대체부품의 원초원가를 계산하고 발생시마다 정상적인 수선만을 비용으로 부담하게 한다.

감가상각은 여러 목적에 따라 자산의 원가나 다른 가치를 내용연수에 걸쳐 체계적이고 합리적인 방법으로 배분되도록 하여야 한다. 그러므로 어느 특정자산 또는 일련의 조합의 자산에 적용하려는 방법은 개별적인 기대치가 반영되어야 한다. 즉 시장가치의 하락과 사용과의 상관관계, 진부화의 영향, 예상되는 수선 및 유지의 형태, 예상되는 가동능률의 감소, 예상되는 수익변화, 자산의 장기수명과 대기에 따른 대책-이자요인, 시간경과에 따르는 불확실성의 정도 등이다.

이론적으로 볼 때, 감가상각방법의 선택은 위의 제요인을 모두 고려하여야 한다. 그러나 많은 경우, 한두 가지의 요인에 의해 결정되고 다른 요인은 무시되게 마련이다. 대체로 일반적인 유형은 합리적이라 생각되거나, 회계목적상 조세의 효과가 영향을 미치게 됨에 따라 제안된 많은 방법 중 어느 하나를 선정하게 된다. 표준화된 방법을 사용하는 것도 가능하겠지만, 여러 가지 결정요인에 대하여 기대하는 바를 종합하여 한 자산 또는 한 그룹의 자산에 적용할 수 있는 산식을 유도할 수 있다.

3. 변동비법

감가상각에 활동 및 사용방법을 이용하는 것은 감가상각비가 고정비라기보다는 변동비라는 가정에 근거하고 있다. 이것은 자산의 가치가 시간경과에 의하여서가 아니고 사용의 함수로 감소한다고 가정한다. 예를 들면 트럭이 총 100,000마일을 운행할 수 있다거나, 기계는 일정시간의 가동 또는 일정량의 생산단위가 기대된다는 것이다.

많은 자산에 대해 변동감가상각비를 가정함은 합리적인데, 특히 물리적인 마모가 경제적 진부화보다 중요하거나 기대용역이 진부화에 앞서 정상적으로 얻어질 수 있다고 예상되는 경우에 특히 합리적이다. 따라서 한 자산의 용역이 특정기간에 전혀 사용되지 않았다면, 이 기간에는 용역가치의 감소가 없으므로 감가상각을 계상하여서는 안된다. 이는 석탄의 저장과 흡사하다. 공장이 임시로 문을 닫아 석탄이 사용되지 않는다면, 그 기간에 석탄에 대한 비용부담은 없게 된다. 진부화가 자산의 예상수명을 결정짓는 중요한 요소의 하나라 할지라도 활동기준에 의한 감가상각의 방법은 진부화가 추정될 수 있고, 그 추정이 자산으로부터의 대략적인 사용에 의하여 이루어 질 수 있는 경우에 적합할 수 있다. 이러한 상태에서 자산의 원가는 일정한 수량의 용역단위를 구입한 것으로 본다. 이 단위를 기준으로 원가를 배분함은 매우 합리적이다. 이때 감가상각을 하는 주목적은 각각의 용역 단위에 투입가치를 배분하자는 것이다.

4. 생산량기준법

생산량기준법은 자산의 용역가치가 사용에 따라 감소하는 상황에선 이상적일 수 있으나, 통상 이용하기에는 방법상으로 몇 가지 결함을 지니고 있다. 생산량기준법은 매년 변동감가상각비가 인정되긴 하나 용역의 각 단위마다 동일한 금액을 부담시킨다는 점에서 정액법과 비슷하다. 그러나 용역(생산)단위당 반드시 같은 원가를 적용하여야 한다는 기준은 없다. 더욱이 용역의 최종단위를 기다려야 하므로 이자를 영으로 보지 않는 한, 총용역가치는 일정하게 감소하지 않을 것이다. 수선 및 유지비의 증가, 가동능률의 감소나 수익의 감소에 대해 어떠한 대비가 없다.

생산량기준법을 보완한 것이 수익을 기준으로 배부하는 방법이다. 이 방법은 주요 구성요소의 사용에 대하여 좋은 근사치를 제공하며, 단위당 수익변화를 고려할 수 있는 이점을 지니고 있다. 그러나 이 방법 역시 생산량기준법이 갖는 결점을 모두 지니고 있다. 더욱이 저장을 위하여 제품을 생산하는 경우는 이용할 수 없으며, 전체수익을 특정 자산에 합리적으로 귀속시킬 수 없을 때에는 적용이 어렵다. 수익을 기준으로 한다 하여 순이익을 기준으로 하는 배분이 정당화되는 것은 아님을 알아야 한다. 다시 말하면, 이익을 배분의 기준으로 삼는 것은 감가상각의 어떠한 목적과도 부합되지 않는다.

5. 정액법

정액법에서는 감가상각이 사용보다는 시간에 의한 함수라고 가정한다. 사용에 의한 물리적 마모와는 달리 시간경과에 따르는 진부화 및 악화가 용역잠재력의 감소를 결정짓는 것으로 생각한다. 이와 같이 자산의 용역잠재력은 기간마다 동일한 금액으로 감소한다고 본다. 즉, 어느 기간이나 사용한 용역에 대한 총원가는 사용정도와 관계없이 동일한 것으로 간주한다.

모형의 단순성으로 인하여 다음의 전제가 들어맞거나 합리적으로 부합되기만 하면 이 방법은 합당하게 될 것이다. 즉, 이자요인을 무시할 수 있거나, 자본비용을 영으로 가정한다. 수선 및 유지비는 자산의 수명에 대하여 일정하다. 자산의 가동능률은 언제나 동일하다. 자산의 사용으로 얻어지는 수익(또는 순현금흐름)은 자산의 전 내용년수에 대하여 일정하다. 모든 필요한 추정(예: 내용년수)은 합리적인 확실성을 가지고 예측할 수 있다.

정액법은 적용이나 이해하기가 쉽다는 장점이 있다. 단점은 할인요인을 무시하는 점이다. 그리고 보고된 순이익은 총투자자본의 내부수익률이 상승하여 나타나는 것처럼 보이게 된다.

6. 체증법

체증법은 가동능률, 수익, 수선 및 유지가 일정한 데 반해, 보험 및 재산세는 자산의 수명에 따라 감소하는 경향이 있는 상태에서 적합하다. 어떤 공기업의 재산은 이 조건에 잘 부합된다. 다른 경우, 수익의 기대치가 증가될 때 체증법에 의한 감가상각방법을 이용하면 적절할 수 있다. 예컨대 유료도로나 유료교량은 10년 이후에 나타날 최대 교통량을 예상해서 건설한다. 이때 수익은 수명을 통하여 수요증가에 따라 체증하리라고 예상할 수 있다.

감가상각의 체증법에 대한 주요 반론은, 체증하거나 일정한 가치의 용역을 제공하리라고 예상되는 자산은 거의 없다. 수선 및 유지비는 통상 증가하게 마련이다. 가동능률은 자산의 수명이 지남에 따라 감소한다는 것이다.

7. 체감법(가속상각법)

여러 가지 감가상각방법이 제안되었으나 자산의 기대수명에 걸쳐서 부담을 체감시키려는 방법도 이용되고 있다. 가장 흔한 방법은 연수합계법과 정률법이다. 정률법은 잔존가액이 있을 때 일정한 감소율을 계산하는 공식이 있다.

$$\left(r = 1 - \sqrt{\frac{s}{c}}\right)$$

여기에서 r = 정률, s = 잔존가치, c = 원가이다.

이 비율과 비슷하게 하는 것에는 일정의 비율을 2배 취하여 계산하는 방법이 있다(이중체감잔액법).

체감법이 관심을 끌게 된 계기는 세법에서 감가상각방법의 선택을 자유화한 데 기인한다. 그러나 체감법의 이론적 뒷받침은 다음과 같이 비세무적 측면에서 이루어지고 있다. 체감법을 정당화시키기 위해 자주 주장되는 점들은 다음과 같다. 즉, 자본비용이나 이자를 고려하지 않아도 매년의 용역공헌액은 감소하며, 가동능률이나 성과는 영업비의 증가와 더불어 저하되는 경향이 있고, 잔여 용역가치의 할인에 의하여 나타나는 자산가치는 내용년수의 초기에는 급격히 감소하나 후기에는 완만하다. 모든 용역의 가치가 사용시에 동일할지라도 후기보다 초기에 이용되는 용역가치에 보다 많은 원가가 지불된다. 수선 및 유지비의 증가, 현금유입이나 수익의 감소, 진부화로 인하여 후기의 수익이 불확실하게 되는 점 등이다.

이론적으로는 체감법의 논리성에 대한 주장은 상당히 약하다. 첫째, 이 방법은 철저한 원가주의의 적용을 의미한다. 즉 용역가치의 각 단위는 할인된 원초원가의 금액 범위에서 비용으로 부과된다. 대기기간이 길수록 이 원가는 낮게 될 것이다. 둘째, 완고한 실현주의의 입장을 취하고 있다. 원초원가와 용역가치와의 차이는 자산이 사용되거나 제품이 판매될 때에만 실현되는 것으로 가정한다. 셋째, 감가상각은 순수익공헌액으로부터 감소하는 투자액에 관련된 이익을 공제한 금액이 아니라 매년의 이익에 해당하는 만큼 원초원가가 소멸하는 것으로 가정한다. 이 주장에서 가정하는 정태적인 조건하에서 보고된 순수익을 기준한 수익률은 급격히 상승하는 결과를 초래하게 된다. 수명의 후기에는 보다 많은 금액의 이자가 실현될 뿐만 아니라, 재투자한 자본에서 생기는 이익도 후기의 순이익을 증가시키게 된다.

감가상각이란 유형자산에 대하여 최초투입평가액 또는 수정평가액을 이들 자산을 사용함으로써 얻어지게 될 효익이 기대되는 일정기간에 걸쳐 배분하려는 회계과정이다. 따라서 감가상각의 핵심은 일반적으로 기간별로 보고되는 수익에 대응되는 비용의 금액을 산출하는 데 있다.

감가상각에 있어서 가장 곤란한 문제는 어떠한 배분방법도 완벽한 방법이 되지 못한다는 점이다. 이는 어느 한 배분방법이 타 방법에 비하여 결코 우수하다고 주장할 수 없음을 의미한다. 더욱 어려운 점은 원초평가액 혹은 수정평가액을 배분하려면 몇 가지 추정이 선행되어야 한다는 것이다 즉 취득시 또는 일정시기에 재평가 한 자산가치의 결정, 자산의 수명(내용연수), 수명이 다된 시점에서의 잔존가치, 혹은 청산가치의 추정이 필요하다. 이중 내용연수와 잔존가치는 불확실한 미래가치를 사전에 추정하는 것이다. 이의 추정은 여러 가지 확률이론에 근거하나, 단일가치로 표현하는 데에는 어려움이 있다. 그러므로 이러한 추정상의 어려움과 기간경과에 따른 조정의 불가능 때문에 어떠한 감가상각 방법도 이익보고에는 적합하지 못하다.

요 / 점 / 정 / 리

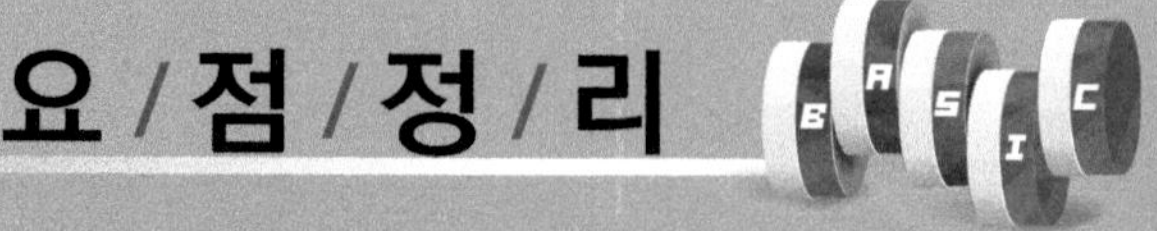

1. 감가상각의 본질

- 의의: 가치소멸분(용역잠재력감소분)의 비용화 절차
- 목적: 정확한 손익의 측정, 자본의 회수 및 유지
- 본질: 용역잠재력 감소측정, 자본의 유지, 원가배분의 과정으로 이해

2. 감가의 원인(원인을 이해하면 내용연수 및 감가상각방법의 결정에 유용)

- 물리적 원인: 유형자산을 사용하거나 또는 사용하지 않더라도 단순히 시간의 경과에 따라서 물리적으로 그 가치나 유용성이 감소하는 현상(손상, 부패, 감모, 파손, 천재지변, 파괴 등)
- 기능적 원인: 물리적으로는 서비스를 제공할 수 있는 능력이 감소되지 않았더라도 당해 자산의 기능이나 경제적인 측면에서 계속 사용하기 어려운 현상(구식화, 부적응 등)

3. 결정요인

- 감가기초액(취득원가에서 잔존가치를 공제한 금액: 내용연수동안 수익에 대응하여 배분될 금액)
- 내용연수(당해자산이 서비스를 제공할 것으로 추정되는 기간)

4. 감가상각과 관련한 개념

- 수선: 기대수명이나 능력을 증가시키지 않고 자산을 원상태로 복구하는 것
- 유지: 능률적인 가동상태를 유지하기 위하여 자산을 정상적으로 잘 보존하는 것(수선을 포함)
- 대체: 기존의 구성요소의 철거와 그 대신 새로운 구성물을 설치하는 작업

5. 감가상각 적용방법

- 재고법: 가동능력을 기준으로 가치소멸분을 측정
- 대체법: 현행 대체품의 원가를 감가상각비에 부담
- 변동비법: 자산의 가치는 사용의 함수라고 가정하여 감소분을 산출
- 생산량기준법: 자산의 용역가치가 사용에 따라 감소하는 경우 적용

- 정액법: 감가상각을 시간의 함수로 가정, 수선유지비와 가동능률 일정을 가정
- 체증법: 수익이 내용연수기간동안 증가하는 경우에 적용
- 체감법(가속상각법: 연수합계법, 정률법 등): 용역공헌액의 매기 감소, 가동능률이나 성과의 저하(영업비 증가), 자산가치의 초기 급격 감소, 수선유지비의 증가, 현금유입 및 수익의 감소, 진부화로 후기 수익의 불확실성을 이유로 적용

BASIC

ACCOUNTING 기초적회계이론

THEORY

CHAPTER 9 무형자산의 특성과 영업권

SECTION

제1절 무형자산의 특성

제2절 영업권

CHAPTER 9 무형자산의 특성과 영업권

BASIC ACCOUNTING THEORY

1 무형자산의 특성

일반적으로 무형자산(intangible assets)은 물리적 실체가 없는 비유동자산으로 정의되고 있다. 회계상 무형자산은 물리적 실체가 없는 자산으로서, 미래효익에 관한 불확실성의 정도가 높은 자산이며, 법률상 또는 경제적 권리의 자산이라는 점에서 주로 정의되고 있다. 이러한 관점에서 무형자산의 특성은 다음과 같이 설명될 수 있다.

- 물리적 실체가 없는 자산이다.

  지금까지 무형자산의 두드러진 특성으로는 물리적 실체가 없다는 점을 강조하여 왔다. 그러나 물리적 실체가 없다는 사실 자체는 무형자산과 다른 유형자산을 구별 할 수 있는 확실한 기준이 되지 못하고 있다. 예를 들면 외상매출금, 투자자산 등은 형체는 없다.

- 미래효익에 관한 불확실성의 정도가 매우 높은 자산이다.

  무형자산도 다른 자산과 마찬가지로 자산의 요건을 갖추고 있어 미래효익을 창출하고 있는 것으로 인식되고 있다. 그러나 이러한 미래효익의 창출 여부에 대해서 회의적인 견해가 있으며 자산으로서 인정될 수 있는지에 대해 논란이 있어 왔다. 비록 자산으로 인정하더라도 효익기간이 얼마나 되어야 할 것인지, 자산의 원가가 어떤 수익과 대응되어야 할 것인지가 명료하지 않았다.

오늘날 무형자산은 자산의 하나로서 미래효익을 창출한다고 생각되고 있다. 그러나 일반적인 자산과는 달리 무형자산은 미래효익에 관한 불확실성의 정도가 상당히 높은 자산이라고 할 수 있다. 즉, 미래효익의 발생이 매우 불확실하여 특정의 수익액 또는 특정의 기간에 나타날 것인지가 불분명한 자산이다. 그러므로 무형자산의 평가는 0부터 상당히 큰 금액까지 넓은 범위로 변동한다. 기업을 평가할 때 극단적으로 보수적인 입장을 취할 경우 무형자산을 0으로 놓는 수도 있는데 이러한 이유 때문이다.

- 법률상의 권리 또는 경제적 권리를 나타내는 자산이다.

  무형자산은 해당 자산을 소유함으로써 특수한 효익을 누릴 수 있는 권리를 소유하는 것이 된다. 이러한 권리는 특정의 기업만이 독점적 권리로 행사할 수 있는 것이다. 법률상의 권리로는 특허권, 실용신안권, 의장권, 상표권, 광업권, 어업권, 차지권이 있고, 경제적 권리로는 영업권, 기술(know-how) 등이 있다. 무형자산을 상각할 경우에는 법률상의 내용연수인 법률상의 유효기간 또는 경제적 내용연수를 고려하여야 한다.

- 불완전경쟁상태에서 나타나는 자산으로, 미래효익은 경쟁적 이점에 근거하여 나타나는 것이다.

  무형자산은 불완전경쟁의 산물로, 기업은 무형자산의 소유로 경쟁적 이점을 얻는다는 것이다. 기업은 특허권 등을 독점적으로 사용하는 권리를 가짐으로써 경쟁을 직접 제한하는 권리를 갖게 된다. 무형자산에 대한 독점권의 인정은 국가경제의 부에 반드시 도움이 되지 못할 수도 있는데, 보통 유형자산이 생산적 자산(productive assets)으로 생각되는 것과 대조가 되는 것이다. 그러나 이러한 구별은 분명치 않은 것일 수도 있는데, 생산적 자산에 대한 소유권 역시 유형자산과 분리될 수 없는 자산이다.

- 특정의 기업에만 가치가 있는 자산으로, 기업 또는 기업의 유형자산과 분리될 수 없는 자산이다.

  무형자산은 특정의 기업에만 속하는 것으로 그 기업에 있어서만 가치있는 자산으로 인정된다는 것이다. 또 무형자산은 다른 유형자산과 결합되어 존재하고, 가치가 인정되며, 이들 유형자산과 분리되어 존재할 수는 없다는 것이다.

- 대체적 가치(alternative value)로 나타내기 어려운 자산이다.

  유형 및 무형자산은 모두 그 경제적 가치를 미래수익력에 대한 기대로부터 도출하고 있으나, 대체적 가치로 나타낼 수 있는가의 여부가 다르다. 유형자산은 대체적 가치로 나타낼 수 있는데, 자산의 물리적 상태, 대체원가 또는 중고자산의 시장가치를 비교하여 여러 가치로 표시될 수 있다. 그러나 무형자산은 독점적 제품 또는 제조비법의 개발, 마케팅 우위보호 등에 관련되고 있어 다른 대체적 가치로 표현하기 어렵다.

한편, 무형자산의 측정은 두 가지 방법에 의하여 이루어질 수 있다.

첫째, 기업전체의 가치를 측정한 후에 각 개별자산의 가치를 측정하여 이를 차감하는 방법이다. 이 방법의 문제점으로는 투자자의 입장에서 볼 때 가치평가가 의미 있는 것이 되기 위해서는 투자자들의 주관적 평가에 의하여 기업전체에 대한 평가가 이루어져야 한다는 것이다. 그러나 회계상 그러한 평가는 시도되어서는 안된다. 왜냐하면 미래에 대한 주관적 기대를 하여야 하고, 그러한 기대에 대해 개인적 선호나 위험회피를 고려하여야 하기 때문이다.

둘째, 무형자산 자체를 측정하는 방법이다. 이 방법은 각 무형자산에 대해 독립적으로 측정하여 그 존재를 확인하는 방법이다.

무형자산의 측정기준으로는 보통 역사적 원가인 원가가 사용되고 있다. 원가는 다른 자산의 경우와 마찬가지로 매입가액에 부대비용을 합친 금액으로서 무형자산을 의도한 사용목적에 두기까지 발생한 모든 비용을 포함하는 것이다. 부대비용으로는 법률비용, 수수료 등이 있다.

영업권

1. 영업권의 본질

영업권(goodwill)은 식별할 수 없는 무형자산으로서, 기업이 다른 기업을 취득 · 합병 · 인수하는 데 있어서 원가(매입가액)가 취득한 순자산의 공정시장가치를 초과한 초과액, 또는 기업이 동종의 다른 기업보다 초과수익력을 갖고 있는 경우 이를 자본화하여 계산한 것이다. 회계상 영업권은 매입의 경우인 매입영업권만 자산으로서 계상이 허용되고, 내부적으로 개발한 경우인 자기개발영업권은 계상이 허용되지 않고 있다. 또 영업권은 계속기업을 전제로 할 경우 계상될 수 있는 자산이다.

영업권에 관한 논쟁은 19세기 말 이래 계속되어 왔다. 논쟁의 초점은 주로 개념에 대한 정의와, 법률적 인식여부에 관한 것이었다. 영업권은 다른 어떤 자산보다도 논쟁이 많고 복잡성을 띤 자산이라고 할 수 있다. 오늘날 영업권에 관한 논쟁은 어느 정도 마감되었고 자산성여부와 상각여부에 관하여 결론도 어느 정도 내려졌다고 할 수 있다.

영업권은 독특한 자산이라고 할 수 있다. 다른 자산을 예로 들면, 수취채권 · 재고자산 · 특허권 등은 개별적으로 판매되거나 교환될 수 있지만, 영업권은 기업전체와 관련되어서만 확인될 수 있는 자산이다. 영업권은 다른 기업보다 유리한 점이 있거나, 초과수익력을 갖고 있거나, 또는 원가(매입가액)가 취득한 순자산의 공정시장가치보다 많을 경우 발생하는 것으로, 카트렛과 올슨(Catlett and Olson)은 다음과 같이 열다섯 가지의 발생원인을 열거하고 있다.

✪ 영업권의 발생원인

① 우수한 경영진	② 우수한 판매조직
③ 경쟁회사의 경영상의 취약점	④ 효과적인 광고
⑤ 영업상 또는 제조상의 비법	⑥ 양호한 노사관계
⑦ 높은 신용도	⑧ 좋은 교육훈련 프로그램
⑨ 지역사회에 있어서의 높은 신뢰도	⑩ 우수한 인재나 자원의 확보
⑪ 유리한 세무조건	⑫ 유리한 정부규제의 조건
⑬ 다른 기업과의 좋은 협조관계	⑭ 전략적 지리상의 위치
⑮ 경쟁회사의 영업상 문제점의 발생	

기업이 다른 기업보다 유리점을 갖고 있다는 것은 위와 같이 여러 형태로 나타나는데, 회계상으로는 총괄평가법과 초과이익할인법에 의해 측정될 수 있다. 영업권의 본질은 기본적으로 두 가지 견해에 입각하고 있다.

첫째, 총괄평가계정이라는 것으로, 기업전체에 대한 평가액이 취득한 순자산의 공정시장가치를 초과한 것이 영업권이라고 하는 것이다. 기업의 전체가치는 기업이 다른 기업을 합병하기 위하여 지급한 대가인 원가로서 매입가액이 된다. 따라서 총괄평가계정의 개념에 의한 영업권은 원가(매입가액)가 취득한 식별가능의 순자산의 공정시장가치를 초과한 경우의 초과액이다. 이 방법에 의하면 영업권은 영업권을 제외한 다른 항목의 가치산정의 결과로 산출되는 것이므로, 잔여액(residuals)이라고도 말할 수 있다.

둘째, 초과이익(초과수익, excess earnings)의 현가 또는 초과이익을 자본화한 것이라는 것이다. 즉, 기업의 기대되는 미래이익이 정상이익을 초과할 경우 초과이익이 생기게 되는데, 이 초과이익을 할인한 현가가 영업권이라는 것이다.

기업이 초과이익을 창출할 수 있는 능력을 초과이익력(초과수익력, excess earning power)이라고 하는데, 정상이익(normal earning)보다 많은 이익을 얻을 수 있는, 즉 추가적 이익(extra earnings)을 얻을 수 있는 능력을 의미한다. 다른 기업보다 점포의 위치가 좋거나, 더 좋은 경영진을 갖고 있거나, 보다 탁월한 생산비법을 갖고 있는 것은 초과이익력을 소유하고 있다는 것을 뜻하는 것이다.

영업권을 초과이익의 현가로 보는 데에는 다음의 문제점이 있는 것으로 비판되고 있다.

① 측정이 인위적으로 이루어진다.
초과이익을 자본화하여 영업권을 측정함으로써 기업의 전체가치의 이부를 배분하려고 하는 것은 인위적인 것이다. 투자자의 관점에서 보면 기업의 전체가치란 투자자가 주관적으로만 결정할 수 있는 것으로, 기업의 미래현금흐름, 기대되는 기회이익률, 개인적 효용위험함수에 따라 결정되는 것이다. 그러므로 투자자·경영자·회계사 어느 누구도 영업권을 정확히 평가할 수 없다고 생각된다.

② 기대되는 미래이익의 추정에 불확실성이 있고, 미래이익의 추정에 있어서 가변성을 고려하지 않고 있다.
초과이익의 개념에 의한 영업권의 측정이 일반적으로 인정된 회계원칙에 도입되지 않는 것도 미래이익에 대한 추정에 불확실성이 개재되기 때문이다.

한국채택 국제회계기준 제1038호에서는 영업권은 "내부적으로 창출한 영업권은 자산으로 인식하지 아니한다."라고 하고 있으며, APB Opinion No. 17에서도 다른 무형자산과 마찬가지로 유상취득의 경우에 원가로 영업권을 계상하도록 하고, 자기개발 영업권은 발생 즉시 당기순이익에서 차감하여야 한다고 하여 비용화할 것도 규정하고 있다.

매입영업권만 인정되고 자기개발영업권의 계상을 허용하지 않는 주요이유는 매기 생성되는 영업권을 식별 · 측정하는 것이 실무적으로 불가능하고, 이러한 원가와 미래 기간의 특정수익과 관련시킬 수 있는 논리적 방법이 없기 때문이다. 자기개발영업권은 중요하다면 공시하여 정보이용자에게 알리는 것이 필요할 수도 있다. 그러나 기업의 가치는 자본화에 의해서만 결정되는 것이 아니고, 제품에 대한 수요의 외부적 변화, 과거에 알지 못하였던 자원에 대한 우연한 발견 등에 의해 결정될 수도 있어 자본화만이 해결책은 아니다.

카트렛과 올슨(Catlett and Olson)은 매입영업권과 비매입영업권은 모두 동일하게 취급되어야 하고, 재무제표상 자산으로 계상되어서는 안 된다고 주장하였다. 두 영업권은 모두 가치있는 자산이 될 수 있음에도 불구하고 다르게 취급하는 것은 형평의 원칙에 어긋나는 것이다. 그러나 이들은 모두 자산으로 계상하지 않는다고 하여 형평의 원칙에 위배된다고 볼 수 없다.

매입영업권은 단독으로 취득되는 것이 아니라 다른 기업을 취득 · 인수 · 합병할 경우에만 나타난다. 영업권은 기업전체를 취득할 경우에 나타나는데, 계속기업에 의한 평가결과로 나타난 것이어서 기업전체와 분리될 수 없는 것이기 때문이다.

한편, 합병에 있어서 지분통합법(pooling of interests method)을 사용할 경우에는 영업권을 계상해서는 안 된다. 통합은 합병당사회사의 장부가액끼리 합치는 것이므로, 매수법(purchase method)의 경우와는 달리 영업권이 발생하지 않는 것이다.

2. 영업권의 측정

영업권의 측정방법으로서 대표적인 것은 총괄평가법과 초과이익할인법의 두 가지이다. 그 밖의 방법인 연매법(number of years method) 등도 있으나, 이 두 방법에 비하여 이론적으로 열등한 방법이라고 할 수 있다.

우리나라의 경우 한국채택 국제회계기준 제1103호의 규정에 의해 총괄평가법이 인정되고 있다. 총괄평가법을 사용하는 데 있어서 취득하는 순자산은 기본적으로 공정시장가치로 평가되어야 하고 장부가액이 되어서는 안 된다. 그 이유는 합병 · 영업양수의 시점에 있어 새로운 평가의 기초 위에서 순자산이 평가되어야 하고 영업권도 산출되어야 한다는 점에서, 낡은 가치인 장부가액보다는 공정시장가치가 되어야 한다는 것이다. 공정시장가치는 공인된 감정기관의 감정가격 또는 매수기업에 의한 매수감사(purchase audit)에 의하여 결정될 수 있다.

(1) 총괄평가법

총괄평가법(master valuation approach)은 총괄평가계정법(master valuation account approach)이라고도 한다. 기업전체의 가치를 추정하고 이 가치로부터 식별가능한 순자산가치를 차감하여 그 차이를 영업권으로 하는 방법이다. 즉, 원가(매입가액)가 취득한 순자산의 공정시장가치를 초과할 때 이 초과액을 영업권으로 계상하는 방법으로, 보통 합병 · 영업양수의 경우에 적용된다. 이 방법의 논리는 영업권이란 별도로 식별되거나 측정될 수 없고 그 기업 자체가 갖고 있는 경영진 · 마케팅능력 · 생산기술의 우위 등에 의하여 나타나는 것으로서, 이러한 유리점을 모든 자산과 부채를 공정시장가치로 총괄평가한 후 이 평가액과 지급한 대가인 매입가액의 차이를 인식하여 영업권으로 계상한다는 것이다.

이 방법에 의할 경우 원칙적으로 모든 자산과 부채는 공정시장가치로 평가한다. 수취채권은 회수불능채권을 제외하여야 하고, 유가증권은 시가로 평가하며, 재고자산은 판매가능한 것만을 계상하되 합병회사와 피합병회사의 재고자산평가방법을 일치시키기 위하여 조정할 수도 있고, 투자자산은 시가 또는 실가로 평가하고, 유형자산은 시가로 평가하며, 무형자산 중 가치가 없는 것은 차감한다. 부채는 대개의 경우 그대로 인수하는데, 부외부채가 있으면 이를 추가한다. 부외부채란 부채의 지급에 대한 의무가 있어 부채가 확실히 존재하나 장부상 계상되지 않는 부채이다.

합병회계방법으로는 다음 두 가지가 있다.

✪ 지분통합법(pooling of interests method)

합병당사회사의 지분을 단순히 합하는 것으로, 당사회사의 자산 · 부채를 장부가액대로 합산하는 것이다. 원칙적으로 이 방법에 의하면 영업권이 발생하지 않는다. 인격합일설에 의한 방법으로, 지분풀링법이라고도 한다.

✪ 매수법(purchase method)

한 회사(합병회사)가 다른 회사(피합병회사)를 매수한다는 관점에서 합병하는 방법으로, 피합병회사의 자산 · 부채를 공정시장가치로 평가하여 인수하는 방법이다. 이 방법에 의하면 영업권이 발생한다. 현물출자설에 의한 방법으로, 매입법이라고도 한다.

(2) 초과이익할인법

초과이익할인법(method of discounting excess earning)은 초과이익을 할인하여 영업권을 계산하는 방법으로, 영업권의 본질은 초과이익의 존재에 있다고 보아 이 초과이익을 할인율로 나누어 자본화하는 방법이다. 초과이익환원법, 초과이익자본화법, 또는 현가법이라고도 한다. 여기에서 초과이익이란 다른 기업보다 더 높게 얻을 수 있는 이익으로서, 기대되는 미래이익이 정상이익(식별가능한 순자산에 대해 정상이익률을 곱한 금액)을 초과할 때의 초과액을 말한다.

초과이익할인법의 공식은 다음과 같이 두 가지로 나누어진다.

① 초과이익이 무한히 계속되리라고 가정하는 경우

$$\text{영업권} = \frac{\text{초과이익}}{\text{할인율}}$$

또는

$$= \frac{\text{평균순이익} - \text{정상순이익}}{\text{할인율}}$$

$$= \frac{\text{평균순이익} - (\text{순자산의 공정시장가치} \times \text{정상이익률})}{\text{할인율}}$$

② 초과이익이 일정기간만 존재한다고 가정하는 경우

$$\text{영업권} = \text{초과이익} \times \text{현가계수}$$

또는

$$= (\text{평균순이익} - \text{정상순이익}) \times \text{현가계수}$$

$$= [\text{평균순이익} - (\text{순자산의 공정시장가치} \times \text{정상이익률})] \times \text{현가계수}$$

3. 영업권의 상각

영업권을 일단 계상한 후에는 이를 상각할 것인가가 문제된다. 상각하기로 하였을 경우에도 즉시 상각할 것인가 내용년수 동안 상각할 것인가, 또는 다른 방법에 의해 상각할 것인가의 선택문제가 있다.

(1) 비상각설

비상각설이란 영업권은 무한한 내용년수를 갖고 있으므로, 가치의 감소가 발생하지 않는 한 자산으로 계상하여야 한다는 주장이다.

✪ 주장근거

① 영업권이 존재하고 있고, 초과이익도 계속 발생하고 있는데 상각하는 것은 불합리하다.

② 자기개발영업권은 인식되지 않고 당기비용화되고 있으므로, 매입영업권이 자산으로 계상되어야 한다.

③ 영업권의 가치감소에 대한 충분한 증거가 없는 한 상각되어서는 안 될 것이다. 영업권의 상각은 임의적이고 가변적인 것이어서 순이익의 왜곡으로 이끌 것이다.

✪ 비판

초과이익이 영구적으로 계속될 것이라는 것은 비현실적인 가정이다.

(2) 상각설

가. 즉시상각설

즉시상각설이란 영업권은 계상되는 즉시 상각하여야 한다는 것으로, 발생연도의 주주지분에 부담시켜 처리되어야 한다는 주장이다.

✪ 주장근거

① 미래효익기간, 즉 초과이익의 계속기간의 결정이 어렵다.

② 영업권은 다른 자산과 달리 기업전체와 분리되거나 구별될 수 없는 자산이다. 따라서 영업권은 현금, 수취채권, 유형자산과는 다른 것으로 자산으로 볼 수 없다.

③ 자기개발영업권과 동등하게 취급, 자산으로 계상해서는 안 될 것이다.

✪ 비판

① 영업권을 발생연도의 주주지분에 전액 부담시킴으로써 자본이 과소평가되는 결과가 된다.

② 영업권의 존재를 무시하거나 부정하는 것이 된다.

나. 내용년수상각설

내용년수상각설은 영업권을 내용년수에 걸쳐 상각하여야 한다는 주장이다. 통설로서 기업회계기준이나 상법에서도 취하고 있는 입장이다.

✪ 주장근거

① 영업권은 용역잠재력(service potential)을 가진 자산이지만 궁극적으로 용역잠재력은 소멸된다. 따라서 효익을 받은 기간에 대해 자산을 비용화하여야 할 것이다.

② 내용년수에 걸친 상각으로, 적절히 비용화함으로써 더 나은 수익·비용의 대응이 이루어진다.

다. 재평가설

결산기에 영업권의 가치를 재평가하여, 재평가액이 장부가액보다 크면 상각하지 않고, 장부가액보다 작으면 상각해야 한다는 주장이다. 이것은 객관적 평가가 되지 않을 수도 있고, 회계를 이익측정보다는 자산평가 중심으로 보고 있다는 문제점이 있다.

라. 이익비례설

이익이 많을 때 영업권을 상각하고, 이익이 적을 때 영업권을 상각하지 않는다는 주장이다. 이 주장은 비논리적으로, 이익이 많을 때에는 영업권의 가치가 높은데도 불구하고 상각하고, 반대로 이익이 적을 때에는 영업권의 가치가 감소하였음에도 불구하고 상각하지 않고 있으며, 영업권의 상각을 이익조작의 수단으로 사용한다는 문제점이 있다.

우리나라는 영업권의 상각에 대해 상각설 중 내용년수상각설을 취하고 있다. 기업회계기준서 1038호에서는 무형자산의 상각시 "자산이 사용가능한 때부터 동안 시작한다" 로 되어 있다.

미국의 규정인 *APB Opinion No. 17* 에서도 내용년수상각설을 채택하고 있다. 다만 우리나라와 다른 것은 내용년수를 40년을 초과하지 않는 범위로 함으로써 비교적 장기의 기간을 상각기간으로 인정하고 있다. 이와 같이 오랫동안 영업권을 상각할 수 있도록 허용한 것은 근본적으로 비상각설의 타당성을 묵시적으로 인정하고 있음을 나타낸다고 할 수 있다. 장기간 상각할 경우 기업의 당기순이익에 미치는 영향은 적을 것이다.

단기간의 내용년수상각은 보수적 관점에서 짧은 시간에 비용화하는 것이 좋다는 점과, 계속적인 수익성의 상실, 우수한 경영자의 상실 등 용역잠재력의 감소가 있었을 경우 짧은 기간이 적절할 수도 있다는 점에서 타당성이 인정될 수 있다. 그러나 미래 효익을 계속 창출할 능력을 갖고 있어 초과이익력이 존재하고 있고, 단기간에 비용화함으로써 해당 기간의 순이익에는 큰 충격을 줄 수도 있다는 점에서 비판도 있을 수 있다.

영업권의 상각방법은 보통 정액법으로 잔존가액을 0으로 하고 있다. 정액법이 아닌 다른 방법을 적용할 수도 있으나 실무적 편의에 따라 정액법이 사용되고 있다. 잔존가액은 유형자산의 경우와 달리 없는 것으로 생각되고 있다.

요/점/정/리

1. 무형자산의 특성

- 비유동자산
- 물리적 실체가 없는 자산
- 효익에 대한 불확실성이 높은 자산
- 법률적 권리 또는 경제적 효익에 대한 권리
- 기업 또는 기업의 물적 재화와 분리 불가능한 자산
- 영업권, 산업재산권, 개발비 등

2. 영업권

1) 영업권의 본질
   - 일반적으로 그 기업이 속해 있는 산업의 정상적인 수익률을 초과하여 그 기업이 순자산(주주지분)에 대한 수익률을 올릴 수 있는 능력(초과수익력)
   - 총괄평가계정
   - 초과이익의 현재가치

2) 영업권 형성의 원인 및 측정
   - 경영진의 우수성
   - 효율적 판매조직
   - 제조공정상의 비결
   - 효과적 선전 등

3) 측정
   - 총괄평가법
   - 초과이익할인법

   * 영업권설정에 대한 부정론

3. 영업권의 상각

- 비상각설: 초과이익의 영속성 가정
- 즉시상각설: 초과이익의 불확실성 가정
- 내용년수상각설: 일정기간 후 초과이익력 상실 가정
- 재평가설: 결산기에 가치를 재평가, 하락시 상각, 자산평가 중심
- 이익비례설: 이익액과 비례하여 상각, 영업권 계상논리와 모순

CHAPTER 10 부채의 본질과 평가

SECTION

CHAPTER 10

부채의 본질과 평가

BASIC ACCOUNTING THEORY

1 부채의 본질

재무회계개념보고서 제3호(*Statement of Financial Accounting Concepts No. 3; SFAC No. 3*)는 부채(liabilities)를 "특정실체가 과거의 거래나 사건의 결과로서 장래 다른 실체에 용역을 제공하거나 자산을 이전시켜야 할 현재의 채무로 말미암아 예상되는 미래의 경제적 효익에 대한 희생"이라고 정의하고 있다.

SFAC 제3호는 부채의 정의에 의미론적 해석을 부여하고자 하였다. 두 가지 기본적인 특성 중 하나는 현재시점에서 채무가 존재하여야 하며, 다른 하나는 그것이 과거의 거래나 사건의 결과로 생긴 것이어야 한다는 것이다. 이 정의에 의하면, 부채의 존재는 외부거래 – 외부기업이나 개인과 영업의 결과 발생되는 재무적 사건 – 또는 재해로 인해 지급의무가 발생하게 되는 사건 등과 같은 비재무적 사건에 의해 좌우된다. 재화 및 용역의 취득을 위한 거래는 지급의무를 발생시킨다. 한편, 미래에 취득될 예정인 재화 및 용역에 대한 지급의무는 일반적으로 부채로 간주하지 않는다. 이들을 정의에 포함시킬 것인가 아닌가 하는 문제는 부채를 발생시키는 거래나 사건의 해석에 달려 있다.

무엇보다도 중요한 것은 채무가 어떠한 상황에서 발생되는가 하는 문제라기보다는 채무 자체에 대한 의미론적 해석이라고 할 수 있다. 그러므로 채무가 실제로 존재한다면 발생한 경위와 관계없이 부채로 기록하는 것이 중요하다. 더욱이 재무제표이용자의 관점에서 볼 때, 미래의 현금 요구에 대한 채무의 영향은 그것을 발생시킨 과거의 사건 못지않게 중요하다.

부채에 대해 제기되는 두 번째 논쟁은 법적 채무와 함께 정당한 의무도 포함되어야 하는가라는 점이다. 정당한 의무란 반드시 법적인 의미에서 강제성이 있는 것은 아니나, 쌍방의 합의에 의하여 채무로 고려될 수 있는 것을 말한다. 협의의 입장에서는 법적 채무 및 의무만을 포함한다.

SFAC 제3호는 부채(liabilities)의 정의에 정당한 의무와 함께 건설적인 의무까지도 포함시키고 있다. 정당한 의무는 사회 및 도덕적인 제재나 관습으로부터 발생한다. 많은 경우, 의무의 합법성을 결정하기는 곤란하며 법원의 결정을 필요로 한다. 그러므로 관습과 기업실무를 따르는 것이 보다 적절할 것이다. 또한 사회적 · 도덕적 의무는 채무의 합법성을 결정짓는 것만큼이나 곤란한 문제이다. 따라서 회계담당자에게 도덕적 · 법적 판단을 행하도록 요구하여서는 안 된다.

대부분의 채무는 계약에서 발생하며, 계약에는 금액과 지불시기가 명시되어 있거나 조건으로 결정된다. 그런데 어느 경우는 임차자산의 이용으로 얻게 되는 미래의 지불총액에 의하여 결정되는 것과 같이 미래의 사건에 따라 좌우되기도 한다. 이러한 경우, 등가액이나 가능한 금액의 범위가 알려져야 한다 하더라도 부채는 역시 존재한다. FASB 보고서 제5호는 우발손실의 경우에도 부채는 존재하는 바, 손실금액을 합리적으로 추정할 수만 있다면 이를 기록하여야 한다고 말하고 있다. 그러므로 의미론적 관점과 재무제표 이용자의 관점에서 볼 때 합리적으로 측정될 수 있으며, 가치나 확률의 범위를 채무에 배분할 수만 있다면 부채로 분류하여야 한다.

요컨대 해석적인 관점에서 볼 때, 부채란 장래의 어느 시기에 기업이 기업 외부의 다른 조직, 사람, 회사 등에게 화폐나 재화 및 용역을 제공하여야 하는 채무나 의무라고 정의할 수 있다. 부채의 구체적인 특성을 들면 다음 몇 가지로 요약할 수 있다:

– 채무는 과거의 거래나 사건의 결과 나타난 것으로 현재시점에서 존재하여야 한다. 또한 채무는 재화나 용역을 취득한다든가, 기업이 책임지고 있는 것에 대해 입은 손실, 혹은 장래에 책임지기로 되어 있는 것에 대한 손실을 예상함으로써 발생한다. 장래 사건에 대한 우발적인 채무는 사건 발생의 확률이 합리적으로 계산될 수 있을 때에 한하여 포함된다.
– 기업이 양호한 대외관계를 유지하기 위하여 장래에 지급하지 않으면 안 된다거나, 정상적인 기업관행에 따라 이루어지는 정당한 채무 및 의무는 부채에 포함된다.
– 장래 희생을 마음대로 피할 수 없거나 거의 불가능하여야 한다. 장래에 희생이 있

는 한, 이에 대한 채무의 금액이 반드시 확실하게 알려져야 할 필요는 없다.

- 정상적으로 현시점에서는 정확한 시기를 알 수 없지만, 합리적인 추정으로 장래 어느 시기에 일정한 금액의 지급이 요구되는 만료가치 또는 기대치를 결정할 수 있어야 한다. 지급시기는 새로운 부채로 대치하여 연장할 수도 있으며, 채무는 주주지분의 전환에 의해 소멸시킬 수도 있다. 연장을 반복하거나 전환한다고 하여 부채로 분류되지 않는 것은 아니다.
- 정상적으로는 개인이건 단체이건 피지급인이 알려지거나, 분명히 식별될 수 있어야 한다. 그러나 피지급인이 해결의 시점에서 식별될 수 있는 한, 현재 시점에서 그의 신원을 반드시 알아야 되거나 채권자가 청구권을 주장하거나 또는 이에 대하여 사전에 알고 있어야 하는 것은 아니다.

2 부채의 평가

부채평가의 목적은 자산평가의 목적과 유사하다. 무엇보다도 중요한 것은 당기순이익의 결정에서 비용과 손실을 기록하려는 목적이다. 그러나 부채의 측정은 손익의 기간 간 그리고 회사 간 비교의 기준으로서 또한 제지분소유자의 청구권에 대한 비교와 같은 현금흐름의 예측수단으로서 투자자나 채권자에게 유용한 정보를 제시하도록 이루어져야 한다.

계량화할 수 없는 부채는 재무상태표상의 한 항목으로 표시할 수 없다. 채무를 계량화할 수 없다 하여 부채가 아니라는 의미는 아니다. 다만 합리적으로 측정할 수 없다면, 재무상태표의 항목으로 표시하기보다는 각주나 다른 방법에 의하여 공시되어야 한다는 의미이다. 채무가 실제로 존재하나, 일정한 범위의 확률적 가치만을 지닐 때에는 추정한 기대가치를 부채금액으로 재무상태표에 계상하여야 한다. 단지 범위가 넓을 뿐만 아니라, 추정가치가 오도를 초래할 수 있으면 오히려 부채란에서 제외시켜 개연치의 범위만을 알려 주고, 각주나 다른 방법에 의하여 기술할 수도 있다.

1. 우발채무

FASB 보고서 제5호에 의하면, 우발성이란 하나 또는 그 이상의 거래사건이 발생하거나 혹은 발생하지 않음으로 인하여 기업에 손실이 있을 수 있으며, 이에 대한 불확실성이 관련된 실재하는 조건, 상황 및 일련의 환경을 말한다.

이와 같이 보고서 제5호는 채무가 장래에 지불될 가능성이 있으며 금액을 합리적으로 추정할 수만 있다면, 부채로 보고하여야 함을 시사하고 있다. 그러나 우발채무에 대한 지급의 확률이 낮거나 가능성이 거의 없다면 각주로 공시하여야 한다.

그러므로 우발채무는 약간의 발생할 확률을 지니고 있으며, 여러 가지 미래사건에 따라 생기 수 있는 채무라고 정의할 수 있다. 따라서 장래에 발생할 확률이 매우 높은 것은 부채로 포함시켜야 한다(예: 품질보증, 법인세 지급의무, 하자보증금 등). 반면, 발생확률이 비교적 낮다면 각주로 표시하여야 한다. 이 구분은 근접한 개연치 및 기대치의 주관적인 정도를 표시함으로써 기대가치가 재무제표의 이용자들에게 의미가 있느냐 없느냐에 따라 이루어져야 한다. 만일 채무가 ₩100,000이 발생할 확률이 90%이고 0일 확률이 10%라면 기대치는 ₩90,000이 될 것이며, 과거의 경험에 의한 확률을 기준으로 한 것이라면 의미 있는 부채의 표현이 된다. 한편, 채무가 0일 확률이 90%, ₩100,000일 확률이 10%이면 기대치는 ₩10,000이 될 것이다. 이때의 기대치는 지불할 가능성이 있는 금액으로서는 의미 있는 표현이 되지 못한다. 그리하여 채무의 개연치가 정이라면 부채가 존재하는 것이며 그 금액은 추정되어야 한다. 만일 영이 될 확률이 높으면 각주로 표시한다.

보증하의 채무는 금액이 추정되어야 하지만, 소액이라도 지급될 확률이 상당히 높으므로 확정부채(definite liabilities)라고 할 수 있다. 예컨대, 손해에 대한 법적 소송에서 기업이 승소할 가능성이 높으면 우발채무이다. 그러나 패소할 확률이 확실하다면 부채로 보아야 하는데, 중요한 문제는 배상하여야 할 손실의 기대가치를 추정하는 것이다. 법적 소송의 경우, 회계담당자는 개연성이 가장 높은 손실금액을 확실히 추정할 수 없으므로, 무엇보다도 좋은 공시는 각주나 다른 방법으로 완전히 기술하여 알리도록 하는 것이다.

2. 현행평가

대부분의 화폐성 부채에 있어서 지급하여야 할 금액은 계약이나 약정에 의하여 결정된다. 그러므로 채무의 현행평가는 장래에 지급하여야 할 금액을 현재가치로 할인한 것이다. 일반적으로 유동부채는 단기간에 지급하여야 하므로 할인금액은 중요하지 않으며, 부채의 금액은 본가치(장래에 지급할 금액)를 그대로 표시할 수 있다. 그런데, 채무가 둘 이상의 방안으로도 해결될 수 있다면, 이 중 가장 낮은 할인가치가 현행가치이다. 신용조건에서 20일 이내 결제되면 2%의 할인을 해 주고, 60일 이후인 경우에는 초과금이 요구될 때, 이 부채의 정확한 가치는 2%의 할인을 공제한 값이다.

3. 장기부채(비유동부채)

일반적으로 장기부채에 대하여는 할인금액이 매우 중요하다. 그러므로 현행평가액은 계약 하에 이행되어야 할 할인가치이어야 한다. 사채의 경우 계약상의 이자지급, 만기에 지급하여야 할 금액, 그리고 일련의 원금 상환 등은 현재시점에서 할인되어야 한다. 적절한 할인율은 유사한 위험 및 조건을 가진 사채에 대하여 시장에서 결정되는 현행이자율이다. 현행이자율을 사용하면 현행가치를 얻을 수 있는 데 반해, 발행시점의 이자율을 사용하면 역사적 원가와 비슷한 가치를 얻게 된다. 즉, 발행 시 이자율은 기업이 계약한 유효이자율이라고 가정할 수 있다. 이 비율을 이용하는 이점은, 발행 시의 가치는 그 당시의 현행가치이며, 객관적으로 결정할 수 있다는 것이다. 원초이자율을 계속 사용함으로써 보유손익은 기록되지 않으며, 각 기간의 이자비용은 당해 연도의 기초채무에 원초이자율을 곱하여 산출한다. 채무가 만기까지 존속될 때 이자율의 변화는 중요하지 않을 뿐만 아니라, 총이자비용은 현행이자율을 계속 사용하여 계산한 이자비용 및 보유손익을 합한 금액과 항상 같을 것이라는 점에서 무시될 수도 있다.

사채가 당초 할증 또는 할인되어 판매될 때 어느 특정기간의 이자비용은 사채할증발행차금을 차감하거나 사채할인발행차금을 가산한 계약상의 이자 지급액이다. 어느 시점에서 채무의 장부가치는 미상각할증차금을 합하거나 미상각할인차금을 차감한 액면가치이다. 한 기간의 진정한 이자비용(true interest)은 당해 기간의 기초채무액에 원초이자율을 곱한 가치이다. 기간 중 계약상 현금지급액을 초과하는 이자비용은 현행사채발행차금의 상각액이다. 반면, 사채가 할증발행되어 판매되는 경우에 할증발행차금의 상각은 이자비용을 초과한 현금지급액이다. 미상각 할인발행차금 및 할증발행차금은 부채인 사채의 평가계정이다. 이자법의 효과는 채무의 장부가치와 아울러 어느 한 수준의 유효이자율을 표시하여 정기적인 이자비용을 보고하려는 것이다. APB 의견서 제12호는 이 방법을 정액법과 함께 인정할 수 있는 방법이라고 하였으며, 이자지급액을 계산하기 위한 계약상(명목) 이자율이 원초이자율과 크게 다르지 않다면 그 차이는 중요하지 않다고 말하였다.

부채증권은 전환성이 부여되어 발행되는 일이 많다. 전환이란 증권의 소유자로 하여금 만기 이전에는 어느 때라도 일정한 숫자의 보통주 주식으로 사채증서를 바꾸게 할 수 있는 것을 말한다. 일반적으로 전환성이 있는 사채는 동일한 계약상의 이율을 가진 비전환성 사채에 대하여 요구되는 금액보다 상당히 높은 가격으로 발행된다. 전환사채는 여러 가지 특성과 관계가 많이 있을 수 있겠지만, 계약상의 이율은 비전환사채에 대한 시장이율보다 낮다. 또한 주식분할이나 주식배당과 같은 보통주의 희석화로부터 사채권자를 보호하기 위하여 어느 정도 필요한 경우 이외에는 원초의 전환가격은 시간이 경과하여도 하락하지 않는다.

발행시점에서 전환사채의 회계처리와 이자비용의 보고에 관하여는 대체로 두 가지 관점이 제시되고 있다. 하나는 전환사채가 채무와 지분의 특징을 다 같이 보유한다는 것이며, 증권의 판매로 인한 수입의 일부는 전환권에 배분되어 불입자본금에 대기되어야 한다는 것이다. 반면 나머지는 사채할인, 또는 할증분의 감소로서 채무에 배분되어야 한다. 불입자본금에 부과되는 금액은 전환성이 없는 비슷한 증권으로부터 얻을 수 있는 추정된 가격을 초과한 금액으로 측정될 수 있다. 다른 관점은 전환채무에 대한 수입 중 어느 부분이라도 전환권에 배분하지 않고 순수한 채무로 취급하여야 한다는 것이다.

요 / 점 / 정 / 리 BASIC

1. 부채의 본질

- 회계주체가 다른 실체 또는 개인에게 금전, 재화 또는 용역을 제공할 의무
- 일반적으로 인정된 회계원칙에 의하여 인식되고 측정된 경제적 의무(자원의 이전, 용역의 제공): *APB Statement No. 4*
- 특정기업의 미래의 의무, 책임에 따른 희생(FASB SFAC No. 3)
- 현재시점에 존재, 채무나 의무, 장래의 특정시기에 지급예측 가능, 측정가능성(Hendriksen)

2. 부채의 분류

- 발생원인: 재무거래, 영업거래
- 지급조건: 확정부채, 추정부채
- 상환기간: 유동부채, 비유동부채
- 화폐표시: 화폐성부채, 비화폐성부채

3. 부채의 평가

- 목적: 정확한 이익 측정, 예측정보 제공 등
- 기본적 방법
  - 확실한 화폐액으로 측정
  - 미래에 필요한 현금유출액의 현가로 측정
  - 유동부채는 실무상 현재가치 평가 안함(중요성, 보수성)
- 우발채무
  - 장래에 발생할 확률이 있는 채무(추정부채이나 지급될 확률이 매우 높으면 확정부채성)
  - 미래 事象의 발생에 의하여 있을 수도 있는 손실로서 지급되어야 할지도 모르는 채무(부채계상, 주석공시, 회계처리 없음 등)

  * 우발자산: 우발이득에 의하여 발생(이득과 손실의 발생원인)
- 현행평가: 장래에 지급하여야할 금액을 현재가치로 할인
- 장기부채: 현가(현행이자율, 유효이자율 등)

CHAPTER 11 지분이론

SECTION

CHAPTER 11

지분이론

BASIC ACCOUNTING THEORY

1 지분이론의 의의

지분이론(equity theories)이란 소유주지분(자본 또는 주식지분)에 관한 이론으로, 소유주지분의 본질을 규명함으로써 각 소유주지분의 본질에 따라 회계개념, 회계기준, 재무제표의 작성을 설명하려는 것이다. 지분이론으로는 자본주이론과 실체이론(기업실체이론)이 대표적인데, 그밖에도 자금이론 · 잔여지분이론 등이 있다. 지분이론을 소유주지분이론 또는 회계주체이론이라고도 한다. 지분이론의 명칭에 있어서 “지분”은 소유주지분만을 가리켜 좁은 의미의 지분만을 뜻한다. 넓은 의미의 지분은 채권자지분(부채)과 소유주지분(자본)을 합친 것이었다.

지분이론의 역사는 지분이론으로서의 최초의 형태인 자본주이론이 생성되기 시작한 19세기 초로 거슬러 올라간다. 지분이론 이전에는 회계이론다운 것이 없어서 이는 최초의 회계이론이라고도 할 수 있다. 자본주이론은 19세기의 지배적 기업형태였던 개인기업 · 조합기업에서 적절한 이론으로서, 복식부기를 중심으로 설명하는 회계이론에도 적합한 것이었다. 실체이론은 20세기 초에 나타났는데, 주식회사의 발달, 증권시장의 발달로 기업의 이해관계자의 수가 급격하게 증가하면서 적절한 이론으로 생각되었다.

자본주이론과 실체이론은 중요한 지분이론으로서 오늘날의 회계사고에 많은 영향을 미치고 있다. 그 밖의 자금이론, 잔여지분이론 등은 1950년대 이후에 나와 비교적 새로운 이론이 되고 있으나 별로 지지를 받지 못하였다.

지분이론의 중요성은 무엇보다도 이 이론이 재무제표의 자본계정을 설명하는 데 그치지 않고 기업회계에 있어서 회계실체가 되는 기업의 본질을 어떻게 규정할 것인가, 기업에 있어서 회계주체는 누가 되는가, 각각의 지분이론에 입각하여 재무제표의 작성목적, 자산 등 회계개념이 어떻게 정의될 수 있는가, 이들 목적과 개념의 정의에 의해 회계원칙은 어떻게 규정되어야 할 것인가의 문제를 다루는 데에 있다고 할 수 있다.

2 지분이론의 내용

1. 자본주이론

자본주이론(proprietary theory)은 소유주이론(ownership theory)이라고도 부른다.

자본주이론은 19세기 초에 출현한 것으로 추정되는데, 잭슨(Jackson)에 의하면 1735년 스테픈스(Hustcraft Stephens)에 의하여 언급된 바 있어 그 이전에 나온 것으로 추정되기도 한다. 그러나 정교한 이론으로 정립된 것은 20세기 초로 1904년 스프라그(Sprague), 1909년 햇필드(Hatfield), 1917년 케스터(Kester)가 각각 저서를 출간하면서 자본주이론을 전개하여 완전한 이론형태를 갖추게 되었다.

자본주이론이란 자본주 또는 소유주가 회계의 중심이 된다는 관점에서 회계이론을 설명하는 것으로, 회계의 주체는 자본주가 되며, 기업의 모든 부 · 경영활동도 자본주와 관련하여 설명하는 것이다. 그래서 기업목적은 자본주의 부를 극대화하는 것이 되며, 회계등식 · 회계개념은 자본주의 관점에서 정의되고 해석된다.

자본주이론은 특히 자본주지분(proprietor's equity)을 중심으로 하는 회계이론이다. 그래서 이 이론에서 회계의 목적은 자본주에게 귀속할 순이익을 결정하거나 자본주지분의 변동을 측정하는 것이다. 따라서 미분배의 이익잉여금은 자본주에게 귀속될 것이라고 가정한다.

자본주이론에 있어서의 회계등식은 다음과 같이 표현되고 있다.

$$\sum A(\text{자산}) - \sum L(\text{부채}) = P(\text{자본주지분})$$
$$(\text{Assets} - \text{Liabilities} = \text{Proprietorship})$$

이 등식에서 자본주는 회계의 중심이 되고 있음을 알 수 있으며, 자산은 자본주가 소유한 재산, 부채는 자본주의 채무가 되며 이 두 가지를 차감한 것이 자본주지분이 되는 것이다.

자본주이론에서 회계개념은 모두 자본주와 관련되어 설명된다. 자산은 자본주가 소유하는 재산이며, 부채는 자본주의 의무 또는 채무가 된다. 자본은 자본주의 순자산이 되는 것으로, 자산합계에서 부채합계를 차감한 것이다. 햇필드는 자본주이론을 설명하면서 이 이론에서 부채는 "부의 자산"(소극자산, negative assets)으로, 자본은 "자본주의 순부"(net wealth)로 표시할 수 있다고 하였다. 또 수익은 자본주의 부의 증가 또는 자본주지분의 증가를 뜻하며, 비용은 자본주의 부의 감소 또는 자본주지분의 감소를 뜻하는 것이다. 이로써 순이익은 수익의 비용초과분으로서 자본주의 순부의 증가를 뜻하며, 자본이나 자본주지분에 바로 가산될 수 있는 금액이 된다.

현금배당(cash dividend)은 자본의 인출로서 소유주가 기업에 대해 갖고 있는 부의 일부를 상환하는 것이며, 주식배당(stock dividend)은 단순히 자본주지분의 일부를 다른 자본주지분으로 이전하는 것으로서, 소유주의 기업에 대한 부에 아무런 영향을 미치지 않는 형식적 절차에 불과하다. 따라서 자본주이론에서 주식배당은 주주에게 이익이 분배되는 것을 뜻하는 것이 아니다. 또 이익잉여금은 전체 자본주지분의 일부로 원초자본주지분(납입자본)과 함께 소유주가 기업에 대해 갖고 있는 지분을 구성하는 것이다. 한편 이자비용은 자본주가 부담할 비용으로 자본주의 이익에서 차감할 성질의 계정이며, 법인세비용 역시 자본주이론에서 자본주가 부담할 비용이 된다.

자본주이론은 개인기업 또는 조합기업과 같이 기업과 자본주의 관계가 밀접한 경우 특히 타당하며, 현대 회사형태의 기업에는 부적절한 이론으로 생각되고 있다.

이와 같이 자본주이론은 개인기업이나 조합기업의 경우 타당한데, 이것은 이들 기업이 인적 관계가 강하여 기업의 권리와 의무는 곧 자본주의 권리와 의무가 되며, 기업의 이익은 그대로 자본주 개인에게 귀속되는 것을 의미하기 때문이다.

이러한 자본주이론은 주식이 널리 분산되지 않은 특수한 형태의 주식회사의 경우에도 적용될 수 있다. 즉, 공개기업이 아닌 가족기업적 기업, 주식이 소수인에 의해 소유되고 있는 기업의 경우 타당하다. 또 주식이 널리 분산되고 소유주가 주식을 과반수 이상 소유하지 않더라도, 기업에 어떤 경영주체가 있어 이 주체를 중심으로 순이익개념을 인식하고, 이자비용 · 법인세비용을 당연히 비용으로 생각한다는 사고는 기업 자체보다는 소유주를 중심으로 하는 자본주이론이 현대기업의 운영에 암묵적으로 가정되고 있다는 사실을 뜻하는 것이다.

한편, 자본주이론은 오늘날 사용되고 있는 회계용어나 회계실무에도 영향을 끼치고 있는데, 예를 들면 주당순이익(earnings per share), 주당장부가치(book value per share)는 모두 자본주개념과 관련되어 나온 회계개념이다.

회계 상으로 볼 때에 자본주이론은 기업의 형태가 개인기업이든, 조합기업이든, 주식회사든 모두 개인기업과 동일한 관점에서 취급하는 것이다. 이때 기업이란 법률적 실체는 단지 어떤 법률적 특권과 제약 속에서 운영되는 조직에 불과한 것으로, 소유주를 대표하는 기관의 성격을 지니는 것이다.

자본주이론에서 구체적으로 자본주(proprietor)가 누구인가는 명확하지 않다. 일반적으로 보통주주를 가리키는데, 기업의 소유주로서 의결권 · 이익배당청구권 · 잔여재산분배권 등을 갖고 있기 때문이다. 그러나 자본주 또는 소유주라는 용어는 “기업주”라는 용어처럼 과점주주로 기업 내에서 많은 주식을 소유하여 기업에 대한 실질적 지배력을 갖고 있는 주주라는 의미도 암시한다. 우선주주도 주주지분을 구성하는 주주라는 점에서 자본주로 인정될 수 있으나, 우선주식이 자본주의 관점에서는 채무적 성격의 주식이라는 점에서 자본주로 인정되지 않을 수도 있다. 그리고 채권자는 기업에 대한 소유권이 없으므로 자본주로 인정되지 않는다.

자본주이론에 대한 비판은 다음과 같다.

① 자본주이론은 주식회사제도에 적합한 이론이 아니다. 경영자는 주주뿐만 아니라 많은 이해관계자에 대한 회계보고의 책임을 지게 되었으며, 주주는 경영에 적극적으로 참여할 수도 없다. 따라서 자본주이론은 현대의 많은 기업형태인 주식회사의 회계에 부적절하다고 생각된다. 또, 소유와 경영의 분리, 법률규제, 기업의 대기업화에 타당치 않은 이론이 되고 있다.

② 기업의 이해관계자에 대한 보고의 책임인 수탁책임보고(stewardship reporting)의 관점에서 볼 때, 기업은 자본주뿐만 아니라 기업의 외부인인 투자자 · 채권자 · 정부 등에 대한 회계보고의 책임을 지게 되었다. 따라서 오늘날 자본주 중심의 회계사고는 회피되어야 할 것이다.

③ 자본주이론에서는 “기업의 이익은 자본주의 이익을 뜻한다” 라고 가정하고 있는데, 이러한 사고가 타당치 않을 수도 있다. 기업에 있어서 각 보통주주의 이익을 정확히 측정한다는 것은 거의 불가능하다. 특히 오늘날 대부분의 주주가 주식시장에서 주식을 시가로 구입하므로 구가 소유한 주식에 대해 정확한 가치나 자본주지분을 산출한다는 것은 어려운 일이다. 이로써 기업이익으로 개별주주에게 귀속될 이익을 측정하는 것은 불가능하다고 보아야 할 것이다.

④ 자본주이론의 자본주개념은 명확하지 않아서, 개인기업, 조합기업에 적합한 이론이다. 주식회사의 경우에 보통주주만 포함될 것인지, 우선주주도 포함될 것인지 또는 장기채권자도 포함될 것인지 분명치가 않다. 회계이론은 어떤 기업형태에나 적용될 수 있어야 하는데, 자본주이론은 개인기업, 조합기업에만 적합하다. 이들 기업에서는 비교적 자본주의 개념이 명료하다고 볼 수 있다.

2. 실체이론

실체이론(entity theory)은 보통 기업실체이론이라고 부른다. 그러나 실체이론은 기업이 아닌 비영리조직 등 다른 경제적 실체에도 적용되는 이론이다.

실체이론은 리틀톤(Littleton)에 의하면 본격적으로 발전된 것이 20세기 초이다. 리틀톤은 이 이론이 1838년 이태리의 회계문헌에 나타났고 주식회사제도가 보급되기 전에도 있었다고 주장하였다. 그에 의하면 중세의 부기는 대리인회계(agency accounting)의 성격을 띠어 투자자는 자본만 투자하고 그에 대한 배당을 받았으며, 경영자는 자신에게 위탁된 자본을 자기계산에 의해 관리하고 투자자를 채권자처럼 취급하여 원시적 형태의 실체개념이 적용되었다고 한다. 이로써 실체개념이 나타난 것은 알려진 것보다 오래전이다.

미국에 있어서 실체이론의 완성은 1922년 페이톤(Paton)에 의해 이루어졌는데, 그는 기업을 별개의 실체 또는 인격을 갖춘 실체로서 인식할 것을 주창하는 실체이론을 제의하였다.

실체이론은 우선 기업이 소유주 또는 주주와 별개의 인격을 갖고 있다는 가정으로부터 출발한다. 그래서 기업은 별도로 존재하며, 그 자신의 인격을 갖고 있다고 가정된다. 따라서 기업의 설립자, 소유주는 반드시 기업의 존재와 결부되는 것이 아니다. 이러한 관계는 법률적 또는 제도적인 기초 위에서 지지되는 것으로 실체이론의 회계이론으로서의 성립은 법률의 소산이라고 할 수 있다.

따라서 실체이론은 기업을 구별되는 별개의 실체로 보는 것으로, 기업의 존재를 소유주(자본주)와는 별도로 인식하는 이론인 것이다. 그래서 회계의 주체는 기업이 되며, 기업의 모든 부 · 경영활동은 소유주와는 상관없이 기업 자체를 위한 것이 되고 기업에 귀속되는 것이다. 그러므로 기업목적은 기업 자체의 부를 극대화하는 것이 되고 기업의 목표달성을 위해 존속하는 것이다. 또 회계목적은 기업에 귀속할 순이익을 결정하거나, 기업의 재무상태의 변동과 경영성과를 측정하는 것이 되며, 기업의 많은 이해관계자들에게 보고하는 것이 된다.

실체이론의 회계등식은 수학적으로는 자본주이론의 등식을 옮겨놓은 것에 불과하지만 회계상으로는 여러 가지 함축적 의미를 지니고 있다.

$$\sum A(\text{자산}) = \sum L(\text{부채}) + SE(\text{자본주지분})$$

(Assets = Liabilities + Stockholders' Equity)

또는

자산 = 지분

(Assets = Equities)

위의 등식에서 자산은 기업에 귀속될 권리이며, 채권자는 주주와 동등한 입장에서 기업에 대한 권리나 자산에 대한 지분권을 갖는다. 따라서 이 등식으로부터 회계의 목적은 모든 이해관계자가 위탁한 자산운용에 관한 기업활동을 기록 · 측정 · 보고하는 것이 된다. 이로써 순이익은 기업활동의 결과 수익이 비용을 초과한 부분이 되는 것이며, 자본주이론에서처럼 자본주지분의 증가로 발생한 것이 아니다.

실체이론의 회계등식에서는 자산은 지분 또는 부채와 소유주지분의 합계와 같다고 하여 양변을 동일한 것으로 가정하고 있다. 이로써 재무상태표의 작성원리를 나타내는 재무상태표등식과 일치한다.

한편, 실체이론의 회계등식에서는 지분을 채권자지분과 소유주지분으로 나누되, 두 지분을 동등하게 취급하고 있다. 그러나 이들 지분은 발생원인, 본질, 평가기준에 있어 서로 다르므로 동등하게 취급될 수 없다고 볼 수 있다.

채권자지분은 기업의 채무로서 상환일시와 금액이 확정되어 있는 확정채무이다. 또 평가액은 만기가치이거나 현가계산에 의한 것이다. 그러나 소유주지분은 잔여자산에 대한 청구권으로서 잔여지분이고, 원래의 투하자본, 자본거래로 인한 자본잉여금, 손익거래에 의한 이익잉여금으로 구성되어 있다.

실체이론의 회계개념은 모두 기업과 관련되어 설명된다. 자산은 기업의 재산이며, 부채는 기업의 채무이다. 그래서 재무상태표의 왼쪽은 자산이 되고, 오른쪽은 지분으로서 채권자지분, 주주지분으로 구성되는데, 법적 지분 또는 지분소유주간의 형평적 지분이 된다. 여기서 자산은 기업에 귀속하는 권리로 어떤 재화, 용역, 효익을 받을 권리가 되는 것이다. 또 지분은 자금조달의 원천을 나타내는 것으로 총자산(total assets)에 대한 법적 권리를 표시하는 것이 된다.

실체이론에 있어서 자산평가는 원가를 기준으로 하는 것이 원칙이다.

이와 같이 원가가 실체이론의 자산평가기준이 되는 것은 이 이론에서 자산의 정의가 기업의 경제적 자원 또는 권리로서 기업이 받을 미래의 효익을 측정하는 것이며, 기업이 소유주뿐만 아니라 여러 이해관계자에 대한 회계책임(accountabilities)을 명백히 하는 평가기준이기 때문이다. 기업이 회계책임을 수행하기 위해서는 객관적이고 검증 가능한 원가에 의하여 회계보고하는 것이 시가로 보고하는 것보다 더 타당하다고 생각되고 있다.

실체이론에서 이익(income)은 소유주(자본주)의 이익 또는 주주의 이익이 되는 것이 아니라 기업 자체에 귀속되는 이익이 된다. 또 이익은 수익의 비용초과분이 되는 것으로, 자본주이론의 경우처럼 자본주지분의 증가분을 뜻하는 것이 아니다. 이로써 이익은 수익과 비용의 대응결과로 산출되는 것이다. 앞서 말한 것처럼 실체이론의 회계목적은 기업에 귀속될 순이익을 결정하거나, 기업의 재무상태의 변동과 경영성과를 측정하는 것이므로, 손익계산서를 중요시하며 이익결정을 강조한다. 실체이론에서 순이익은 기업에 대한 모든 청구권을 차감한 후 얻는 지분의 잔여액으로 장기부채에 대한 이자비용, 법인세비용 등도 차감한 금액이다.

실체이론에 있어서 수익과 비용은 자본주이론의 경우와 다르다. 수익은 자본주지분의 증가분이 아니라 기업활동의 결과인 재화와 용역의 판매로 나타나는 실수금(proceeds)이다. 또 비용은 자본주가 지출한 것이 아니고 수익의 창조를 위해 부과하는 원가가 되는 것으로, 제품에 직접 부과될 경우 원가가 되고 간접적으로 부과될 경우 비용이 된다.

또 실체이론에 의하면 부채에 대한 이자인 이자비용은 기업 자체의 비용이고, 법인세비용도 기업의 비용으로 본다.

실체이론은 주식회사 형태의 기업에 주로 적용될 수 있는 이론이다. 그러나 개인기업에 적용될 수도 있는데, 이 경우는 개인기업이 계속기업으로서 존재할 것으로 예상되고, 기업과 개별소유주(기업주)의 관계가 밀착되어 있지 않은 경우로 기업주가 관리자인 경영자에게 기업경영을 상당부분 위임한 경우이다.

실체이론에 있어서 회계보고의 대상은 소유주만이 아니라 기업을 둘러싼 광범위한 이해관계자가 된다. 이해관계자로는 투자자, 채권자, 주주, 종업원, 정부, 일반 대중 등이 있다. 이와 같이 실체이론이 특정의 이해관계자만을 위해 회계보고를 하는 것이 아니라 광범위한 이해관계자를 위해 한다는 사고는 실체이론의 중요한 장점이 되고 있다. 실체이론에 대한 비판은 다음과 같다.

① 기업과 소유주를 분리하여 기업이 소유주로부터 독립된 것으로 주장한다. 그러나 기업은 법률적 의제에 의한 창조물로서 소유주와 긴밀한 관계에 있다.
② 채권자와 기업의 관계, 채권자와 소유주의 관계가 명료치 않고 비실제적이다. 심지어 채권자와 소유주를 동일한 위치에 두어 이들을 동일시하기도 한다. 그러나 채권자와 소유주의 권리는 각기 다르므로 이들을 동일시하여 이론을 전개하는 것에 문제가 있다.
③ 현재의 회계실무, 회계이론, 회계기준에 있어서 실체이론보다 자본주이론이 더 적절한 경우가 많이 발견되고 있다. 따라서 자본주이론이 실체이론보다 더 우월하다고 할 수 있다. 주당순이익, 연결재무제표, 주식배당 등의 개념은 자본주이론에 의한 것이므로 기업의 관점보다는 자본주인 주주의 관점에서 논의되는 것이다.

3. 자금이론

자금이론(fund theory)은 배터(Vatter)에 의해 주장된 이론으로서, 자금을 중심으로 하는 이론이다. 이 이론은 자금(fund)을 회계의 기초가 되는 활동단위(operational unit) 또는 활동지향단위(activity-oriented unit)로 하고, 기업의 존재를 이 자금을 중심으로 인식하고 기업활동이나 회계도 이 자금개념을 적용하여 이해하려는 사고이다.

자금이론은 자본주이론이나 실체이론과는 다른 측면을 강조한다. 즉, 자금이론은 자본주이론의 소유주 중심의 인적 관계와 기업실체이론의 기업의 의인화에 의한 기업의 인위적 · 법적 · 경제적 실체로서의 인식의 사고를 배제한다. 그 대신 자금이론에서는 자금이 회계의 중심이 되고 기업경영도 자금을 중심으로 파악하려고 한다. 그 외에도 자금이론이 자본주이론 · 실체이론과 다른 점은 회계의 기초가 소유주나 기업 등 특정실체가 아니며 조직의 법적 형태와도 상관없다는 점이다.

자금이론에서 자금이란 일단의 자산과 이에 관련된 의무 및 제약(obligations and restrictions)을 가리키는 것으로, 회계학에서 일반적으로 쓰이는 자금개념과는 약간 다른 것이다. 그래서 기업은 이러한 경제적 자원(자금, economic resources)으로 구성되고, 이 자원의 사용에는 여러 가지 제약, 청구권이 존재한다고 하는 것이다. 그런데 자금이론에서 자금이란 개념은 활동단위 또는 활동지향단위임을 강조하므로, 자금의 기능 · 활동 · 운용이 강조된다. 이 자금은 여러 이해관계자로부터 공여 받은 것으로 자금의 사용에 대한 제약이 있으며 경영자가 주로 관리한다고 생각된다.

자금이론의 회계등식은 다음과 같이 표현될 수 있다.

자산 = 자산에 대한 제약
(Assets = Restrictions of Assets)

이 등식은 기업의 경제적 상태를 자금개념을 중심으로 표현한 것으로, 자산이 관심의 초점이 된다. 따라서 자금이론은 자금 중심의 이론 또는 자산 중심의 이론이라고 말할 수 있다. 이 등식에서 알 수 있는 것은 자산은 이 자산에 대한 제약과 동일하다는 것으로, 자산과 자산의 사용에 대한 제약은 언제나 동일한 값이 된다는 것을 뜻한다. 다시 말하면, 이 등식에서 부채와 자본은 모두 자산의 사용에 대한 제약을 나타낸다는 것이다. 그러므로 여기서 사용되는 제약이란 의미는 자산의 사용에 대한 제한이란 말로 풀어 쓸 수 있다.

위의 회계등식을 좀 더 상세히 설명하면 다음과 같다. 자산은 자금, 즉 활동단위에 대한 미래의 용역(prospective services to the fund or operational unit)을 나타내는 것이며, 부채는 특정의 또는 일반적 자산에 대한 제약(restrictions against specific or general assets of the fund)을 뜻한다. 자본(투하자본)은 이 자산의 사용에 대한 법적 또는 재무적 제약(legal or financial restrictions on the use of assets)을 의미한다.

자금이론은 앞에서 설명한 것처럼 자금 또는 자산(그러나 자금과 자산을 다른 의미이다)을 중심으로 이론을 전개하는 것이다. 여기서 재무상태표의 차변에 해당하는 자산은 회계의 중심이지만 문제는 자산의 사용과 제약이 중요하므로 재무상태표의 대변을 중심으로 이론이 설명된다.

부채와 자본으로 구성되는 대변은 자산에 대한 제약이 되는 계정으로, 채권자 · 투자자들이 투하한 것이며 그 사용에는 제약이 따른다. 이러한 제약은 회계책임을 나타내는 것이 되기도 한다. 부채는 채권자가 부과한 제약에 따라 자산을 사용하여야 하는 것을 나타낸다. 그래서 부채는 만기일이 도래하면 원금을 상환하고 일정한 기일에 이자비용을 지불하도록 하는 제약을 나타낸다. 자본은 법적 · 재무적 제약에 따라 자산을 사용하는 것을 나타낸다. 원래의 투자자본은 청산시 외에는 보통 기업 내에 잔류하며 기업활동의 기초자본이 된다. 이익잉여금도 자산사용의 제약과 관련하여 설명할 수 있다. 이익잉여금의 처분은 경영자, 채권자, 법률적 요건에 의해 부과된 제약조건에 따라 이루어진다. 처분전 이익잉여금도 처분될 목적에 따라 자산이 사용될 경우의 제약을 뜻한다. 그래서 재무상태표의 대변인 모든 지분은 법률적, 재무적, 계약상, 지분상의 고려에 따라 부과되는 제약과 관련을 갖고 있다.

자금이론에서 이익개념은 재무보고에 있어서 중심적 개념이 아니다. 이익개념 대신 현금(현금등가물 포함)을 자금개념으로 하여 현금흐름표에서 현금의 유입과 유출을 중요한 것으로 생각하고 있다. 따라서 자금이론에서 이익측정은 제2차적 관심사가 되며 특정의 이해관계자를 위해 필요한 것이 된다. 실체이론에서는 수익 · 비용의 대응에 의한 이익측정이 중요시되었으며, 이러한 이익은 소유주나 주주의 이익이 아니고 기업 자체에 귀속되는 것이라고 하였다. 그러나 자금이론은 소유주의 이익이라는 자본주이론의 인적 이익개념이나 기업이익이라는 의제이익개념을 떠나서 다른 관점에서 이익을 보는 것이다. 즉, 기업은 이윤추구만을 위해 존재하는 것이 아니라 자금의 운용상황, 즉 자금의 유입과 유출의 파악을 더 중요시한다고 생각하는 것이다.

이러한 자금이론의 이익개념에 비추어 볼 때 자금이론에서는 자산평가의 문제가 중요시되지 않는다. 그래서 평가기준이 원가든, 시가든, 또는 다른 기준이든, 어떤 기준이라도 자금이론의 회계목적에 부합될 수 있는 것이다. 그래서 자금이론에서 자산평가의 문제는 회계논리를 전개하는 데 별개의 문제로 취급되는 것이다.

자금이론에서는 현금흐름표(원래는 자금표 또는 재무상태변동표라고 불렀음)를 중요시한다. 이 표는 현금의 유입과 유출을 영업활동 · 투자활동 · 재무활동으로 나누어 표시하고 기초현금과 기말현금도 표시하여 기업의 현금흐름, 즉 자금흐름을 표시한다. 현금흐름표는 현금이라는 자금의 원천과 운용을 나타내는 통계적 요약표이므로 자금이론에서 중요시된다.

자금이론에서는 현금흐름표가 주요회계보고서가 되고, 손익계산서는 부차적인 것이 된다. 이것은 앞서 설명한 것처럼, 이 이론에서는 손익계산보다는 자금흐름에 대한 파악이 중요하며 이익개념조차도 부차적으로 생각하는 것이다. 자금이론의 손익계산서는 자금조달의 원천을 주로 나타내는 표로서 현금흐름표의 부속명세서와 같은 역할을 한다.

자금이론은 비영리조직, 정부회계에 적합한 이론으로 생각되고 있다. 이들 기관은 기금을 중심으로 운영되고 있어 자금이 중요시 되고 영리추구가 목적이 아니므로 자금이론에 의해 회계를 설명하는 것이 적절한 것이다. 이러한 기관에서는 비록 이윤개념을 사용하지 않더라도 자금이론에 의해 회계책임에 대한 보고를 충분히 표시할 수 있는 것이다.

자금이론에서 이해관계자는 특정의 이해관계자가 아니라 다수인이 된다. 자금회계는 소유주나 기업 자체를 위해 수행되는 것이 아니고 자금의 운용에 초점이 맞추어지는 것이다. 그래서 자금이론은 특정의 이해관계자를 위한 것이 아니라 많은 이해관계자를 위한 것이다. 이로써 자금이론은 오늘날의 기업목적이 이윤추구로부터 사회적 목적으로 바뀌는 현 사회에서는 적절한 이론으로 생각될 수도 있다.

4. 잔여지분이론

잔여지분이론(residual equity theory)이란 잔여지분의 개념을 중심으로 회계이론을 전개하는 지분이론으로서, 스토버스(Staubus) 등이 주장한 이론이다. 여기서 잔여지분(residual equity)이란 보통주주의 지분을 가리키는 것으로, 보통주주는 기업의 이익에 대한 최종적 청구권을 갖고 있으며, 청산 시에는 잔여분배권을 소유하는 주주이다. 한편, 보통주주는 손실이 있으면 이를 우선적으로 흡수하는 주주도 된다. 따라서 잔여지분이론은 보통주주(common stockholders) 중심의 이론이라고 말할 수 있다.

잔여지분이론의 주창자인 스토버스는 잔여지분을 "이해관계자가 특별히 지정할 수 없는 지분으로, 경제적 사상의 자산에 대한 영향을 흡수하는 기업자산에 대한 형평적 지분(equitable interest)이다"라고 정의하였다. 이 말은 기업자산에 대한 특정지분을 제외한 잔여자산에 대한 지분인 잔여지분을 뜻하는 것으로, 기업에 있어서는 특정지분인 채권자 · 우선주주의 지분을 제외한 보통주주의 지분을 가리킨다.

잔여지분이론은 기본적으로 기업의 본질은 기업의 경제적 자원에 대한 잔여청구권자의 이해관계에 관련된 것이라고 가정하고, 이 잔여지분소유주의 이해관계를 중심으로 회계현상을 관찰하는 것이다. 그래서 잔여지분이론의 목적은 보통주주의 투자결정에 유용한 정보를 제공하는 것이 된다.

기업의 주주로는 보통주주 외에도 우선주주가 있으며, 성격이 다르지만 채권자도 지분소유주이다. 실체이론에서는 이들이 모두 지분소유주로서 동등한 위치에 있지만 잔여지분이론에서는 보통주주의 지분에 중점을 둔다. 잔여지분이론에서는 보통주주를 제외한 다른 이해관계자는 모두 외부인으로 보며, 채권자나 우선주주는 특정의 청구권만을 갖는 특정지분소유주(specific equity holder)라고 할 수 있다. 이에 반해 보통주주는 잔여이익이 있으면 이에 대해 배당금을 청구할 수 있고, 청산 시에도 잔여재산이 있으면 이에 대해 분배해 줄 것을 요구할 수 있다. 물론 보통주주는 손실이 있으면 이를 흡수하게 된다. 한편, 특수한 경우에는 채권자나 우선주주도 잔여지분소유주로 될 수 있는데, 예를 들어 파산 시에는 이들도 손실을 흡수해야 하는 것이다. 잔여지분이론의 회계등식은 다음과 같다.

자산 - 특정지분 = 잔여지분
(Assets - Specific Equities = Residual Equity)

여기서 특정지분은 채권자 및 우선주주의 지분을 가리키는 것이다. 이 등식은 기업의 자산에서 채권자 및 우선주주의 지분을 차감하면 잔여지분이 된다는 것으로, 잔여지분의 산출이 회계의 중심이 된다.

잔여지분이론은 보통주주를 중심으로 하는 이론으로서, 이 이론의 목적은 보통주주의 의사결정에 유용한 정보를 제공하는 데에 있다고 하였다.

잔여지분이론에 의하면 재무상태표에 보통주주의 지분을 우선주주 등 기타 지분소유주와 별도로 표시하여야 하고, 현금흐름표에도 보통주주에게 배당할 자금을 표시하여야 한다고 주장한다. 이와 같이 잔여지분이론은 보통주주 중심의 이론이므로 모든 회계이론의 설명, 회계실무, 회계보고서의 작성은 보통주주의 관점에서 이해하는 것이다.

이상의 잔여지분이론은 현재 널리 인정받고 있는 지분이론은 아니지만 오늘날의 회계실무는 암묵적으로 보통주주 중심 또는 잔여지분이론의 관점에서 수행되는 경우가 많다는 점에서 이 이론의 타당성을 일면 인정할 수도 있다. 사실 보통주주는 기업의 중심이 되는 이해관계자로 기업의 소유자일 뿐만 아니라, 가장 큰 위험부담자이며, 기업발전을 위해 계속 투자하는 사람들이다. 따라서 이들을 중심으로 회계이론을 전개하는 것은 어느 의미에서는 타당할 수 있다. 그러나 기업의 이해관계자로는 보통주주뿐만 아니라 다른 많은 이해관계자가 있어 이들에 대한 회계보고도 중요시되고 있다. 따라서 잔여지분이론은 오늘날의 회계에서 그 중요성이 낮아졌다고 말할 수 있다.

5. 기업체이론

기업체이론(enterprise theory)이란 기업을 사회조직의 하나로 보는 견해로서, 기업은 어떤 개인이나 집단을 위한 사적 조직이 아니라 사회의 다수인을 위한 조직으로 사회적 목적을 수행하는 것이라고 생각하는 지분이론이다. 이러한 기업체이론은 특히 기업의 주식이 증권거래소에 상장되어 있는 경우나 대중이 주식을 소유하는 대기업의 본질 및 회계를 설명하는 데 적절한 이론으로 생각되고 있다.

기업체이론은 1958년 수야넨(Suojanen)에 의해 제의되었으나, 널리 인정받지는 못하고 있으며, 이론의 성격으로 보아서도 적용범위가 제한되어 있다. 즉, 이 이론은 현대의 대기업 또는 상장기업을 위주로 이론이 전개되어 오히려 다수인 중소기업 등에는 적용될 수 없어 일반성이 결여되어 있다. 그러나 이 이론은 기업의 목적이 영리추구로부터 사회적 목적의 추구로 이행되고, 특정의 이해관계자보다는 기업의 많은 이해관계자에 대한 회계보고를 강조함으로써 현대회계의 방향과도 일맥상통하는 데가 있다고 생각되고 있다.

기업체이론의 이익개념은 부가가치개념(value-added concept)이 되는 것으로, 이 개념에는 기업의 광범위한 사회적 책임이 내재되어 있다. 기업의 총부가가치는 기업이 생산한 재화 · 용역의 시장가치로부터 다른 기업으로부터 이전된 재화 · 용역의 가치를 차감한 것이다. 따라서 부가가치이익에는 배당금의 형태로 주주에게 지급되는 모든 것, 채권자에게 지급되는 이자, 종업원에게 지급되는 급여 · 임금, 정부에 납부되는 세금 및 기업 내에 유보되는 사내유보이익이 포함된다. 또, 총부가가치에는 감가상각비도 포함된다. 이로써 부가가치개념은 순이익개념이라고 하기보다는 총생산개념이라고 할 수 있는 것이다.

6. 명령자이론

명령자이론(commander theory)은 1965년 골드버그(Goldberg)에 의해 주장된 이론으로, 기업의 명령자인 경영자를 중심으로 하는 이론이다. 이 이론은 기업경영을 실질적으로 주도하고 지배하는 경영자를 중심으로, 경영자가 수행하는 통제에 중점이 두어지며, 그의 수탁책임이 강조되고, 회계이론도 그의 활동에 따라 설명되는 것이다.

골드버그는 이 이론을 제의하면서, 자본주이론이나 실체이론은 다 같이 소유권개념에 입각하여 설명되고 있으므로 적절한 이론이 되지 못한다고 주장하였다. 그래서 그는 그 대안으로서 기업의 경영자 또는 명령자가 자원의 효과적인 경제적 통제를 수행하는 점에 회계의 초점이 맞추어져야 한다고 하고, 이러한 회계는 명령자이론에 의해 설명될 수 있다고 하였다. 사실 기업 내에는 여러 통제계층이 있어 이사 또는 주주도 경영활동을 통제할 수 있는데, 최종적인 통제는 주주 다수의 의사에 따라 경영자에 의해 이루어질 것이다. 그러므로 명령자이론은 소유주나 기타의 이해관계자집단에 의한 것보다는 명령자에 의해 경영활동이 통제된다는 점을 강조하는 것이다.

이와 같이 명령자이론은 현재의 지배적 지분이론과 비교되어 회계사고의 관점에서는 어떤 통찰력을 주는 것으로 평가되고 있으나, 회계이론을 전개하는 데에는 미흡한 이론으로 생각되고 있어 널리 인정받는 이론이 되지 못하고 있다.

여기서 위의 명령자이론이 어떤 기업형태든 적용될 수 있다. 개인기업에서는 소유주, 조합기업에서는 조합원이 명령자가 된다. 그러나 주식회사의 경우에는 경영자 · 주주 모두가 명령자가 될 수 있다. 경영자는 경제적 자원에 대한 통제를 하고 주주는 기업으로부터 얻게 될 투자이익을 통제한다. 그러나 주식회사의 경영은 주주보다는 경영자에 의해 이루어지므로 경영자가 명령자로 생각될 수도 있다. 특히 많은 주주가 투표권을 행사하니 않는 현대 기업에서는 경영자가 명령자의 역할을 수행한다고 볼 수 있다.

명령자이론에 의해 회계보고서를 설명하면 재무제표는 기본적으로 위탁관리책임을 수임받은 관리자로서 업무를 수행한 결과를 표시하는 수탁책임보고서의 형태를 나타낸다. 재무상태표는 경영자에게 위탁된 기업의 경제적 자원의 관리에 관한 회계책임의 보고서가 되고, 손익계산서는 경영자의 활동결과를 표시하는 동시에 그 결과를 성취하기 위해 자원이 사용된 방법을 표시하는 보고서이며, 현금흐름표는 경영자가 자원인 현금을 어떻게 획득하고 운용하였는가 하는 것을 나타내는 보고서인 것이다.

이상의 명령자이론은 회계이론상으로 크게 주목되지는 않았지만 회계실무상으로는 타당성을 갖고 있는 면이 많다. 기업 내에서 경영자가 절대적인 위치를 차지하고 경영자의 경영활동이 기업의 재무상태와 경영성과에 큰 영향을 미치므로 이들의 활동은 회계이론에서 중요시될 필요가 있는 것이다. 특히 최근 관리회계가 강조되고 있는데 이것은 기업재산에 대한 경영자의 통제기능의 중요성을 알 수 있게 하고, 명령자이론의 타당성을 재인식시켜 주는 것이다.

요 / 점 / 정 / 리

BASIC

1. 지분이론의 의의

- 소유주 지분의 본질을 규명하는 이론
- 회계주체가 누구인지를 설명하는 이론
- 회계개념, 회계기준, 재무제표의 작성 등을 설명하는 근거가 됨

2. 지분이론의 내용

1) 자본주이론(자본주체설, 기업주주체설, 자본주설, 소유주이론)
- 자본계정을 원장계정의 통제계정으로 인식
- 기업을 자본주의 소유물로 인식
- 주요개념의 정의
- 자본등식을 적용
- 기업목적: 자본주 부의 극대화
- 회계목적: 자본주귀속 순이익 결정, 자본주 지분 변동측정
- 문제점: 자본주의 인적 계속성을 전제하므로 소유경영분리, 기업의 사회성 등을 고려하지 못함

2) 실체이론(기업주체이론, 기업실체이론, 기업주체설)
- 기업을 회계행위의 주체로 보고 자본주와 별도로 인식
- 기업은 모든 이해관계자들로부터 독립한 실체
- 주요개념의 정의
- 회계등식을 적용
- 기업목적: 기업자체의 부를 확대하는 것
- 회계목적: 기업귀속 순이익 결정, 재무상태 및 경영성과 측정, 보고
- 문제점: 기업의 인격존재의 가능성, 채권자와 주주의 관계설정

3) 자금이론: 회계주체를 자금이라는 활동지향적 단위로 인식

4) 잔여지분이론: 보통주주지분을 중심으로 회계이론을 전개

5) 기업체이론: 사회적 조직체로서의 기업을 회계의 중심개념으로 이해

6) 명령자이론: 경영자를 중심으로 회계현상을 설명

CHAPTER 12 회계정보의 공시

CHAPTER 12

회계정보의 공시

BASIC ACCOUNTING THEORY

1 공시의 의의

재무보고의 목적 중 중요한 것의 하나가 의사결정에 필요한 정보를 제공하는 것이다. 이에 재무적 자료 및 목적적합한 정보의 적절한 공시(disclosure)가 필요하게 된다. 문제는 회계정보를 공시하는 목적은 무엇인가? 얼마나 많은 양의 회계정보를 공시해야 하는가? 하는 점이다. 또한 공시의 방법과 시기도 정보의 유용성을 결정하는 요소가 되므로 매우 중요하다.

재무보고에 있어서 공시란 효율적 자본시장의 최적 운용에 필요한 정보를 제공하는 것이다. 이 말이 의미하는 바는 회계정보가 충분히 공시됨으로써 정보이용자로 하여금 기업의 미래 배당금의 흐름, 주가의 변동을 예측할 수 있게 하여야 한다는 것이다.

얼마만큼의 회계정보가 공시되어야 하느냐 하는 공시량의 결정문제는 정보이용자의 전문적 지식과 이해능력뿐만 아니라, 바람직한 어떤 기준을 근거로 결정된다고 볼 수 있다. 흔히 논의되고 있는 공시 개념은 적정(adequate)공시, 공정(fair)공시 및 완전(full)공시의 세 개념이다. 셋 중 가장 흔히 사용되는 개념이 적정공시이다. 적정공시가 의미하는 바는 회계정보가 정보이용자를 오도하지 않도록 하려는 최소한의 정보량을 말하는 것이다. 공정공시와 완전공시는 적극적 개념이다. 공정공시는 재무제표를 이용하는 모든 정보이용자에 대하여 균등한 대우를 하고자 하는 윤리적 목적에 따른 공시를 의미한다. 완전공시는 목적적합한 정보는 모두 공시한다는 의미이다.

실증적 연구 및 문헌조사에서 기업은 정부나 회계전문가로부터 아무런 압력이 없으면, 정보의 공시범위를 넓히려 하지 않는다는 사실이 밝혀졌다. 그러나 공시는 투자자의 최적의사결정과 자본시장의 안정을 위해 절대적으로 필요하다. 적절한 시기에 목적적합한 정보를 공시함으로써 자본시장의 효율성을 제고시킬 수 있다.

공시의 내용

1. 계량적 정보

어떤 양적 자료가 투자자와 채권자에게 중요하고 목적적합한가를 판정하는 것은 그 정보가 의사결정에 사용될 수 있는가 없는가에 따라 결정되어야 할 것이다. 그러나 여러 기업에 대하여 또는 장기간 비교를 할 때, 투자자들은 보고되는 모든 정보가 동일한 수준의 정확도를 지닌 것으로 보기는 어려운 일이다. 그러므로 회계정보의 공시는 확정적 금액 정보와 확률적인 수치로 측정 · 보고하는 데 중점을 두어야 할 것이다.

전통적으로 재무제표에는 양적 정보가 공시되고 있지만, 양적 정보 공시의 효과를 높일 수 있는 방안으로 부문별 정보의 공시가 제의되고 있다. 특히, 대기업에 있어서는 몇 개의 부문별로, 예컨대 제품별 또는 지역별로 나누어 각 경영단위의 경영성과와 재무상태를 보고함으로써 보다 상세한 정보를 제공할 수 있다.

역사적 원가회계의 구조는 과거의 사실을 검토하는 것으로 생각되어 왔다. 그런데 투자자는 주로 기업의 미래 전망에 관심을 갖는다. 이에 관하여 어떤 사람은 회계가 역사적인 정보와 현재의 정보만을 제공함으로써 미래의 예측은 투자자 스스로 할 수 있도록 하여야 한다고 주장한다. 이 경우, 정보이용자는 미래를 예측할 때 많은 변수 및 가정과 더불어 주관적 평가도 필요로 한다. 주관적 평가에 있어서도 예측되는 회계수치를 활용하여야 한다. 예상매출액, 예상수입과 지출, 제품의 수요 및 가격의 변화, 기업이 구입하는 재료 및 노동의 원가변화 등에 관한 예측치 등이 계량적 자료의 공시 내용이 된다.

기업에 관련한 재무적 회계정보 또는 기타 정보의 예측치를 외부에 발표할 때에는 경제환경 및 외적 요소에 대한 기본가정도 함께 공개함으로써 이용자가 수치의 신뢰성을 평가할 수 있도록 하여야 한다. 기본 가정에는 경제환경의 변화에 대한 가정은 물론, 동종산업에 대한 전망도 포함시켜야 할 것이다.

2. 비계량적 정보

수치로 표시할 수 없는 정보는 개별의사결정자들이 갖는 비중이 서로 다르기 때문에 중요성이나 목적적합성의 견지에서 볼 때, 평가하기가 매우 어렵다. 보통은 의사결정에 있어서 비중이 높은 정보가 낮은 정보보다 목적적합한 것이라고 생각된다. 그러므로 비계량적 정보라 하더라도 의사결정에 고려될 만큼 중요한 것이라면 생략되어서는 안 된다.

어떤 비계량적 정보의 목적적합성은 그 내용과 관련되는 양적 정보의 목적적합성에 비추어 판단할 수 있다. 예를 들어 어떤 자산이 채권자에게 담보로 제공되어 있을 때, 그 자산가액이 큰 금액이라면, 이 담보 자체가 목적적합한 사실이 된다. 드문 경우지만, 경영자가 부정한 마음으로 현금이나 재고자산에 손실을 일으켰다면, 비록 그 금액이 소액일지라도 목적적합한 사실이 될 수 있다.

비계량적 정보는 의사결정에 유용할 때에 한하여 목적적합한 정보로서 공시될 가치를 인정받는다. 그러므로 비계량적 정보는 전체의 정보에 추가되는 것만이 목적적합한 것이며, 너무 상세히 서술하거나 분석을 어렵게 한다면, 회계보고서의 이해를 어렵게 만들기 때문에 바람직하다고 볼 수 없다. 따라서 이러한 비계량적 정보를 공시할 때에는 추가적인 정보가 재무보고서를 근거로 의사결정을 행함에 있어서 도움을 주는 것인가를 먼저 확인하여야 한다.

3. 회계정책

회계절차는 기업마다 다르고, 심지어는 같은 기업 내에서도 다양하게 이루어지고 있으므로, 재무제표상의 수치를 직접 비교하기는 어려운 일이다. 회계절차를 통일한다면 회계처리의 대체적 방법이 줄어들기 때문에 자동적으로 비교가능성은 높아질 것이다. 그러나 모든 기업이 서로 다른 환경 속에서 운영되고 있는데, 회계절차를 하나만 선택하라고 강요한다는 것은 무리한 일일 뿐만 아니라, 기업은 본래의 목표를 달성하기 어렵게 된다.

대체적 회계처리방법의 수를 줄이는 해결책의 하나로 각 기업이 사용하고 있는 회계방법을 공시시킴으로써 정보이용자가 이를 판단하여 스스로 비교가능성을 얻도록 하자는 주장이 있다. 실증적 연구에 의하면, 투자세액공제를 여러 기간 순이익에 분배하기보다는 법인세의 직접 차감항목으로 보고하도록 하는 환경에서 비교가능성이 높았다는 것이 입증되었다. 한편, 대부분의 연구에서는 투자자가 다양한 재무제표를 하나의 통일된 방법으로 바꾼다고 하여 비교가능성을 높이리라는 증거도 없었다.

여하튼, 회계정책의 공시는 정보이용자가 특정기업의 재무제표를 이해하는 데 크게 도움을 주고, 이에 따라 투자의사결정도 더 잘 할 수 있다고 생각된다. 이러한 관점에서 APB의견서 제22호에서는 현재 사용하고 있는 회계정책에 관한 정보를 공시하는 것은 재무제표의 적정표시를 위하여도 필요하다고 보고 있다.

4. 회계변경

동일한 회계원칙, 회계절차를 계속적으로 사용한다는 것은 기업의 현재 활동을 평가하고 미래 활동을 예측하는 데 절대적으로 중요한 것이다. APB의견서 제20호도 이 견해를 지지하는 것은 물론이지만, 회계변경이 정당화된다면 그때는 재무제표에 그 사실을 공시해야 한다고 말하고 있다. 회계변경은 회계원칙의 변경, 회계추정의 변경 및 보고사실의 변경을 다 포함한다. 이러한 변화는 회계정책의 경우와 같이 공시함으로써 최적투자결정을 가능하게 한다.

회계방법의 변경에 기인하여 발생한 순이익의 변화는 회계방법이 변경되었다는 사실을 공시했을 때, 증권시장의 주가에 크게 영향을 미치지 않는다는 사실이 경험적으로 입증됨으로써 이 견해가 지지를 받게 되었다.

5. 재무제표일 이후에 발생한 사건

손익계산서는 일정기간 동안 발생한 손익거래의 요약이고 재무상태표는 기말의 재무적 관계 및 자원을 측정하여 요약한 것이다. 그러나 실제로 재무제표에 나타난 수치는 거의 대부분이 미래의 불확실성 때문에 임시적인 성격을 지니고 있다. 시간이 흐르고 추가정보가 입수되면, 이러한 불확실한 수치는 점차 확정된 수치로 바뀐다. 그래서 재무제표작성일 이후에 발생한 사건에 의해 이미 작성된 재무제표의 타당성이 검증되기도 한다. 또한, 재무제표를 이해하고 그것을 기초로 이루어진 의사결정에도 영향을 미친다. 재무제표 마감일 이후 및 보고서를 완성하기 전에 중요한 사건이 발생하거나 또는 뒤늦게 알려진다면, 이러한 정보는 보고서에 적절한 형식으로 공시하는 것이 공시목적에 비추어 타당한 방법이다.

재무상태표일이 지나 보고서의 완성 전에 발생한 사건에는 ① 재무제표상의 수치에 직접 영향을 미치는 사건, ② 재무상태표상의 평가액에 중대한 영향을 주거나, 지분소유주간의 관계에 중대한 영향을 주는 등 당기의 활동을 예측할 때 이미 보고된 전기활동의 기록을 그대로 사용한다면 문제가 있을 사건, ③ 미래의 영업활동과 평가에 크게 영향을 미칠 사건 등이 있다.

첫 번째 유형의 사건은 회계기간 중 이에 관한 지식이 결여되어 있었거나 이 기간 중 측정에 관한 추정이 변동하였을 경우에 발생한다. 예를 들어 주거래처가 이 기간 중에 파산하면, 아직 회수되지 않은 채 재무상태표상에 남아 있는 매출채권은 과대평가된 셈이고 대손처리가 과소평가된 것이다. 이런 정보가 일찍 입수되면 재무제표가 공표되기 전에 적절히 수정되어야 한다. 재무제표를 완전히 수정하기에는 정보입수의 시기가 너무 늦었다고 판명되고, 이 정보를 수정하지 않으면 재무제표가 잘못되는 경우에는 어떤 다른 수단에 의해서라도 확실히 공시되어야 한다. 어떤 정보를 재무상태표 마감일 전에 입수했다면, 당연히 재무제표의 작성 시에 반영시켰던 정보의 경우와 같이 이러한 유형의 사건도 수정된 금액으로 보고하여야 한다.

두 번째 유형에 속하는 사건은 전기의 재무제표에 직접 영향을 미치지는 않지만, 그 재무제표를 기초로 해서 이루어진 의사결정에는 중요한 영향을 미칠 수 있는 사건이다. 이에는 기업의 재무구조에 큰 영향을 주거나, 현재 또는 미래의 지분소유주간의 관계에 중요한 영향을 미치는 사건, 금기 또는 차기의 이익 및 배당금지급에 영향을 미치는 사건이 있다. 그러므로 비교적 대량의 주식이나 사채의 발행, 기업의 총자산에 비해 상당한 비율을 차지하는 금액의 자산매입 또는 매각사건은 그 기업에 투자할 또는 신용을 제공할 의사결정에 관련되는 것으로 간주된다.

세 번째 유형에 속하는 사건은 아직 미래에 기업의 이익과 평가에 영향을 미치게 될 것인지의 여부를 확실히 모르는 사항들이다. 예를 들어 특정 시장상황의 변화, 거래 중인 물품의 가격변화, 새로운 경영정책, 주요 계약의 서명, 전쟁, 입법 및 경제여건 등의 기업외적 사건 등이다. 감사기준위원회는 이러한 사항을 공시하도록 권고하고 있으나, 이의 공시가 때로는 정보이용자에게 도움이 되기보다는 의혹을 불러일으키거나 오도하는 수도 많다고 지적하고 있다.

6. 부문별 공시

FASB보고서 제14호에서는 기업이 각각 다른 산업에 관련할 때 기업의 활동과 외국에서의 영업활동, 수출판매 및 주요 고객에 관한 부문별 정보를 공시하도록 요구하였다.

다국적, 다각기업에 대하여 주요 부문별로, 지역마다 또는 고객마다 각 시장별로 영업활동을 공시할 필요성이 커진 것은 집합된 자료만 가지고는 기업의 성장추세, 영업활동의 변화 및 위험을 제대로 평가할 수 없기 때문이다. 상이한 성격을 갖는 부문별로 정보를 제공하게 한다면, 역사적 자료를 기초로 한 예측은 더욱 신뢰성이 높아질 것이다.

부문별 보고의 목적이 비교가능성이냐 또는 예측가능성이냐에 따라 별도로 보고할 부문에 대한 최소한의 크기가 결정된다. 동종 기업 간의 비교가능성을 높이는 것이 목적이라면, 부문을 분할하는 기준은 절대적으로 영업활동의 규모이어야 한다. 기업의 총매출액에 대하여 부문이 차지하는 비율을 기준으로 삼는다면, 작은 규모의 기업일지라도 50% 이상을 점하는 부문의 활동에 대하여는 별도의 공시가 요구된다. 10% 이하라면 대개 구분하지 않는데, 대기업의 10%가 소기업보다 클 수도 있다. 이런 이유로 다각기업은 5%밖에 안 된다 할지라도 최소한의 절대적 금액을 기준으로 해서 부문별로 보고할 것을 권고하였다. 예측가능성을 높이는 것이 부문별 보고의 목적이라면 부문은 더 크게 분할하는 것이 좋다. FASB는 산업부문이 기업의 매출액, 영업이익 또는 식별 가능한 자산의 10% 이상이라면 한 산업부문이 의미가 있다고 제안하였다.

한편, 부문별 보고는 경영자가 발표되기를 꺼리는 정보도 밝혀진다는 점에서 의미가 있는 것으로 생각되고 있다. 예를 들면, 기업의 어느 부문이 손실을 내고 있을 때, 경영자는 경영상의 비능률이라 하여 주주들로부터 힐책을 받을까 두려워 이 사실을 감추고자 할 수도 있다. 만일 어떤 부문의 수익성이 높을 때, 낮은 부문과 상쇄시킬 수가 있다.

③ 공시의 방법

1. 재무제표

목적적합하고 중요한 정보는 각 재무제표의 본문에 공시되어야 한다. 자산과 부채, 이의 변화가 순이익에 미치는 영향, 주주지분 등이 신뢰할 만큼 정확히 측정되면, 재무제표에 공시되어야 한다. 재무상태표, 손익계산서, 현금흐름표, 자본변동표 등 재무제표의 양식이나 그 배열순서는 효과적으로 개선될 수 있어야 한다.

2. 용어와 설명

공시에 있어서 서술적 표현은 재무제표 자체만큼이나 중요하다. 계정과목의 서술 또는 적절한 항목 구분은 재무제표이용자에게 많은 도움이 되지만, 모호한 용어를 사용하면 혼동과 오해를 초래한다. 전문용어 또는 기술적 용어는 그 의미가 명확하고 일반에게 널리 알려져 있을 때 사용하는 것이 좋다. 모든 회계보고서에서 회계용어의 통일을 기하자는 것은 용어의 의미가 명료하고, 용어의 사용 용도가 비슷한 경우에 바람직한 것이며, 그렇지 않을 경우에는 상황에 따라 적합한 용어를 자유로이 사용하도록 허용되어야 할 것이다.

인간의 주의력과 이해력은 한계가 있으므로 회계자료는 의미있고 유용하게 요약되어야 한다. 공시할 정보량의 결정 및 계정과목의 분류 결정은 공표하고자 하는 보고서의 목적과 개별 항목의 중요성에 따라 결정될 일이다. 재무보고서는 간결한 표현이 필요하지만 의사결정에 중요하다면 정보이용자가 충분히 이해할 수 있도록 상세히 설명되어야 할 것이다.

3. 주기

중요한 정보는 주석이나 보충명세서가 아니라, 재무제표의 본문에 공시하여야 한다. 재무제표 본문 안의 어떤 항목이 설명은 더 필요하나 길게 표현할 수 없을 때, 추가적인 설명을 그 항목 바로 곁에 괄호로써 간단히 표시할 수 있다. 주기는 간결해야 하며 그렇지 못하면 재무제표에 나타나 있는 주요 자료를 이해하는 데 방해가 된다.

주기로 사용될 수 있는 비계량적 자료에는 다음과 같은 것이 있다. 구체적인 회계 절차 또는 평가방법으로 자료의 의미를 이해하는 데 도움을 줄 수 있는 것, 의미를 확실하게 하는 특별한 내용들, 예를 들면 자산의 근저당설정 또는 부채의 우선 변제권, 본문 중 광범위한 분류 가운데 한두 개 항목의 명칭, 금액을 보다 상세히 표현하는 것, 시가와 같은 대체적 평가방법의 표시, 다른 재무제표 또는 보고서의 어느 항목에 관련된 정보의 참고사항 표시.

4. 주석

오늘날의 재무보고서에는 주석이 많이 사용되고 있다. 주석은 재무보고를 크게 발전시켰다고 말할 수 있는데 그 이유는 주석에 의하여 보다 많은 정보를 공시할 수 있기 때문이다. 그러나 한편으로는 지나친 주석의 사용으로 말미암아 재무제표 자체가 발달하지 못함으로써 재무제표의 본문보다는 주석에 크게 의존하려 한다는 비판도 있다. 주석은 재무제표상의 적당한 장소에 놓여야 하지만 공시수단으로서 뿐만 아니라, 부적절한 재무제표를 변명하는 수단으로도 이용되고 있다. 주석에 대한 분명한 원칙을 세우기는 어렵겠지만, 회계원칙 및 회계공준에 근거하여 주석에 관련한 몇 가지 규칙은 마련할 수 있다고 본다.

주석의 목적은 어떤 회계정보가 재무제표의 본문에 표시될 수 없을 때, 이를 공시하고자 이용되는 것으로 재무제표의 명료성을 해치지 않는 범위에서 재무제표와 별도로 공시하는 것이다. 주석은 재무제표의 본문에 표시할 수 있는 내용을 대신하는 대용물이 아니다. 이를 반복하려는 것도 아니므로 본문에 표시될 수 없는 내용을 추가적으로 공시하는 중요한 정보인 것이다.

주석 사용의 장점은 다음과 같은 것이 있다. 비계량적 자료를 재무제표의 일부로 표시할 수 있다. 재무제표에 표시된 사항으로서 문제점, 제한사항이 있을 때 이를 별도로 표시할 수 있다. 재무제표의 본문보다 훨씬 상세히 공시할 수 있다. 서술적인 사항 또는 부차적으로 중요한 양적 자료를 표시하는 방법으로 사용될 수 있다.

한편, 주석의 사용으로 인한 단점은 아래와 같다. 상당한 검토 및 연구를 하지 않으면 이해하기 어려울 수가 있다. 따라서 주석은 정보이용자들이 간과하기 쉽다. 주석의 서술은 재무제표 본문의 계량적 자료를 요약한 것에 비하여 의사결정에 이용하기 곤란한 점이 많다. 기업환경, 거래의 복잡화로 주석을 적절히 사용하여 재무제표를 보완하기보다는 남용될 우려가 있다.

가장 일반적인 주석의 형태는 다음과 같이 분류할 수 있다. ① 회계기법의 설명 또는 회계처리방법변경의 설명, ② 특정자산에 대한 채권자의 청구권 또는 우선권의 설명, ③ 우발자산과 우발채무의 공시, ④ 배당금 지급제한의 공시, ⑤ 자본금과 지분소유주의 권리에 영향을 주는 거래의 기술, ⑥ 미이행계약의 기술 등이다.

5. 부속명세서와 보충명세서

재무적 자료를 요약해서 간결하게 보고하면 재무제표이용자가 이해하기 쉽기 때문에, 중요한 항목의 상세한 내용은 재무제표의 본문에서 제외시켜 부속명세서에 표시한다. 부속명세서는 흔히 주석 속에 포함하거나 재무제표 및 주석의 다음에 별도로 첨부되는 수가 많다. 그러므로 부속명세서에 표시된 정보는 위치상 재무제표나 주석의 다음이므로 그 중요성도 이차적인 것으로 간주된다. 그러나 재무제표에서 얻을 수 없는 추가적 정보가 게재되므로 재무제표의 이해를 돕는다고 할 수 있다. 보충명세서는 상세한 정보보다는 일반물가수준의 변동보고서와 같은 추가적 정보를 표현한다.

6. 감사보고서

감사보고서는 본래 기업의 중요한 재무적 정보를 공시하는 수단이 아니다. 다만, 다음과 같은 형태의 정보를 공시하는 방법으로 이용될 수 있다. ① 일반적으로 인정된 회계방법이 아닌 다른 회계방법을 적용함으로써 생기는 중요한 영향, ② 일반적으로 인정된 회계방법이 어느 하나로부터 다른 회계방법으로 변경하게 됨으로써 생기는 중대한 영향, ③ 회계 감사인과 기업 간의 의견차이로서 회계보고서의 작성에 적용된 회계방법에 대한 상이한 의견, 위의 ①, ②에 속하는 정보는 재무제표 자체에도 나타나 있는 정보이다. 이처럼 공시를 중복하는 이유는 기간별 계속성의 적용, 기업 간의 비교가능성에 관해 정보이용자가 오도되지 않도록 하기 위함이다.

7. 대표이사의 서한

공식재무제표에 주석, 보충명세서, 부속명세서, 감사보고서를 첨가하면 재무보고는 완성되는 셈이다. 재무적으로 중요하고 목적적합한 정보가 모두 이 보고서에 포함된다. 그러나 어떤 정보는 연차보고서에 사장 또는 대표이사의 서한형태로 제공되는 것이 있다. 이렇게 추가되는 정보에는 기업의 영업활동에 영향을 미치는 연중사건 또는 변화 중 비재무적인 것, 산업의 장래에 관한 전망 및 회사의 역할, 장래의 성장 및 변화계획, 현재 및 미래의 자본적 지출, 연구개발에 투여되는 금액과 기대되는 효과 등이다.

비재무적 사건 또는 변화에 속하는 것으로는 최고경영자의 취임 및 주요정책이 있다. 또한 기업 또는 산업 내에서 중요한 기술개발, 제품의 수요변화 또는 주요 생산요소의 가격변화, 스트라이크, 전쟁, 정치적 조치, 천재지변과 같은 기업의 장래 영업활동에 크게 영향을 미치는 사건들을 들 수 있다. 이러한 사건 중 어느 것이 기말의 자산 · 부채의 평가액이나 당기순이익에 큰 영향을 미친다면, 경영자의 서한보다는 재무제표에서 보고되어야 한다. 그러나 이러한 항목의 영향을 평가하기란 쉽지 않다. 또한 이를 재무제표에 반영시켰다 할지라도 경영자가 추가적 정보를 제공함으로써 보완하는 것이 바람직하다.

기업의 미래를 평가하여 공시한다는 것은 비재무적 사건의 경우보다 더 어렵다. 경영자들은 대개 낙관적인 전망만을 발표하려는 경향이 있으므로 사실상 이들은 별로 의미가 없다. 대표이사의 서한에서 흔히 발견되는 표현은 “수익성 있는 영업활동의 전망은 밝다고 우리는 확신 한다”는 등이다. 이런 표현은 너무 모호해서 기업의 장래에 관한 예측을 하는 데 별로 도움이 되지 않는다.

요 / 점 / 정 / 리

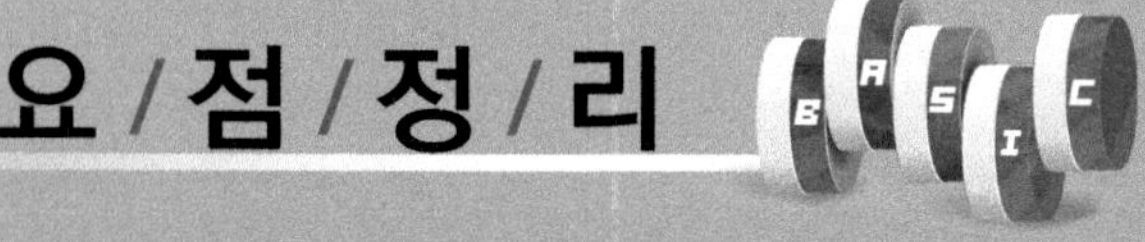

1. 공시의 의의

- 회계(재무)정보를 정보이용자에게 공개
- 회계정보 및 광범위한 기업재무 관련 상황을 공개

2. 공시의 목적

- 정보이용자의 경제적 의사결정에 유용한 정보를 제공(특히 투자자 보호 관점)
- 정보이용자의 의사결정이 오도되지 않도록 하기 위함(GAAP에 의하여 작성된 보고서 제공)

3. 공시의 대상

- 주요대상자: 투자자, 경영자, 채권자
- 목표이용자: 재무제표 의존자, 정보획득에 한정된 권한, 능력, 자원을 가진 사람

4. 공시량

- 적정공시: 이용자가 오도되지 않는 최소한의 공시
- 공정공시: 정보이용자를 배려하는 사회적 책임 공시
- 완전공시: 목적적합한 정보는 모두 공시

5. 공시의 내용

- 계량적 정보: 재무제표, 예측되는 회계관련 수치 정보
- 비계량적 정보: 목적적합한 서술, 분석정보
- 회계정책: 회계절차나 방법에 대한 기술
- 회계변경에 관한 사항: 기준의 변경, 추정의 변경 등
- 재무제표일 이후의 사건
- 부문별 공시: 영업부문, 지역별, 고객별 공시

6. 공시의 방법

- 재무제표
- 용어와 설명
- 주기
- 주석
- 부속명세서와 보충명세서
- 감사보고서
- 대표이사의 서한

CHAPTER 13 효율적 시장가설

CHAPTER 13

효율적 시장가설

BASIC ACCOUNTING THEORY

1 효율적 시장가설의 의의

자본시장연구(capital market research)란 회계정보에 대한 증권시장의 반응(response)을 연구하는 것으로, 증권시장의 반응은 주가의 변동, 주식거래량의 변동 등으로 나타난다. 효율적 시장가설에 관한 연구는 자본시장연구의 대표적인 사례인데, 내재가치이론 · 포트폴리오이론 · 자본자산가격결정모형 · 예측력이론에 관한 자본시장 연구에 해당한다.

효율적 시장가설(EMH: efficient market hypothesis)은 효율적 시장이론(efficient market theory) 또는 효율적 시장연구(efficient market studies) 등으로 불린다.

원래 효율적 시장가설은 1900년 바쉴리에(Bachelier)의 "상품가격은 무작위로 움직인다"라는 상품가격연구에서 싹튼 것으로, 1930년대에 워킹(Working)과 카울스(Cowles)에 의해 주가변동을 설명하는 데 이용되었으며, 1959년 로버츠(Roberts)와 오스본(Osborne) 등에 의해 무작위보행이론(random walk theory)으로 어느 정도 완성되었다. 무작위보행이론은 랜덤 워크 모델이라고도 하는 것으로, 1960년대부터 효율적 시장가설로 명명되어 재무이론 · 회계학분야에서 본격적으로 논의되기 시작하였다. 그 후 EMH는 약형 · 준강형 · 강형으로 나뉘어 각각 연구가 진행되기 시작하였다. 1960~1970년대에는 효율적 시장가설 중에서도 준강형이 집중적으로 연구되었는데, 이것은 회계자료와 주가의 관계가 가장 명료하게 설명될 수 있었기 때문이다.

무작위보행이론은 "주가는 무작위로 움직인다"는 것으로, 주가변동에는 어떤 정해진 유형이 없다는 것을 뜻한다. 따라서 미래의 주가변동의 방향 및 주식거래량은 과거의 자료에서 전혀 예측될 수 없다는 것을 말한다. 원래 무작위보행이란 말은 수학 · 통계학적 용어로 "다음 과정의 변화가 통계적으로 독립적이다"라는 것을 뜻하며,

이때의 시계열상관관계(serial correlation coefficients)는 0이 된다. 무작위보행이론은 1960년대에 특히 약형 효율적 시장가설을 밑받침하는 이론이 되었으며, 그 후 준강형 효율적 시장가설, 강형 효율적 시장가설로 발전되었다.

원래 재무이론에서 증권시장의 효율성(efficiency)은 배분효율성(allocation efficiency), 운영효율성(operational efficiency), 정보효율성(information efficiency)으로 나누어지는데, 효율적 시장가설의 효율성은 정보효율성을 말한다. 정보효율성은 주가에 이용가능한 모든 정보가 완전히 반영되어 주가가 결정될 때 달성된다.

여기서 효율적 시장 또는 시장효율성이란 의미는 "주가에는 모든 이용가능한 정보가 완전히 반영되어 있다" 또는 "주가는 새로운 정보에 즉시 반응한다"라는 것이다. 이때 주가가 특정정보를 반영하여 움직일 경우, 즉 주가에 정보가 내재될 경우 그 정보는 정보효과가 있는 것이다.

효율적 시장가설의 내용

1. 약형 효율적 시장가설

약형 효율적 시장가설(weak form of the EMH)은 "현재의 주가에는 과거의 주가정보가 모두 내포되어 있어서, 현재의 주가는 과거의 주가자료나 회계정보에 전혀 영향을 받지 않고 독립적으로 결정된다는 것"을 의미한다. 그래서 이 가설에 의하면 투자자는 그와 동일한 포트폴리오위험(portfolio risk)을 갖고 있는 다른 투자자보다 더 높은 포트폴리오이익(portfolio return)을 얻기 위하여 과거의 주가자료를 사용할 수 없다는 것을 뜻한다. 즉, 미래의 주가를 예측하는 데 있어서 과거의 주가는 전혀 도움이 되지 않는다는 것이다.

약형 효율적 시장가설은 무작위보행이론에 기초하여 성립되는 가설로, 과거의 주가(또는 수익률)와 현재의 주가(또는 수익률)는 독립적이라는 것이다. 과거의 주가정보가 예측에 도움을 주지 못하는 것은 증권시장이 효율적이기 때문으로, 모든 과거 정보는 현재의 주가에 이미 반영되어 있기 때문이다.

따라서 약형 효율적 시장가설에 대한 회계연구의 주제는 주가가 무작위보행을 하여 과거의 주가자료와 상관없이 움직이고 있는지에 관해 집중되었다. 약형 효율적시장가설의 연구는 1960 ~ 1970년대에 무어(Moore), 파마(Fama) 등의 시계열상관연구(serial correlation studies), 알렉산더(Alexander)의 미래주가를 과거주가를 통해 연구하는 기술적 분석연구(technical analysis studies)를 통하여 활발히 이루어졌다. 이들은 주가변동을 통계적으로 검증하였으며, 연속하는 주가변동은 대부분 독립적으로 이루어지고, 과거의 주가자료와 상관없음을 밝혀냈다.

2. 준강형 효율적 시장가설

준강형 효율적 시장가설(semi-strong form of the EMH)은 “주가에는 공시된 모든 과거 및 현재의 정보가 반영되어 있다”는 것이다. 따라서 모든 투자자가 공시된 정보를 이용하므로 어떤 투자자도 공시정보를 이용하여 비정상이익을 얻을 수 없다고 주장한다. 특히 이 가설은 현재의 모든 이용 가능한 공시정보가 주가에 완전히 · 즉시 반영된다고 가정함으로써 현재의 회계정보의 유용성을 테스트하는 데에 가장 도움이 되고 있다.

예를 들면, 기업의 결산후 이익규모가 알려지면, 이것은 지체 없이 증권시장의 주가에 영향을 미친다고 하는 것이다. 이러한 가설은 특히 대규모의 전문적인 투자자집단이 존재할 경우, 이들 집단이 모든 기업에 관한 정보를 수집 · 분석 · 해석할 수 있는 능력이 있어 즉시 최선의 투자결정을 함으로써 주가에 영향을 미칠 수 있는 경우에는 특히 타당한 가설이라고 할 수 있다.

회계연구상으로 준강형 효율적 시장가설이 세 가지 효율적 시장가설 중 가장 중요시되고 가장 많은 연구가 이루어지고 있다. 그래서 자본시장연구라고 하면 바로 준강형 효율적 시장가설에 의한 연구라고 해도 과언이 아니다. 이와 같이 준강형 효율적 시장가설이 중요시되는 것은 앞에서 언급한 것처럼 회계정보가 주가에 미치는 영향을 회계정보의 공시 즉시 알 수 있고, 여러 종류의 회계정보에 대한 테스트가 가능하여 다양한 연구를 할 수 있기 때문이다.

준강형 효율적 시장가설에 의한 초기의 연구는 다음과 같다.

(1) 회계이익의 정보효과

볼과 브라운(Ball and Brown), 그리고 비버(Beaver)의 연구가 대표적인데 회계변수와 시장행동의 관계에 관한 연구이다.

볼과 브라운은 기업의 연차이익이 즉시 그리고 편의가 없이 주가에 반영된다는 준강형 효율적 시장연구를 최초로 수행하였는데, 회계이익수치와 주가 사이에는 상관관계가 존재함을 밝혔다. 특히 그는 주가의 반응이 기업의 실제이익과 시장의 이익예측의 차이를 표시한다고 하였는데, 시장에서 이익예측을 하여 호재(good news)의 실제이익에 대한 주가반응과 악재(bad news)의 실제이익에 대한 주가반응을 평가하였다. 호재의 경우 평균누적비정상이익(average cumulative abnormal return)이 그림[13-1]과 같이 실제의 연차이익공표 12개월 전부터 점차 상승하는데, 중간보고서 등으로부터 이익이 높아질 것이라는 정보가 시장에 미리 전해지기 때문이다. 악재의 경우에도 평균누적비정상이익은 실제의 연차이익공표 12개월 전부터 점차 하강한다. 그러나 이들 두 경우에 있어서 연차이익공표 이후에는 누적초과이익이 안정추세가 되어 주가변동에 큰 움직임이 없음을 알 수 있다.

▶▶▶ [그림 13-1] 호재 · 악재의 주가행동

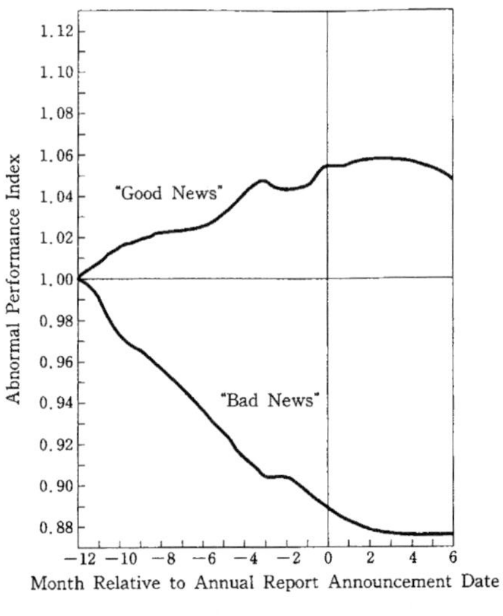

비버는 Wall Street Journal에 기업의 연차이익이 공표되는 전후의 주가와 거래량의 변동에 대해 연구하였다. 그에 의하면 주가의 변동 · 거래량은 연차이익정보가 알려진 주에 최고조에 달하였으나, 일단 알려진 이후의 주부터는 알려지기 전주의 수준으로 되돌아가고 있음을 발견하였다. 따라서 이익정보의 공시로 순간적으로 증권시장은 효율적이 되었으나, 그 후 주가 · 거래량이 원상태로 돌아가 내재가치의 수준으로 복귀

한다는 것이다.

(2) 회계변경과 주가행동

이는 대체적 회계정책 또는 회계방법의 변경이 주가에 미치는 영향을 테스트 하는 것이다. 예를 들면, 감가상각방법에 있어서 정률법으로부터 정액법으로 변경한다든가 재고자산평가방법에 있어서 선입선출법으로부터 후입선출법으로 변경하는 것에 따른 주가의 반응을 연구하는 것이다.

회계변경의 주가행동에 관한 연구로는 아치볼드(Archibald), 선더(Sunder)의 연구가 있다.

아치볼드는 1972년 발표한 논문을 통하여 감가상각방법을 가속상각법으로부터 정액법으로 변경하였을 때 시장의 반응을 관찰하였다. 효율적 시장가설에 의하면 회계변경이 경제적 변경을 뜻하는 것은 아니므로 주가변동은 없어야 한다는 것이다. 그의 연구결과에 의하면 뚜렷한 주가변동이 없었다.

선더는 1973년 발표한 논문을 통하여 재고자산평가방법을 선입선출법으로부터 후입선출법으로 변경한 기업의 주가변화를 연구하였다. 그의 연구에 의하면 후입선출법으로 바꾼 기업의 주가는 회계변경이 있는 달까지 상승하였는데, 이러한 반응이 나타난 것은 후입선출법의 채택으로 인플레시 세금이 감소하는 경제적 사건이 발생하였기 때문이다. 그러나 회계변형 후에는 비정상적 주가행동이 나타나지 않았다.

이상의 두 연구에 따르면 회계정책의 변경은 기업의 현금흐름에 직접적으로 영향을 미치기보다는 간접적으로 소유주에게 영향을 미쳐 결국 기업가치에 영향을 미칠 경우 주가에 영향이 있을 수 있다는 사실을 보여준다.

3. 강형 효율적 시장가설

강형 효율적 시장가설(strong form of the EMH)은 "모든 정보(공시 정보와 비공시 정보)가 주가에 반영되어 있다"는 것으로, 어떤 정보에 의해서도 초과이익을 얻을 수 없다고 하는 가설이다. 즉 주가에는 과거정보, 공시정보, 그리고 내부정보까지도 이미 반영되어 있다는 가설이다. 따라서 이 가설이 성립할 경우 회계방법의 변경이 있으면 개별투자자의 포트폴리오결정에는 영향이 있을지 모르나, 주가에는 영향이 없을 것이라는 것이다. 그러나 지금까지의 회계연구에 의하면 이 가설이 성립하지 않는다는 연구결과가 나오고 있다.

강형 효율적 시장가설의 대표적 연구로는 콜린스(Collins)의 연구가 있다. 그는 미국의 증권거래위원회(SEC: Securities and Exchange Commission)가 1970.12.31. 이후 제품라인별로 부문별 정보(매출액과 순이익)를 서식 10-K에 수록하여 제출하도록 함에 따라, 일반인에게 공시되지 않았던 1967~1969년도의 부문별 정보를 입수하여 이를 기초로 주식매매를 행한 결과 상당한 비정상적 이익을 얻을 수 있었다. 그러나 부문별 정보를 입수하지 않았던 1970년도에 대해서는 비정상정 이익을 얻을 수 없었다. 이로써 그는 증권시장이 내부정보에 대해서는 효율적이 아니라는 것을 증명하였고, 강형 효율적 시장가설도 성립하지 않는다는 것을 확인하였다.

3 효율적 시장연구의 유용성

효율적 시장가설은 회계의 여러 부문에 영향을 미쳤고, 회계사고의 변화도 가져왔다. 특히 이러한 영향은 대부분 회계정보의 공시와 관련되고 있다. 비버(Beaver)는 효율적 시장가설이 회계상 어떤 의미(implications)를 갖고 있는지를 서술하고 있는데 요약하면 다음과 같다.

- 회계정보의 공시범위가 확대되어야 하며, 선택적 보고방법도 공시되어야 한다. 회계보고방법은 단 한 가지만 사용되기보다는 여러 방법이 사용되어야 하며, 한 가지 방법만을 사용하더라도 충분한 주석을 달아야 한다. 정보이용자는 여러 선택적인 정보 중에서 선택하여 각자의 이용목적에 따라 이용하여야 한다. 공시적 정보는 증권시장 스스로가 그 의미를 해석하여 주가에 반영하도록 하여야 한다. 예를 들면, 원가정보와 물가변동정보는 모두 공시되어 정보이용자가 그 의미를 판단하도록 하여야 한다.
- 기업의 내부정보(inside informations)는 가급적 공시되어야 한다. 내부정보는 기업경영자 등 기업내부의 제한된 사람들이 알고 있는 정보로서 이 내부정보에 접근할 수 있는 사람은 초과이익(excess returns)을 얻을 가능성이 있다. 이러한 독점

적 이윤은 배제되어야 하므로 내부정보도 공시되어야 할 것이다.

– 종래의 전통회계에서는 회계보고의 대상이 "비전문투자자"(naive investor)라고 가정하였는데, 이 가정은 수정되어야 하며 완전공시(full disclosure)의 방향으로 나아가야 한다. "비전문투자자"는 회계정보가 과소하게 공시되었거나, 보고방법이 적절하지 못하거나, 내부정보가 공시되지 않았을 때 피해를 입을 수 있다. 따라서 비전문투자자를 보호하기 위하여 더 많은 정보가 공시되는 것이 필요하다. 정보가 지나치게 공시되면 정보이용자를 혼란에 빠뜨린다는 것은 변명의 구실에 지나지 않다.

– 회계정보는 경제성을 고려하여 제공되어야 하며, 경제적이라면 회계담당자뿐만 아니라 대체적 정보원(alternative sources of information)으로부터도 정보를 얻어 공시하여야 한다. 회계정보는 정보경제학(information economics)의 관점에서 원가보다 효익이 높을 경우 이들을 비교하여 가장 경제적인 정보가 제공되어야 한다. 종래 정보원은 회계담당자가 제공하는 것으로 생각되었으나, 다른 정보원이 있을 수도 있다. 효율적 시장에서는 모든 대체적 정보원의 정보가 증권시장의 주가에 반영된다고 생각되므로 내부정보의 경우처럼 독점적 이윤을 얻도록 허용하기보다는 그 정보가 공시되도록 유도하여야 한다.

요 / 점 / 정 / 리

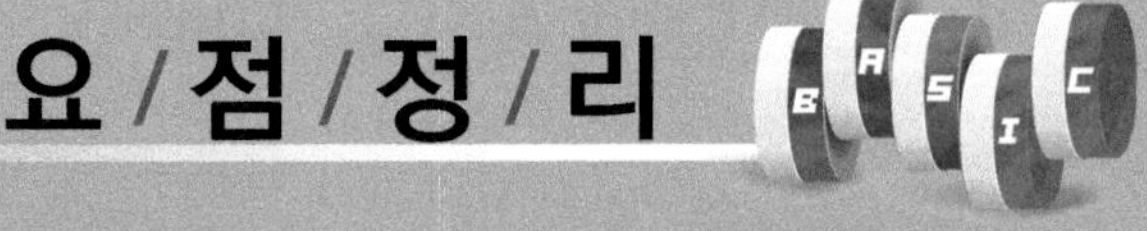

1. 효율적 시장가설의 의의

- 주가에는 모든 이용가능한 정보가 완전히 반영되어 있다라는 가정
- 주가는 새로운 정보에 즉각 반응한다라는 가정

2. 효율적 시장의 조건

- 증권거래 비용이 없을 것
- 시장참여자들의 정보이용의 공평성
- 정보에 대한 의사결정의 동질성

3. 효율적 시장가설의 내용

1) 약형 효율적 시장가설
- 현재의 주가에는 과거의 주가정보가 포함되어 있음
- 현재의 주가는 과거의 주가자료, 정보에 영향 받지 않음
- 주가는 무작위 보행을 함
- 60년대 ~ 70년대 집중적으로 연구

2) 준강형 효율적 시장가설
- 주가에는 공시된 모든 과거 및 현재의 정보가 반영되어 있음
- 어떠한 투자자도 공시정보를 이용한 비정상이익을 획득할 수 없음
- 현재의 모든 이용가능한 공시정보는 주가에 즉시 완전히 반영됨
- 현재의 회계정보의 유용성을 테스트하는 데 적합
- 회계이익의 정보효과, 회계변경의 주가행동

3) 강형 효율적 시장가설
- 모든 정보(공시, 비공개)가 주가에 반영되어 있음
- 어떤 정보에 의하여도 초과이익 획득 못함
- 주가에는 과거, 공시, 내부 정보가 포함되어 있음

4. 효율적 시장연구의 유용성

- 공시이론논의에 기여
- 회계정보와 주가반응 연구로 정보유용성 평가
- 회계정책 선택의 근거
- 다양한 연구주제로의 확대에 기여 등

BASIC
ACCOUNTING THEORY

기초적회계이론

CHAPTER 14 인플레이션회계

CHAPTER 14

인플레이션회계

BASIC ACCOUNTING THEORY

1 인플레이션회계의 유용성

인플레이션회계(inflation accounting)란 인플레이션으로 인한 화폐가치의 변동을 반영하는 회계시스템을 의미한다. 인플레이션 회계를 화폐가치변동회계, 현행가치회계, 시가회계라고도 한다. 원래 화폐가치의 변동은 인플레이션만 있는 것이 아니다. 그러나 일반적으로 만성적인 인플레이션이 나타나므로 인플레이션회계라고 부를 수 있는 것이다. 최근 회계학 분야에서는 이 용어가 보편화되어 있다.

인플레이션회계는 역사적 원가회계(historical cost accounting)와는 대조적인 개념이다. 전자는 화폐가치의 변동을 다루는 회계이지만, 후자는 화폐가치가 변동하지 않는다고 가정하며, 역사적 원가에 의해 수행되는 회계이다.

화폐가치의 변동을 고려한 회계시스템이 곧 인플레이션회계의 방법이라고 할 수 있는데, 기본적인 방법은 [표 14-1]와 같다.

▶▶▶ [표 14-1] 인플레이션회계의 방법

(1) 재무제표의 일부계정을 수정하는 방법
　① 후입선출법(재고자산평가방법)
　② 자산재평가(유형자산의 재평가)

(2) 재무제표 전체를 수정하는 방법
　① 물가변동회계(불변가치회계)
　② 현행원가회계(대체원가회계)

(3) 인플레회계정보를 보충적 정보로 하여 주석에 공시하는 방법

인플레이션회계의 목적은 역사적 원가에 의한 회계시스템을 개선하는 것으로, 현재회계의 측정시스템(measurement system)을 향상시키고자 하는 것이다. 스위니(Sweeny)는 1936년 Stabilized Accounting을 저술하여 처음으로 물가수준변동을 반영하는, 재무제표의 수정을 시도하였다.

인플레이션회계를 기업의 재무제표작성에 처음으로 도입한 국가는 네덜란드로, 1936년 이래 필립스회사를 중심으로 이루어졌다. 필립스회사에서는 재고자산 · 유형자산을 대체원가(replacement cost)에 의해 표시하였다.

미국에서 인플레이션회계가 부상하기 시작한 것은 1969년 *APB Statement No. 3*이 발표되면서부터이다. 이 보고서에서는 역사적 원가재무제표를 기본재무제표로 하면서 물가변동재무제표를 보충재무제표로 작성하도록 권고하였다. 그러나 이러한 권고는 물가변동재무제표에 대한 구체적인 작성지침이 없었을 뿐만 아니라 그 타당성에 대해 의문이 있었으므로 실무계에서 무시되었다.

1976년에는 SEC에서 *ASR No. 190*을 발표함으로써 상장기업에 대하여 재고자산 · 고정자산 등에 대한 대체원가정보(replacement cost information)를 작성하여 제출하도록 요구하였다. 그러나 SEC의 규정은 전면적인 인플레이션회계 또는 현행원가회계의 실시가 아니고 일부항목에 대한 정보의 제출요구이고, 모든 기업에 대해 작성을 의무화한 것이 아니며, 재무제표 자체를 수정하여 새로운 회계보고서를 작성하도록 하는 것이 아니었다.

1979년 공표된 FASB의 *SFAS No. 33*은 기본적으로 인플레이션회계를 불변가치회계와 현행원가회계로 나누고, 이들 정보를 공개기업인 대기업에 대해 보충적 정보로 공시하도록 하였으며, 그 외에도 과거 5년간의 인플레이션회계 정보 등을 공시하도록 하였다. 그러나 이 규정은 시행된 지 5년 만에 수정되었는데, 인플레이션회계 정보를 강제적으로 보충적 정보로 공시하도록 하는 것에 대해 실무계가 반발하였고 회계연구의 결과도 부정적이었기 때문이다.

1984년 공표된 *SFAS No. 82*에서는 물가변동회계에 관련된 인플레이션회계 정보 중 일부정보를 공시사항에서 삭제하였다. 또 1986년 공표된 *SFAS No. 89*에서는 물가변동회계와 현행원가회계에 관련된 인플레이션회계 정보의 공시를 강제규정으로부터 임의규정으로 바꾸어 자발적 기준으로 공시하도록 하였다. 따라서 한 동안 주목을 받았던 인플레이션회계의 중요성이 낮아지게 되었다.

인플레이션회계는 화폐가치안정의 공준이 오늘날 인정되기 어렵다는 관점에서, 이 공준에 입각하여 정립된 종래의 역사적 원가회계로부터 탈피하려는 움직임의 산물이라고 볼 수 있다. 이러한 논의는 과거에도 있었지만, 1970년대 이후 심각해진 세계 각국의 인플레이션으로 회계학에서도 새롭게 그 중요성이 인식되고 있는 것이다.

지금까지 인플레이션회계의 모형을 개발하기위한 접근방법으로는 다음과 같은 방법들이 제안되고 있다.

① 전통적으로 사용되어 온 역사적 원가회계로부터 새로운 현행원가회계로 이행하는 방법. 영국의 가치회계에서 이러한 시도를 하고 있다.
② 역사적 원가회계와 현행원가회계를 병립하는 방법. ASOBAT에서는 역사적 원가정보와 현행원가정보를 동시에 표시하는 다란식 회계보고서(multi-column statements)를 제의하고 있다.
③ 역사적 원가회계를 중심으로 하면서 현행원가정보를 보충적으로 표시하거나, 또는 반대로 현행원가회계를 중심으로 하면서 역사적 원가정보를 보충적으로 표시하는 방법. APB Statement No. 3(1969)에서는 기본적인 재무제표로서 역사적 원가재무제표에 보충적으로 일반물가변동정보가 공시될 수 있다고 하였다.
④ 역사적 원가회계를 중심으로 하되 특정자산 등에 대해서만 현행원가정보를 추가하여 공시하도록 하는 방법. SEC의 재고자산 및 유형자산에 대한 대체원가정보의 공시요구는 여기에 속한다고 볼 수 있다.
⑤ 역사적 원가회계를 중심으로 하면서, 특정자산 등 현행원가정보를 주석 등으로 공시하도록 하는 방법. 이 방법은 현행원가정보에 대한 공시가 다른 방법에 비해 강력하지 않다고 볼 수 있다.
⑥ 역사적 원가회계를 중심으로 하면서, 물가변동정보와 현행원가정보를 보충적으로 표시하는 방법. 이 방법은 FASB의 SFAS No. 33과 SFAS No. 89에서 채택한 방법이다. 인플레이션회계 정보보다는 역사적 원가정보를 중시하면서, 인플레회계정보를 참고자료로 하는 입장이다.

2 인플레이션회계에서의 주요개념

원래 가격이란 재화와 용역의 교환가치(exchange value)를 가리킨다고 말할 수 있다. 여기서 가격이란 주로 재고자산·유형자산 등 자산의 가치를 말한다. 이 가치는 유입가치(entry prices)와 유출가치(exit prices)로 나눌 수 있다. 그런데 가격변동은 재화 또는 용역의 가격이 동일한 시장에서 과거의 가격과 다른 가격으로 바뀌었을 경우 발생한다. 예컨대 기업이 상품을 유입시장(entry market)에서 어떤 가격으로 구입하였는데, 유출시장(exit market)에서 더 높은 가격으로 그 상품을 판매하였다면 이것은 상품가격의 변동이라고 볼 수 없는 것이다.

1. 일반물가수준변동

일반물가수준변동(general price-level changes)이란 화폐가치가 전반적으로 증가 · 감소하는 것으로, 인플레 · 디플레 등에 의해 화폐단위의 가치가 변동하는 것을 말한다. 일반물가수준변동이 일어나는 원인으로는 통화량의 증감, 화폐의 유통속도, 재화와 용역의 수요 · 공급, 국제상품가격의 변동 등이 있다.

가격은 상대적 가격변동(relative price movements)이 없을 경우 모든 가격은 동일한 방향으로 움직이며 동일한 비율로 변동한다고 말할 수 있다. 그러나 보통 가격은 각각 다른 비율로 움직이는데, 일반가격변동의 측정치는 기준연도와 측정하고자 하는 당해 연도의 일반물가수준을 비교함으로써 얻을 수 있다. 이러한 두 연도의 가격비교는 물가지수(price index)에 의해 수행된다. 이로써 현재의 물가지수와 기준연도의 물가지수의 비율은 물가지수에 포함된 모든 가격의 상대적 변동을 나타낸다고 볼 수 있다. 그래서 이 비율의 역수는 화폐가치의 변동을 나타내는 것으로서, 구매력변동(change in purchasing power)이 된다. 예를 들면, 물가지수가 100으로부터 200으로 증가하면 물가는 2배로 상승한다. 그러나 화폐 1단위의 구매력은 전보다 1/2로 감소된 것이다.

2. 구매력

구매력이란 일정한 화폐액으로 재화 · 용역을 구입할 수 있는 능력으로, 동일한 화폐액으로 과거에 구입할 수 있었던 것과 비교한 것이다. 두 시점에 있어서 화폐의 구매력을 비교하기 위해서는 두 시점에서 구입할 수 있는 재화와 용역이 동일하거나 유사하여야 한다. 그러나 재화와 용역의 유형 · 품질은 시간이 흐를 경우 변화하는 경우가 많으므로, 장기간에 있어서 두 시점간의 구매력을 비교하는 것은 적절하지 못할 수도 있다.

구매력은 흔히 물가변동회계에서 일반구매력(general purchasing power)으로 표현된다. 일반구매력은 경제 내에서 모든 유형의 재화와 용역을 구입한 능력을 말하는 것으로, 일반물가수준의 변동에 의해 측정된다. 이와 반면에 개별구매력(specific purchasing power)은 다른 두 시점에 있어서 개별재화와 개별용역을 구입할 능력을 가리킨다. 그래서 개별구매력은 개별상품을 두 시점에서 구입하는 능력으로, 개별가격의 변동에 의해 측정된다.

3. 개별가격변동

개별가격변동(specific price changes)은 개별상품가격의 변동이다. 즉, 개별가격변동이란 일반물가변동 또는 일반적 화폐가치의 변동이 없다고 가정한 상태에서 개별상품가격의 변동을 가리키는 것으로, 각 상품의 교환가치의 변동을 뜻한다. 이것은 여러 가지 원인으로 발생할 수가 있는데, 예를 들면 소비자기호의 변화, 기술혁신, 투기, 특정제품의 공급에 있어서의 자연발생적 또는 인위적으로 생기는 변동, 특정상품가격의 변동 등이 있다. 이러한 개별가격변동은 현행원가회계를 설명하는 데에 유용한 가격변동개념이라고 할 수 있다.

개별가격변동은 다음과 같은 관점에서 지지되고 있다. 재화의 유입시장에서의 가격변동은 기업의 원가 또는 비용의 증감이 된다. 그러나 재화의 유출시장에서의 가격변동은 기업이 얻을 수익의 변동을 뜻한다(여기서 가격변동은 판매한 재화의 수량에 영향을 미치지 않는다고 가정한다). 전통회계의 거래개념에 의한 이익측정에 의하면 원래 유입시장에서 구입한 재화의 취득원가가 유출시장에서 판매한 재화의 판매가격과 대응되어 이익이 산출되게 된다. 그래서 판매된 재화의 개별입력가격의 변동은 당기순이익내에 포함되는 결과가 된다. 이것은 자산보유이득(asset holding gain)이 순이익에 포함되기 때문이다. 여기서 좀 더 타당한 수익 · 비용의 대응은 수익을 얻는 과정에 사용된, 또는 수익과 관련된 재화의 현행원가를 비용으로 하여 대응하는 것이 될 것이다. 이와 같이 현행출력가격인 수익과 현행입력가격인 현행원가를 대응시키는 것은 기업의 영업활동효율의 측정치로서 또는 기업의 미래 활동을 예측하는 데에 유용한 것으로 생각되고 있다.

기업이 보유한 재화의 개별가격변동의 본질을 어떻게 이해하느냐에 대해서는 의견이 일치되지 않고 있다. 하나의 견해로는 개별가격변동으로 인한 가격의 상승 · 하락으로 보유손익(holding gain or loss)이 나타난다는 것이다. 그래서 어떤 사람은 이 보유손익이 기업의 순이익을 결정하는 데 포함되어야 한다고 주장한다. 왜냐하면 이러한 손익은 주주지분 또는 순자산의 가치변동을 뜻하기 때문이다. 그러나 다른 견해에 의하면 이 보유손익은 기업의 영업활동이익의 계산에 포함되어서는 안 된다고 생각하는데, 왜냐하면 이들 손익이 기업의 정상적 · 반복적 활동으로부터 결과한 것이 아니기 때문이다. 따라서 기업의 정상적 활동으로 인한 이익은 재화의 판매가격(수익)에서 현행입력가격(현행원가)과 기타 비용을 차감한 것이 되어야 한다고 주장하고 있다.

역사적 원가회계에 의하면 수익이 보고되는 판매시점까지는 자산가치의 변동을 회계보고서에서 인식하지 않는다. 여기서 만일 현행원가를 비용으로 사용한다면 보유손익은 가격변동을 나타내는 것이라고 할 수 있다. 이 보유손익은 수익의 실현시점을 기준으로 실현손익과 미실현손익으로 나눌 수 있다. 이러한 보유손익은 에드워즈와 벨(Edwards and Bell)이 처음 설명하였다.

예를 들면, 상품이 ₩100에 구입되었으나 이 상품의 대체원가가 ₩120일 때 ₩150으로 판매하였다고 하자, 이때 전통회계에 의하면 순이익은 ₩50이 되나, 자세히 분석해 보면 영업활동이익은 ₩30, 보유이득은 ₩20이다. 여기서 대체원가의 증가가 과거연도에 발생한 것이라면 이 ₩20은 과거연도에 있어서는 실현가능원가절감액(realizable cost savings)을 뜻하는 것으로 미실현된 것이다. 그러나 상품이 판매되면서 이 금액은 당기에 실현된 금액이 될 것이다.

현행원가는 현행교환가격(current exchange prices)을 나타내는 것으로, 역사적 원가와는 다른 평가기준이다. 이러한 현행원가를 자산평가기준으로 사용하는 데에는 반대가 있는데, 무엇보다도 현행원가는 주관적 가치로서 검증 가능한 교환가격인 역사적 원가를 대치하려고 한다는 점에서 반대되고 있다. 그러나 현행원가를 사용할 때에도 이 가격을 잘 조직화된 시장에서 얻을 수만 있다면 검증가능성을 얻을 수 있을 것이다. 더군다나 현행원가는 검증가능성을 희생하더라도 정보이용자의 정보이용목적에 적합한 정보를 제공하는 장점이 있다.

이러한 현행원가는 기업의 종래의 자산과 동일한 자산을 구입한다고 할 때에 타당한 것으로, 다른 자산을 구입할 경우에는 타당하다고 볼 수 없다. 그래서 현재 사용하고 있는 또는 보유하고 있는 자산과 다른 자산을 구입할 경우에는 그러한 논리를 적용할 수 없다. 그러므로 과거연도에 낮은 금액으로 구입한 자산을 현행원가로 표시한 것이 기업 활동을 평가하거나 기업의 미래를 예측하는 데에 목적적합한 정보가 된다고 하는 주장은 틀릴 수도 있다.

4. 상대적 가격변동

상대적 가격변동(relative price changes)이란 가격의 구조적 변동 또는 어떤 재화의 가격과 다른 모든 재화의 가격과의 상대적 관계에서 나타나는 변동이다. 상대적 가격변동은 일반물가수준변동과 개별가격변동에 모두 나타난다.

상대적 가격변동을 구체적으로 설명하면 다음과 같다. 재화 · 용역의 가격은 다른 비율로 움직이며 때로는 다른 방향으로 움직인다. 그래서 개별가격이 다른 비율로, 다른 방향으로 변화할 경우 모든 가격의 가격지수와의 관계는 상대적 가격변동으로 나타난다. 예를 들면 모든 상품의 가격이 20% 상승하고, A상품의 가격이 32% 상승하였다면, A상품의 상대적 가격상승은 10%가 되는 것이다. 즉, 132/120－1.00으로 계산된다.

인플레이션회계의 모형

1. 일반물가변동모형

일반물가변동모형은 일반물가수준변동에 의한 가격변동을 고려하는 것으로, 역사적 원가에 물가지수를 곱하여 수정하는 것이다.

전통회계모형에서는 순이익을 계산하는 데 있어서 물가변동의 영향을 무시해 왔다. 그러나 사람들은 금년에 번 ₩100,000이 10년 전에 번 ₩100,000보다 더 유족한 상태에 있지 못하다는 것을 인정하고 있다. 그래서 전통회계모형은 물가수준변동의 영향을 고려하여야 한다는 점에서 비판되고 있다. 그리고 전통회계모형에서 각 역사적 원가를 자산의 취득시점에 따라 그대로 합산하는 것은 화폐가치의 변동을 고려하지 않은 것으로 문제점이 있다고 생각된다.

전통회계모형과 물가변동회계모형을 이익측정과 관련하여 비교하기로 하자. 예를 들면, 어떤 기업이 토지를 ₩500,000에 구입하였다고 가정하자. 이 토지가 인플레로 일반물가수준이 2배가 되었고, ₩1,000,000에 팔렸다고 하자. 전통회계에 의한 손익계산서에서는 토지의 판매시점에서 ₩500,000의 이익이 발생하였다고 할 것이다. 그러나 여기서 기업은 진실로 ₩500,000을 번 것인지 의문이 생긴다. 물가수준이 2배로 되었을 경우 화폐의 구매력은 1/2로 줄었기 때문이다. 이 기업은 게다가 동일한 재화를 수년전에는 ₩500,000으로도 구입할 수 있었지만, 판매한 해에는 ₩500,000으로 동일한 토지를 구입할 수 없을지도 모른다. 이 두 모형을 이익측정의 관점에서 표로 나타내면 [표 14-2]와 같다.

▶▶▶ [표 14-2] 전통회계모형과 일반물가변동모형의 이익측정

전통회계모형		일반물가변동모형	
수익(토지의 판매)	₩1,000,000	수익(토지의 판매)	₩1,000,000
원가(토지의 취득원가)	500,000	원가(물가수준으로 수정)	1,000,000
순이익	₩500,000	순이익	₩0

2. 현행원가 모형

에드워즈와 벨의 모형(Edwards and Bell model)을 현행원가모형이라고도 하는 데, 경제학자인 에드워즈와 벨이 고안하였다. 이 모형은 현행원가를 중심으로 하므로, 현행원가회계를 설명하는 기초가 되고 있다.

이 모형은 일반물가변동모형보다 더 정교한 이익개념을 사용하고 있는데, 현행원가를 평가의 기초로 하고 있다. 여기서 현행원가란 현재상태의 시장에서 자산을 구입하는 데 소요되는 화폐액이다. 에드워즈와 벨은 이 모형을 소개하면서 회계는 여러 목적에 이용되므로 단 하나의 이익개념에 집착하는 것은 옳지 않다고 주장하였으며, 다음과 같이 이익개념을 나누고 있다.

- 당기영업활동이익(current operating profit): 기업이 수익을 현행원가보다 높게 실현함으로써 얻게 되는 이익으로, 기업의 영업효율을 측정하는 데 사용된다(대체원가와 판매가의 차이).
- 실현가능이익(realizable profit): 수익의 실현이 발생하지 않았어도 기간별로 자산의 화폐가치가 변동함으로써 얻을 수 있는 이익이다(역사적 원가와 대체원가의 차이).

- 실현이익(realized profit): 자산이 판매된 시점에서 실현된 이익으로, 이 자산에서 발생한 모든 과거의 실현가능이익도 포함하는 것이다(역사적 원가와 판매가의 차이).

즉, 어느 기업이 토지를 제1기초에 ₩100,000에 구입하였다고 하자. 이때 제1기 말에는 이 토지의 대체원가가 ₩125,000, 제2기 말에 ₩160,000, 제3기초에 ₩240,000에 판매되었다고 하자. E&B모형에 의한 세 기간의 이익개념은 [표 14-3]과 [표 14-4]처럼 표시할 수 있다.

▶▶▶ [표 14-3] E&B모형에 의한 이익측정

제1기			제3기		
수익		₩0	실현수익(토지의 판매)		₩240,000
자산보유이득		25,000	대체원가		160,000
실현가능이익		₩25,000	당기영업활동이익		80,000
제2기			대체원가	₩160,000	
수익		₩0	역사적 원가	100,000	60,000
자산보유이득		35,000	실현이익		₩140,000
실현가능이익		₩35,000			

▶▶▶ [표 14-4] 전통회계모형과 E&B모형의 비교

제3기

전통회계모형		E&B모형		
수익(토지의 판매)	₩240,000	수익(토지의 판매)		₩240,000
원가(토지의 취득원가)	100,000	대체원가		160,000
순이익	₩140,000	당기영업활동이익		80,000
		대체원가	₩160,000	
		역사적 원가	100,000	60,000
		실현이익		₩140,000

3. 현행현금등가액모형

챔버스모형(Chambers model)을 현행현금등가액모형(current cash equivalent model)이라고도 하는 데, 호주의 회계학자인 챔버스에 의해 제안된 모형이다. 이 모형은 앞서

설명한 현행원가모형과 비슷하나 현행원가 대신 유출가치의 하나인 현행현금등가액을 사용하는 것이다. 이 모형에서는 자산가치가 구입가격 또는 현행원가가 아니라 시장판매가격이 된다는 것이다. 현행현금등가액은 순실현가능가치(net realizable value)이다.

챔버스모형을 간단히 설명하면 다음과 같다. 토지의 취득원가가 ₩100,000이었고, 이의 현행원가가 ₩150,000이었다고 가정하자. 이때 이 토지가 ₩160,000에 판매될 수 있다고 하자. 즉, 시장판매가격이 ₩160,000이다. 챔버스모형에 의하면 자산보유이득은 ₩50,000이 아니라 ₩60,000이 된다고 하는 것이다.

이로써 챔버스모형에서는 기업의 자산가치를 측정하는 데 있어서 현행현금등가액 또는 시장가치가 최선의 수단이 된다고 주장하고 있다. 또 그는 이러한 시장가치의 변동은 이익측정에 즉시 반영되어야 한다고 하였다. 그러나 그는 시장가치를 얻을 수 없는 경우가 있어 현행현금등가액 개념이 언제나 적용될 수 없음을 인정하고 있다. 그래서 그는 이러한 경우 현행대체원가가 대신 사용될 수 있다고 하고 있다.

요/점/정/리

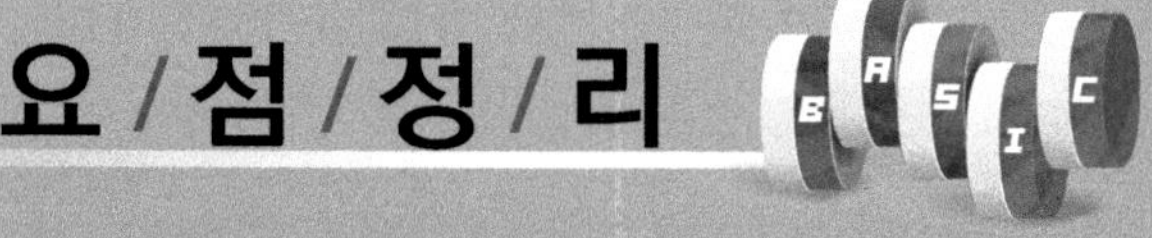

1. 인플레이션회계의 유용성

- 화폐가치의 변동을 측정, 보고하는 회계분야
- 역사적 원가의 채택으로 인한 측정의 왜곡현상을 개선하고자 함

2. 인플레이션회계에서의 주요개념

- 일반물가수준변동: 화폐가치가 전반적으로 증가, 감소하는 것
- 구매력: 일정한 화폐액으로 재화, 용역을 구입할 수 있는 능력
- 개별가격변동: 일반물가변동, 일반적 화폐가치의 변동이 없다고 가정할 때 개별 가격이 변동하는 것
- 상대적 가격변동: 상대적인 가격의 변동, 모든 재화의 상대적 관계에서의 변동
- 보유손익: 보유시의 화폐가치 변동 손익

3. 인플레이션회계의 모형

- 일반물가변동모형: 일반물가수준변동에 의한 가격변동을 재무제표에 반영하는 모형
- 현행원가모형: 자산을 현재 상태에서 구입한다는 가정하에 소요되는 화폐액을 반영하는 모형
- 현행현금등가액모형: 순실현가능가치(미래 정상적인 영업과정에서의 유출을 예상하여 측정)를 반영하는 모형

CHAPTER 15 인적자원회계

SECTION

CHAPTER 15

인적자원회계

BASIC ACCOUNTING THEORY

1 인적자원회계의 의의 · 목적

인적자원회계(HRA: human resource accounting)는 인간의 가치를 측정 · 보고하는 문제를 다루는 것으로, 결국 인간에 대해 경제적 가치를 부여하여 이를 측정 · 보고하는 회계행위이다. 미국회계학회에서는 인적자원회계를 "인적자원에 관한 자료를 식별 · 측정하고, 이러한 정보를 이해관계자에게 전달하는 과정" 이라고 정의하고 있다.

여기서 강조하고 있는 것은 인적자원에 대한 측정과 전달이라고 할 수 있다. 즉, 인적자원회계는 기업의 원가인 인적 자산(human assets)을 획득 · 채용 · 훈련 · 개발하는 데 소요되는 비용을 측정 · 보고하는 문제를 다루는 것으로 이해 할 수 있다.

따라서 인적자원회계의 목적은 조직에 관해 내부적 · 외부적으로 이루어지는 재무적 의사결정의 질을 향상시키는 것으로, 기업내외에서 수행되어야 할 의사결정에 유용한 정보를 제공하는 것이라고 할 수 있다. 그리고 HRA정보는 투자자 등 외부이용자의 의사결정보다는 경영자의 의사결정에 중요한 정보를 제공하는 것으로 생각되어, 경영자의 관리적 의사결정에 더 유용한 것으로 생각되고 있다.

플램홀츠(Flamholtz)는 "HRA시스템의 주요목적은 인적 자원을 효과적 · 효율적으로 사용하려는 경영계획 및 통제에 도움을 주는 것이다"라고 하였다. 즉, 인적자원의 원가와 가치의 측정치는 인력계획 및 활용에 필수적인 자료가 되고 있다. 따라서 인적자원의 측정치는 인력의 취득, 개발, 배분, 보존, 활용, 평가, 보상의 과정에서 유용한 것이 되는 것이다.

한편, 인적자원회계를 수행하려면 다음의 가정이 전제되어야 한다.

① 인적자원은 물적 · 재무적 자원이 기업에 효익을 주는 것과 마찬가지로 기업에 효익을 주는 것이다.
② 인적자원은 재무적 측정치로 측정되어야 한다.
③ 인적자원은 회계상 자산으로 분류될 수 있다.
④ 인적자원의 원가 · 효익에 대한 정보는 조직성과를 계획, 통제, 평가, 예측하는 과정에 유용하다.

회계학자들이 인적자원회계에 대해 관심을 갖게 된 것은 1960년대로 알려져 있다. 이들은 주로 인적자원에 대한 측정과 보고에 관심을 두었는데, 허만슨(Hermanson), 파일(Pyle), 브루멧(Brummet), 플램홀츠 등이 있다. 이 중에서도 특히 파일과 프램홀츠 등은 기업의 인적자원회계 개발에 참여하여 중요한 역할을 하였다.

인적자원회계를 처음으로 도입하고, 이를 도입한 재무제표를 외부에 공표한 회사는 R.G. Barry Corporation이다. 이 회사에서는 미시간대 파일 교수의 도움으로, 1969년 처음으로 인적자원에 대한 투자원가(예: 종업원의 채용, 취업, 훈련, 개발에 소요된 비용)를 계상하는 회계시스템을 개발하여 외부에 공표하였다. 이 회사에서는 인적자원을 당기비용화하지 않고 자본화한 투자자산으로 계상하고, 그 사용연수 동안 상각하고 있다.

2 인적자원회계의 모형

인적자원이 기업의 자산이 될 수 있다는 점은 누구나 수긍하겠지만 그 측정에는 어려운 문제가 많다. 그렇다고 현재의 재무상태표에서처럼 인적자원을 자산으로 계상하지 않고 있는 것은 타당하다고 보기 어렵다. 인적자원회계의 모형에는 다음과 같은 것들이 있다.

1. 원가모형

인적자원의 가치를 원가에 근거하여 측정하는 방법이다. 이 모형들은 현행의 회계시스템에 도입될 수 있어 실현가능한 모형이고, 전통회계모형을 활용하는 방법이라고 할 수 있다.

(1) 역사적 원가 모형

이 모형에서는 기업의 종업원을 채용, 훈련, 개발, 배치하는 데 드는 모든 비용을 투자자산으로 계상하게 된다. 이와 같이 자본화된 인적자원은 그 자산의 기대되는 사용연수 동안 상각하게 된다. 만일 인적자산이 예상보다 빨리 청산된다고 예측되면 손실을 계상하며, 원래 예상한 것보다 장기간 계속되리라고 예측되면 그 상각계획을 수정하게 되는 것이다. 또 인적자원에 대한 추가적 지출이 인적자산의 가치를 증가시켜 미래 효익을 증가시킨다고 기대될 경우, 이 지출을 자본화하여 인적자산의 남은 사용연수 동안 상각하는 것이다.

이와 같은 역사적 원가에 의한 인적자원회계는 R.G. Barry Corporation에서 처음 시도되었다. 한편 현재의 회계시스템은 역사적 원가시스템을 기반으로 하고 있으므로, 역사적 원가에 의한 인적자원회계의 도입에는 무리가 없으며, 인적자원회계 실현의 첫 단계로서 이용될 수 있다고 생각되고 있다.

(2) 대체원가 모형

인적자원회계에 있어서 대체원가란 기업이 현재 소유한 인적자원을 대체하는 데 소요되는 원가의 측정치이다. 여기서 대체되는 인적자원은 원래의 인적자원과 동일한 능력을 가져야 한다. 즉, 현재의 종업원과 동일한 전문적 능력, 경험, 숙련을 갖춘 인적자원을 채용, 훈련, 개발하는데 소요되는 원가를 자산으로 계상한다.

대체원가모형은 인적자원회계에서 인적자원의 가치를 표시하는 방법으로 또는 역사적 원가에 추가하여 사용될 수 있는 방법으로 제의되고 있다. 인적자원회계에서 대체원가의 사용은 플램홀츠에 의해 처음 제의되었다.

(3) 기회원가 모형

원래 기회원가(opportunity cost)는 자산의 선택적 사용이 있을 경우에 희생된 그 자산의 가치를 가리킨다. 이와 비슷한 논리에서 인적자원회계에서는 경쟁적 호가(呼價)과정을 통해 결정되는 원가를 기회원가라 하고 있다. 이것은 기업내의 이익중심점 또는 투자중심점의 각 경영자가 현재 다른 부문에 소속되어 있는 종업원을 채용하기 위해 호가방식에 의해 가격을 결정하는 것이다. 이러한 기회원가의 결정은 희소인적자원의 경우에만 타당한 것으로, 경영자가 외부로부터 인적자원을 쉽게 구할 수 있을 경우에는 적용할 수 없다. 그래서 이러한 희소인적자원을 획득한 경영자만이 호가로 결정된 금액을 투자자산으로 계상할 수 있게 된다.

이 방법은 헤키미안과 존스(Hekimian and Jones)에 의해 제의된 것이다. 이들은 경쟁적 호가개념에 의해 결정되는 기회원가는 인적자원의 적정배분에 기여하고, 기업의 인적자산에 대한 계획 · 평가 · 개발의 계량적 기초를 제공하여 준다고 주장하고 있다. 그러나 이 방법은 다른 방법들에 비하여 실무적으로 적용하기 곤란한 문제점이 많다.

(4) 미래급여의 할인액 모형

기대되는 인적자원의 미래급여를 할인하여 인적자원의 가치를 측정하는 것으로, 현가개념에 의한 측정방법이다.

허만슨은 인적자원의 측정방법으로서 소위 수정현가법을 제의하였다. 이 방법에 의한 인적자원의 가치는 차후 5년간 기대되는 급여지급액을 가장 최근의 정상이익률로 할인하되, 과거 5년간 가중평균한 기업의 성과치로 수정한 금액이다.

2. 가치측정모형

가치측정모형(value measurement model)은 경제적 가치의 측정을 인적자원의 측정에 적용하는 방법이다.

경제학상의 가치란 미래의 경제적 효익으로, 경제적 자원의 가치는 기대되는 미래용역(future services)의 현가가 된다. 따라서 인적자원회계에 이를 적용하면, 인적자원의 경제적 가치는 인적자원으로 기대되는 미래이익을 할인한 현가가 된다. 이것은 경제적 가치의 개념에 따라 인적자원의 가치를 측정하는 것이므로, 원가와는 직접적 관련이 없다.

이 방법은 플램홀츠, 허만슨, 가일스와 로빈슨(Giles and Robinson) 등에 의해 제시되었는데, 플램홀츠가 대표적이어서 플램홀츠모형이라고도 부른다.

플램홀츠는 기업에 있어서 개인가치에 입각하여 인적자원의 가치를 측정하는 방법을 제시하였다. 그는 개인가치의 평가문제를 보상을 고려한 확률과정으로 개념화하여 개인에 대한 화폐적 평가를 확률모형으로 제시하였다. 그의 모형은 개인의 가치란 추상적 관점에서 기업에 가치 있는 것이 아니라 각 개인의 개인적 속성 · 태도와 관련하여 기업에 가치 있는 것으로 파악되어야 하며, 이러한 개인의 기업 내에서의 역할 및 특성에 따라 가치가 판단되어야 한다고 주장하였다. 그의 방법은 개인가치를 측정하기 위해 기대실현가능가치(expected realizable value)란 개념을 사용하였다.

플램홀츠에 의하면, 기대실현가능가치란 기업이 각 개인(종업원)으로부터 그가 근속하는(사용연수)동안 얻게 될 잠재력으로 실현될 금액이다. 그래서 이것은 각 개인의 조직 내에서 활동의 잠재력을 고려한 것이라고 볼 수 있다. 그는 기대실현가능가치는 개인의 조건적 가치(conditional value)에 개인이 기업 내에 근속연수 동안 근무할 확률을 고려한 금액이라고 하였다. 여기서 조건적 가치란 개인이 근속연수 동안 발휘할 잠재력으로, 경제적 가치로 측정하면 개인이 기업에 기여하리라고 기대되는 잠재적 용역의 현가인 것이다. 이 조건적 가치는 세 가지 변수에 의해 결정되는데, 개인이 현재의 직위에서 제공하리라고 기대되는 용역인 생산성(productivity), 개인이 현재직위와 유사한 수준의 직위로 옮겨갔을 때 수행할 수 있다고 기대되는 용역인 전임가능성(transferability), 개인이 현재의 직위보다 높은 직위로 승진하였을 때 수행하리라고 기대되는 용역인 승진가능성(promotability)으로 구성된다.

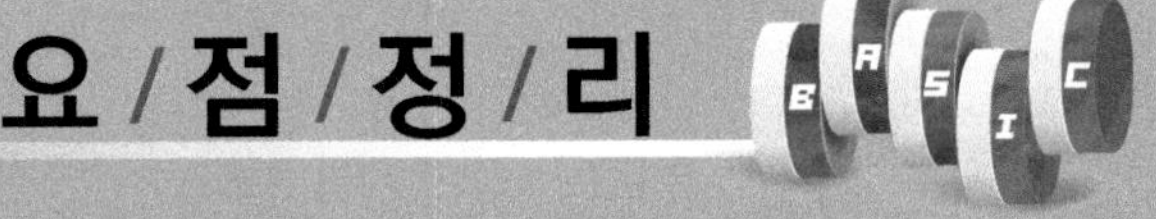

1. 인적자원회계의 의의 · 목적

– 의의

- 인간의 가치를 측정, 보고하는 분야
- 인적자원을 획득, 채용, 훈련, 개발하는데 소요되는 비용을 측정, 보고

– 목적

- 경영자의 재무적 의사결정의 질을 제고시키기 위함
- 인적자원을 효과적으로 관리하기 위함

2. 인적자원회계 성립의 가정

인적자원의 자산성, 측정가능성 등

3. 인적자원회계의 모형

1) 원가모형

– 역사적 원가 모형: 종업원을 채용, 훈련, 개발, 배치하는데 소요되는 비용을 자본화

– 대체원가 모형: 현재의 종업원과 동등한 전문 능력을 가진 인적자원을 채용, 훈련, 개발하는데 소요되는 원가를 인적자원의 가치로 평가

– 기회원가 모형: 경쟁적 호가과정을 통하여 획득된 희소자원을 자산으로 계상

– 미래급여의 할인액 모형: 기대되는 인적자원의 미래급여를 할인하여 자원의 가치를 결정

2) 가치측정모형

– 인적자원으로 기대되는 미래이익을 할인한 현재가치가 인적자원의 가치이므로 이를 자산으로 계상(개인의 기대 실현가능가치: 개인의 조건적 가치 + 근속연수 동안 근무할 확률)

– 개인의 조건적 가치: 개인이 기업에 기여하리라 기대되는 잠재적 용역의 현가

– 개인의 조건적 가치의 결정 변수: 생산성, 전임가능성, 승진가능성 등

BASIC ACCOUNTING THEORY

기초적회계이론

종합과제

종합과제

BASIC ACCOUNTING THEORY

1. 회계학은 사회과학이다. 그 이유를 설명하시오.

2. 회계이론의 특성에 대하여 설명하시오.

3. 경험적 연구(empirical study)에 관하여 설명하시오.

4. 전통회계이론과 현대회계이론의 차이점에 대하여 기술하시오.

5. 재무제표의 기능과 관련한 정태론과 동태론에 대하여 논술하시오.

6. 기업실체의 공준에 관하여 설명하시오.

7. 경제적 이익과 회계적 이익의 장단점을 설명해보시오.

8. 이익정보의 유용성에 대하여 논술하시오.

9. 자본과 이익을 구분 보고하는 이유를 설명하시오.

10. 수익의 본질론 중 재화용역유출설에 대하여 설명하시오.

11. 수익인식의 시점에 관하여 설명하시오.

12. 실현주의와 발생주의를 비교 설명하시오.

13. 비용수익대응의 원칙을 설명하시오.

14. 비용과 손실의 차이점을 설명하시오.

15. 희석주당순이익의 정보유용성에 대하여 설명하시오.

16. 자산의 본질론 중 용역잠재력설에 대하여 설명해 보시오.

17. 자산평가 기준 중 역사적원가와 현행원가를 비교설명하시오.

18. 감가상각 방법 중 정액법과 정률법의 장단점을 비교 설명하시오.

19. 토지를 감가상각할 수 있다면 그 이유를 쓰시오.

20. 무형자산의 특질에 대하여 논술하시오.

21. 영업권의 발생원인에 대하여 설명하시오.

22. depreciation, depletion, amortization을 설명하시오.

23. 영업권 상각설과 비상각설 중 어떤 견해를 지지하는가? 지지 이유를 설명하시오.

24. 비유동부채의 평가 방법에 대하여 설명하시오.

25. 유동부채를 현재가치로 평가하지 않는 이유를 설명하시오.

26. 자본주이론과 기업실체이론을 비교 설명하시오.

27. 적정공시, 공정공시, 완전공시에 관하여 설명하시오.

28. 준강형 효율적시장 가설에 대하여 설명하시오.

29. 물가수준변동회계에 대하여 설명하시오.

30. 인적자원회계시스템 구현의 전제조건에 대하여 논술하시오.

찾아보기

BASIC ACCOUNTING THEORY

저자 | **이윤규**

약 력 경기대학교 경영학박사
Michigan State University 교환교수
(현) 경기대학교 회계세무전공 교수
한국전통상학회 회장
사단법인 경기지역사회경제 연구소장
경실련 경기도협의회 공동대표
사단법인 수원미래포럼 이사장
(전) 경기대학교 재무처장, 기획처장, 교육대학원장, 교학부총장

저 술 환경사회회계, 원가회계, Compact 회계원리 외
진화하는 환경경영(역서: 도끼로 노부유끼 저)
환경보전비용의 측정과 공시에 관한 연구
회계범죄에 관한 연구
토정 이지함의 상업관에 관한 연구 외

기초적 회계이론

지 은 이 · 이윤규
펴 낸 이 · 최재범
펴 낸 곳 · 도서출판 탐진
등록 1-996호(倫). 1990. 1. 12.
서울시 마포구 신수로 27-1
Tel. 715-1092 ~ 3 / Fax. 701-6391
E-mail. tamjin1990@hanmail.net / Homepage. www.tamjin.co.kr

저자와의 협의 하에 인지를 생략함

2011. 6. 20. 초 판 발행
2016. 6. 10. 제2판 발행
2019. 9. 2. 제2판 3쇄 발행

ISBN 978-89-5540-451-7 93320 정가 16,000원